LE
MARÉCHAL DE CAMP
DESANDROUINS
1729-1792

GUERRE DU CANADA
1756-1760
GUERRE DE L'INDÉPENDANCE AMÉRICAINE
1780-1782

PAR L'ABBÉ GABRIEL
Aumônier du Collège,
Membre de la Société des Arts, Sciences et Lettres
de Bar-le-Duc
et de la Société des Etudes Historiques de Paris.

VERDUN
IMPRIMERIE RENVÉ-LALLEMANT, RUE SAINT-PAUL, 15

1887

LE

MARÉCHAL DE CAMP

DESANDROUINS

1729-1792

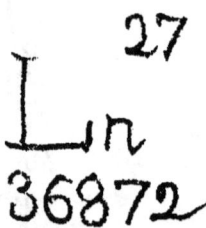

LE
MARÉCHAL DE CAMP
DESANDROUINS
1729-1792

GUERRE DU CANADA
1756-1760
GUERRE DE L'INDÉPENDANCE AMÉRICAINE
1780-1782

PAR L'ABBÉ GABRIEL

Aumônier du Collège,
Membre de la Société des Arts, Sciences et Lettres
de Bar-le-Duc
et de la Société des Etudes Historiques de Paris.

VERDUN

IMPRIMERIE RENVÉ-LALLEMANT, RUE SAINT-PAUL, 15

1887

AVERTISSEMENT

Nous devons à l'obligeance des petits neveux de *Jean-Nicolas* DESANDROUINS, *maréchal de camp des armées du Roi*, la communication de ses *Mémoires* sur la guerre du Canada et sur celle de l'Indépendance de l'Amérique.

Sans cette communication, notre travail nous eut été impossible.

Rédigés, pour la plupart, au courant de la plume et sous l'impression des évènements de chaque jour, par un homme d'une haute intelligence et du sens le plus droit, ces *Mémoires* présentent un véritable intérêt historique. Nous aurons plus d'une fois l'occasion de regretter la partie qui en a été perdue dans le naufrage de la *Bourgogne*.

Peut-être eut-il été possible de les publier intégralement : on en avait le dessein. Mais ce soin ne nous a pas été confié.

Cependant, les extraits que nous en donnons au public, suffiront grandement pour faire connaître ce qu'étaient notre Héros, ainsi que la vieille armée française dont les fleuves et les lacs, les plaines et les montagnes du Canada gardent encore l'impérissable souvenir.

Desandroüins ne destinait pas ses Mémoires à l'impression :

« Si je venais à mourir ou à être tué, y dit-il, mon inten-

« tion est que qui ce soit ne lise rien de ce qui est écrit
« dans ce Livre, hormis mon frère. Il est le seul à qui je
« ne craigne point de faire part de mes rêveries. »

Mais, depuis lors, un siècle s'est écoulé : c'est assez longtemps avoir respecté le silence dans lequel il demandait que son nom fut enseveli.

Il nous est bien permis, maintenant, de « lire dans ce « livre » dont toutes les pages sont empreintes d'une modestie qui honore, au plus haut point, celui qui les a écrites.

Il nous est bien permis de faire connaître et apprécier à sa valeur le maréchal de camp Desandroüins, d'autant plus qu'il a cherché à rester ignoré pendant sa vie, et à se faire oublier après sa mort.

Mais, il nous faut dire auparavant quelques mots sur la famille des Androüins.

D'abord ce qu'étaient les *Citains* de Verdun, les *Lignages*, le *Maître-Echevin* et les *Echevins du Palais*, car nous retrouvons souvent ces mots en parlant de cette famille.

Les *Citains* étaient la véritable noblesse du petit Etat qu'on appelait la Cité de Verdun. Ils étaient les *nobles de la Ville*, et non point *les nobles de l'Evêché* beaucoup moins anciens qu'eux. Leur origine se perdait dans la nuit des temps. Ils avaient la prétention de descendre, si non des *Curiales* Romains, au moins des *Cives Virdunenses* dont parle Grégoire de Tours.

Toujours est-il, qu'à la fin du XIIe siècle ils formaient dans la Ville une classe à part, et se distinguaient de la *communaultei*, de l'*Universitei* des habitants, des *gens des métiers* qu'ils remplacèrent bientôt d'une façon exclusive dans le gouvernement de la Cité, comme du reste les *gens des métiers* avaient remplacé l'Evêque. Ce fut la *Commune aristocratique* après la *Commune démocratique*.

Notre histoire, jusqu'en 1552, est remplie de leurs querelles, quelque fois sanglantes, avec l'Evêché.

Les *Citains* formaient trois groupes appelés *Lignages* qui furent aussi parfois en querelles entre eux. Chacun de ces *Lignages* avait nom, d'Azannes, d'Estouffes et de la Porte. Ces noms étaient-ils à l'origine les noms des plus importantes familles de chaque *Lignage*? Peut-être.

Enfin, qu'était-ce que le *Maître-Echevin*? Cette charge fut créée, à Verdun, en 1238, lorsque l'Evêque abandonna, par force, à la ville, la *Vicomté*, c'est-à-dire le droit de juger au criminel. Le Maître-Echevin était le second dignitaire de la ville chargé de rendre la justice au *grand* et au *petit criminel*. C'était le chef du *Nombre*, espèce de corps judiciaire dont les membres étaient appelés *Eschevins de la Vicomté*.

Le *Doyen* restait toujours le premier fonctionnaire de la ville, chef des *Eschevins du Palais de Ste-Croix*, qui étaient chargés, eux, de temps immémorial, de rendre la justice en *causes civiles*.

On pouvait être en même temps membre de l'*eschevinat du Nombre* et de celui de *Ste-Croix*, *Mastre Eschevin* et *Eschevin don Palais*, comme le « Signour Vaultrin-Simo-« nin » ancêtre des des Androüins.

Ces notions étaient nécessaires afin de comprendre ce que nous allons dire.

Les Androûins étaient donc *Citains de Verdun*, du *Lignage d'Azannes*, et quelques-uns même furent *Maître-Echevin* et *Echevin du Palais*. « Issu d'ancienne noblesse « et Lignage d'Azannes. »

J'ai sous les yeux l'arbre généalogique de la famille des Androüins; plus, les *fac-simile* des tombes et épitaphes de ceux d'entre eux qui autrefois furent inhumés en diverses Eglises de Verdun. Ces précieux documents de famille ont été attestés vrais, et par le peintre qui a copié les tombes et les épitaphes; et par deux *notaires royaux* sous la foi du serment ; et par le *Substitut de M. le Procureur du Roy*; et par le *Garde des Sceaux au baillage et siége présidial de Verdun*, en 1689.

D'abord, dans l'Eglise St-Médard, se trouvaient les tombes les plus remarquables et les plus anciennes (1).

C'étaient celles :

1° « D'honorable homme Simonin Vaultrin, jadis mastre
« eschevin, citein de Verdun, lequel fondas ceste chapelle
« St-Nicolay et mourut l'an mille quattre cent quattre, le
« vingthuitiesme jour d'auril. — Proies Dieu pour l'âme de
« luy.

2° « D'honorable homme Signour Vaultrin Simonin fils
« du dit Simonin Vaultrin, qui fut mastre eschevin et
« eschevin don Palaie, citein de Verdun, lequel mourut l'an
« M. CCCC. XXX. III. le mady d'avant feste de St-Luc
« Evangéliste. — Proies pour l'âme de luy. »

3° « Et dessoubz, dans d'autres tombes qui sont dans
« cette chapelle gisent Renauldin et Simonin frères, enfans
« du dit Signour Vaultrin Simonin, — Proies pour eux. »

Ces trois épitaphes étaient sur une large plaque de cuivre doré attachée dans la muraille de la chapelle St-Nicolas,

(1) Eglise, sous le vocable de St-Médard, évêque de Noyon, entourée d'un cimetière, à côté de St-Maur, là où se trouve l'espèce de square avec les routes qui l'entourent.
Son origine remonte à St-Airy. Démolie en 1721, elle fut reconstruite plus belle. Vendue à la Révolution, on la jeta à bas pour ouvrir le rue devant St-Maur.

dans l'église St-Médard. Au haut de cette plaque se trouvaient peints ou gravés, aussi couleur d'or, six personnages qui semblent jouer un rôle facile à deviner. La Ste-Vierge assise, tenant l'Enfant Jésus dans ses bras; St-Nicolas, debout, la crosse à la main, lui présentant le fondateur de la chapelle, sa femme et ses enfants, qui sont tous à genoux. De leurs lèvres s'échappent des banderolles avec ces inscriptions : « A la Vierge Mère, proies pour nous. — Très « doulx Père St-Nicolay, proies pour nous. » Une autre banderolle, tenue par St-Nicolas, porte : « Glorieuse Vierge « Marie, pitié ayes de ces âmes. »

Au milieu de ces personnages étaient peintes les *Armes* de la famille des Androüins, ainsi que sur les clefs de voûtes et au haut des fenêtres :

Elles portaient, — la famille ayant nom Simonin-Vaultrin ou Vaultrin-Simonin, comme elles portent aujourd'hui la famille s'appelant des Androüins, — elles portaient : *d'argent semé d'hermines mi-partie de gueule au lion d'or armé et lampassé de même, à une bande d'azur chargée de trois étoiles d'or.*

Le petit fils de Simonin-Vaultrin, on ne sait pour quelles raisons, prit le nom d'Androüins, que la famille a gardé depuis.

L'Eglise St-Pierre l'Angelé (l'Engéolé) possédait aussi quelques tombes de la famille des Androüins (1).

Encadrée dans la muraille du chœur, se trouvait une plaque en bronze doré, *aux armes des des Androüins*, por-

---

(1) St-Pierre *l'Angele* (St-Pierre-ès-liens, l'Engéolé) petite et vieille Eglise bâtie vers 900, sur une hauteur derrière les maisons n°ˢ 28, 30, 32 de la rue St-Pierre, où se trouvait auparavant un petit fort. Elle tombait en ruines vers 1750, et le service religieux se fit au Collège. A la Révolution, il ne fallut ni la sape ni la mine pour la jeter bas.

tant les épitaphes de « dame Collatte, femme de signour
« Vaultrin Simonin, » qui mourut en 1431 ; de « Sire
« Jehan Androüins eschevin du Palais, » son fils qui mou-
rut en 1474 ; et du fils de celui-ci « Jehan Androüins. »

Puis, au pied du maître-autel, on voyait une grande
tombe en marbre noir, avec les épitaphes suivantes, toujours aux armes des des Androüins :

« Soubs cette tombe, près les cendres de Dame Colatte,
« femme de feu honoré seigneur Vaultrin Simonin des
« Androüins, vivant eschevin du Palais, fondateur de la
« chapelle St-Nicolas en la paroisse St-Médard, repose le
« corps de feu honoré homme Jacques des Androüins,
« escuyer, citain de Verdun, leur descendant, lequel, âgé de
« septante deux ans, rendit son âme à Dieu. le 7eme de
« May 1633. »

« Cy gist Dame Madame Françoise Robault » qui mourut
en 1644 « aux grands regrets des pauvres. »

« Cy gist encore très noble Jean des Androüins, esche-
« vin, conseiller magistrat de la ville, lieutenant en la pré-
« volté de Dieppe, leur fils, lequel mourut le... décembre
« 1660. »

Enfin une troisième épitaphe sur marbre noir attachée à
la muraille du chœur « du côté où se chante l'Evangile, »
mentionnait les noms de Jacques des Androüins, écuyer,
mort en 1663 ; de Dame Quantine Gillet, sa femme, morte
en 1640 ; et de « Nicolas des Androüins, escuyer, seigneur
« de Ville-sur-Cousance en partie, lequel, après avoir
« servi le Roy dans ses armées tant en Flandres, Allemagne,
« Italie, qu'en Catalogne, courageusement, étant de retour
« dans sa patrie, mourut le 27 août 1652, à l'âge de 28
« ans. »

Il y avait aussi dans l'Eglise de la Collégiale, la Magdeleine, un autre tombeau d'un membre de la famille des Androüins. « Jehan Androüins, dit Coquillard, » chanoine de la Magdeleine, curé de Forges, décédé en 1503 (1).

Les principales seigneuries, possédées par cette maison, étaient Ville-sur-Cousance, Montgarny, Salvange, Bertaucourt, Dombasle-en-Argonne et les Senades.

En 1552, Henry II s'empara de Verdun. Alors, le vieux et noble titre de *Citain*, tombant en désuétude, fut bientôt oublié ; les *Lignages* perdirent leur puissance et furent supprimés comme corps politique ; et Verdun, cessant d'être *ville libre et impériale*, rentra dans la grande unité française, dont elle était sortie depuis près de six siècles.

Les des Androüins, comme tous les nobles Verdunois, acceptant le fait accompli, se rallièrent à la France, qu'ils servirent dans ses prévôtés, sa maréchaussée, sa justice, ses baillages, ses parlements et surtout ses armées.

C'est dans ses armées que nous allons suivre Celui dont nous retraçons la vie.

Au siècle dernier, son nom s'écrivait indifféremment *des Androüins* ou *Desandroüins*. Cette dernière manière fut même adoptée par le Général et donnée par lui au ministère de la guerre. Mais il aurait pu écrire *des Androüins*, comme on écrit des Armoises, des Ancherins. La suppression de la particule, ou son adjonction au nom comme au cas particu-

---

(1) La *Magdeleine*, grande et belle église qui occupait l'angle Nord-Est de la place de ce nom. Bâtie vers 1040, elle fut consacrée par le pape St-Léon IX, en 1049. Reconstruite en partie au XIVe siècle, elle fut vendue et démolie en 1793.

Un des Androüins, parait-il, fut aussi inhumé dans l'église de Clermont-en-Argonne.

Un autre des Androüins, parent très éloigné du Maréchal de camp, mourut vers 1763, curé de Tilly, et fut aussi inhumé, je crois, dans l'église de ce village.

Une branche des des Androüins, établie en Belgique, est éteinte.

lier, « si importante à notre époque peu instruite des choses « de l'ancienne aristocratie française, ne l'était nullement « avant la Révolution.

« La noblesse d'une famille, son ancienneté qui la classait « parmi les nobles de race, ou simplement au rang des anno- « blis, était connue. Elle pouvait être prouvée, du reste, de « diverses manières, et impliquait certains privilèges que le « fisc jaloux contestait sans cesse, » et que la Révolution a supprimés.

Nous écrirons donc le nom du maréchal de camp des Androüins, comme il l'écrivait lui-même : *Desandroüins* ; comme l'ont écrit toutes les pièces officielles qui le concernent.

LE MARÉCHAL DE CAMP
DESANDROUINS
1729-1792

GUERRE DU CANADA
1756-1760
GUERRE DE L'INDÉPENDANCE AMÉRICAINE
1780-1782

CHAPITRE Ier.

Naissance de Desandroüins. — Il entre au régiment de Beauce. — Il est nommé Ingénieur ordinaire du Roi. — Il demande à passer au Canada. — 1729-1756.

Le maréchal de camp Desandroüins fut un vaillant soldat. Mais le compagnon de Montcalm au Canada, l'ami de Rochambeau en Amérique, est presque un inconnu en France. Sa ville natale elle-même a oublié son nom.

Jean-Nicolas DESANDROÜINS naquit à Verdun, le 7 du mois de Janvier 1729.

Il appartenait, nous l'avons dit, à une noble et très ancienne famille du pays Verdunois. Cette famille établie dans notre ville, depuis les temps Mérovingiens peut-être, lui avait donné, pendant le haut moyen âge, des administrateurs et des défenseurs, souvent à main armée, de ses libertés communales.

Il était fils de Benoit-Nicolas des Androüins, écuyer, seigneur de Dombasle près Verdun, conseiller du Roi en sa cour au Parlement de Metz, et de dame Marie-Scholastique Hallot, son épouse (1).

Il fut baptisé dans l'église St-Jean-Baptiste, aujourdhui détruite, tout auprès de la Cathédrale, derrière le chœur. Cette église servait alors de paroisse aux laïcs du cloître (2).

Il eut pour parrain Jean Hallot, avocat en Parlement, son grand-père; et pour marraine Dame Barbe Hilaire, sa grand'mère, veuve de Jean-Jérémie des Androüins.

Desandroüins avait deux tantes, sœurs de son père : Françoise-Marie et Nicole-Prudente. Françoise-Marie épousa Jean-François Walter de Neur-

(1) Benoit-Nicolas des Androüins, né en 1704, mourut le 27 octobre 1761.

Marie-Scholastique Hallot, née en 1706, mourut en mai 1748.

(2) Il ne reste plus rien de cette église, qui a donné son nom à l'impasse St-Jean, que quelques pans de murailles, qui ont été utilisés pour faire les salles et la chapelle des conférences de St-Vincent-de-Paul et du Cercle Catholique.

bourg, conseiller au Parlement de Metz, dont le fils, lieutenant aux Cent-Suisses, devint maréchal de camp. A son tour Nicole-Prudente épousa Charles Hallot, son cousin, écuyer, substitut du procureur du Roi, à Verdun. De ce mariage naquit un fils qui fut lieutenant-colonel de Monsieur-infanterie, et devint aussi maréchal de camp (1).

Nous aurons occasion de parler de ces deux parents du maréchal de camp Desandroüins, dans le cours de cette histoire.

Ainsi, dans cette noble famille, il y eut trois officiers généraux en même temps.

On le voit, la noblesse Verdunoise mariait sans peine l'hermine du magistrat à l'épée du soldat : elle donnait simultanément, à la justice des magistrats intègres, et à l'armée des officiers distingués.

Jean-Nicolas Desandroüins fut l'aîné d'un frère, Charles-Louis-Nicolas, qui entra aux gardes du corps de Louis XV et mourut sans postérité, en 1761 ; et de deux sœurs, Marguerite-Ursule et Marie-Barbe-Françoise.

Il y avait quelque chose de Spartiate dans la manière dont la noblesse de province, et même la haute bourgeoisie, élevait alors ses enfants. On était très dur pour le corps, sévère et plein de précautions quant au cœur, prudent et en même temps exigeant quant à l'esprit.

(1) La fille du colonel de Monsieur, Melle Nymphe Hallot, est morte à Verdun en 1871.

L'éducation du jeune Desandroüins se fit d'après ces principes. Aussi, elle donna, pour l'avenir, un homme robuste de corps, ferme de caractère, énergique de volonté, irréprochable dans sa conduite, honnête au possible et d'un esprit large et cultivé.

Tout en demeurant sous cette heureuse influence de la famille, il fit ses humanités au Collège de Verdun, dirigé par les Jésuites (1). On étudiait, ou plutôt on effleurait moins de choses, au Collège, alors qu'aujourd'hui ; mais ce qu'on étudiait, on le savait beauconp mieux. La jeunesse y était instruite « ez lettres humaines, grecques et « latines, et bonnes mœurs. »

Parvenu à l'âge de dix-sept ans, Desandroüins embrassa la carrière des armes. Il prit une commission de lieutenant et entra au régiment de Beauce-infanterie, où il trouva encore vivant le souvenir de Chevert, qui y avait été major et qui devint un des plus solides généraux de l'armée française. Il est probable que Chevert recommanda son jeune compatriote à ses anciens camarades (2).

Le régiment de Beauce faisait alors campagne en Provence, où le jeune lieutenant rejoignit.

(1) Le Collège de Verdun fut fondé en 1570, par Nicolas Psaulme, évêque de Verdun, qui y appela des Jésuites. Expulsés en 1762, les Jésuites furent remplacés au Collège par des prêtres séculiers.

(2) Chevert était major de Beauce en 1738.

On était en guerre avec l'Angleterre, l'Autriche et le Piémont (1).

Les Austro-Piémontais venaient d'envahir la Provence. Le maréchal de Belle-Isle, à la tête de quelques milliers de soldats, parmi lesquels était le régiment de Beauce, les força à repasser le Var, (2 février 1747). Mais ce n'était pas la fin de la guerre.

Au printemps, elle recommença avec plus de furie, cette fois en pays ennemi. Desandroüins assista à la prise de Villefranche, dans le comté de Nice; puis alla rejoindre, avec son régiment, le corps du chevalier de Belle-Isle, frère du maréchal, qui, par les gorges les plus sauvages des Alpes, devait marcher de Briançon sur Turin.

Mais le chevalier de Belle-Isle fut arrêté par des retranchements qui lui barrèrent le passage, au col de l'Assiette. Ne pouvant ni tourner, ni dominer cette position, on l'attaqua avec une aveugle impétuosité. Pendant deux heures, les Français se firent mitrailler et fusiller à bout portant par les Piémontais; et l'on fut obligé de reculer, laissant 5.000 morts sur le terrain. Beauce perdit beaucoup de monde, et Desandroüins fut l'un des plus braves, (19 juillet). Montcalm, le futur et héroïque vaincu du Canada, se trouvait aussi à l'affaire de l'Assiette. Il y fut blessé en menant à l'assaut son régiment, Auxerrois-infanterie.

(1) Cette guerre est appelée *Guerre de la Succession d'Autriche.*

En l'année 1748, Beauce campa sur les terres de la domination du roi de Sardaigne, jusqu'à la conclusion de la paix d'Aix-la-Chapelle, en octobre même année.

Mais, les goûts et les aptitudes du jeune lieutenant de Beauce le portaient vers les constructions militaires.

Au Collège, il rêvait de Vauban ; au régiment, il dirigea ses études vers l'art de fortifier et de prendre les places ; et en 1749, il demanda à entrer dans le corps des officiers ingénieurs du Roi.

Il fut regretté à son régiment. Son colonel, le comte de Lévis, lui en donna le témoignage le plus flatteur, « certifiant que pendant les deux
« ans qu'il avoit servi en qualité de lieutenant
« au régiment de Beauce, il avoit montré tout le
« zèle, toute la volonté, tout le courage possible,
« et qu'on ne pouvoit rien ajouter à la satisfaction
« particulière qu'il avoit eu de sa conduite (1) ».

Il entra à l'école de Mézières et échangea l'habit gris-blanc de Beauce, contre le brillant uniforme des ingénieurs : « habit en surtout ; doublure,
« veste et culotte écarlate, paremens bleus,
« boutons de cuivre dorés et façonnés, manches
« en bottes, bas rouges et chapeau bordé d'or. »

L'école de Mézières formait *exclusivement* des ingénieurs ou officiers du génie. On appelait les

(1) *Papiers* du général Désandroüins. — *Certificat du colonel de Lévis.*

cours de l'école la *gâche*. Ils duraient deux ans, Les cours terminés, les jeunes ingénieurs entraient dans leur métier, ne faisant que celui-là et ne s'occupant qu'à *bâtir* ou à *tracer*. Ainsi on avait des constructeurs, des architectes d'ouvrages militaires et de fortifications.

« Le corps des officiers ingénieurs du Roy » était, en 1750, composé de 360 ingénieurs. Il n'y avait pas alors de troupes du génie.

Ces 360 ingénieurs obéissaient à un Directeur général qui, souvent, était un maréchal de France.

Dans chaque province était aussi un Directeur particulier.

Dans chaque place de guerre, un Ingénieur en chef et des Ingénieurs ordinaires, plus ou moins, selon l'importance de la place. Enfin les Ingénieurs ordinaires, les débutants formaient des *brigades* de 8 officiers, sous les ordres d'un chef de brigade, et étaient disséminés dans les petites places de guerre de la province.

Les Ingénieurs directeurs de province avaient rang de colonel; les Ingénieurs en chef, rang de lieutenant-colonel; et les Ingénieurs ordinaires, rang de capitaine.

Desandroüins passa deux ans à l'école de Mézières; s'y distingua par son travail et son application; subit avec éclat son examen de sortie, qui embrassait les fortifications des places de terre et de mer; et fut envoyé à Dunkerque, place maritime.

Sa commission d'Ingénieur ordinaire lui fut expédiée, au nom du Roi, le 10 mars 1753. Il avait, à Dunkerque, pour Ingénieur de la province un sieur Delafon, et pour Ingénieur en chef un sieur de Fréville.

Dans l'intervalle, il avait eu la douleur de perdre sa mère ; l'acte d'émancipation, de lui, de son frère et de ses deux sœurs, donné par le Roi, est daté du 3 juin 1753.

Desandroüins resta trois ans à Dunkerque, travaillant et s'occupant de son métier. Mais son esprit ne restait pas toujours attaché à ses pierres, ni même au sol de la vieille France.

Là-bas, bien loin au-delà des mers, il y avait une France nouvelle, autrefois riche, florissante et vaste trois fois comme l'ancienne, mais qui naguère avait été réduite de moitié par les conquêtes de l'Angleterre (1), A l'heure présente, ce qui en restait, le Canada, achevait de nous échapper, abandonné par la coupable incurie du Gouvernement, ruiné par le désordre et les concussions de l'administration coloniale, et en but aux attaques incessantes des Anglais.

Plus d'une fois, le jeune ingénieur avait tourné, vers le Canada, ses pensées et ses regards. Son patriotisme souffrait de l'atteinte portée, en ces

(1) L'Acadie et l'île de Terre-Neuve, deux vastes pays voisins du Canada, étaient au pouvoir des Anglais, depuis 1723. Elles s'appellent aujourd'hui la Nouvelle-Ecosse.

lointains pays, à l'honneur du nom Français. Et puis, il n'avait pu résister à l'espèce de fascination qu'exercent parfois, sur des hommes jeunes, forts, intelligents, l'amour des lointains voyages et des aventures, l'attrait du péril et de l'inconnu.

Il demanda donc à passer au Canada.

Mais le poste était dangereux ; il y avait beaucoup de concurrents ; et il ne fallait qu'un seul ingénieur.

« J'ay eu bien des sollicitations à faire, dit-il
« lui-même, avant d'arriver à obtenir cette faveur.
« Mais enfin le prince de Croy et M. de la Serre,
« gouverneur des Invalides, m'ont accordé leur
« protection avec chaleur » (1).

Le 9 février 1756, il recevait d'abord ordre de se rendre à Brest et « d'attendre là les ordres « de Sa Majesté. Je vous informeroi plus tard de « votre nouvelle destination », lui écrivait le marquis d'Argenson.

Enfin, le 14 mars, le même ministre l'informait que « l'intention du Roy étoit qu'il passât au « Canada. Soiés persuadé, ajoutait-il, que je feroi « connoître au Roy les comptes favorables qui « seront rendus sur votre façon de servir » (2).

Quelques jours après, M. de Machault lui mandait

(1) *Papiers* du général Desandroüins. — *Lettre à son cousin*, « Monsieur de Walter Neurbourg, exempt des « Suisses de la Garde du Roy, en son château de Cattenom. « Par Thyonville à Cattenom. »

(2) *Papiers* du général Desandroüins. — *Lettre du marquis d'Argenson.*

à son tour qu'une gratification extraordinaire de 1.000 francs lui était accordée « pour son passage « au Canada ». La lettre de M. de Machault est aussi très flatteuse pour le jeune officier. « Les « témoignages avantageux qui m'ont été rendus « de vous ne me permettent pas de doutter que « vous ne serviès utilement le Roy, dans votre « nouvelle destination ; et je seroi fort aise d'avoir « à faire valoir, auprès de Sa Majesté, les services « que vous y rendrès » (1).

L'ordre de départ ne se fit pas attendre.

Le 2 avril, Desandroüins est en rade de Brest, à bord de la *Sirène,* et il écrit à un de ses oncles :

« Les vents sont tournés du bon côté. Le coup « de canon de partance est tiré, et nous comptons « mettre à la voile dans peu d'heures. Cependant, « comme nous devons partir les derniers de toute « notre escadre, je crois que nous ne sortirons de « la rade que demain matin.

« Je pars muny des biens spirituels comme « des temporels. J'ay fait mon testament, et je « l'ay remis entre les mains de mon confes- « seur, M. l'abbé de Chamtillan ; c'est un très « galant homme, et de très grande condition, il

(1) *Papiers* du général Desandroüins. — *Lettre de M. de Machault.* — M. d'Argenson était ministre de la guerre, et de Machault ministre de la marine. C'étaient des hommes capables et connaissant leurs départements. Ils furent sacrifiés, moins d'un an après, à la rancune de la Pompadour.

« appartient à ce qu'il y a de mieux icy dans la
« marine...

« Je suis pourtant très persuadé que je reverray
« encore ma patrie, et tous ceux aux quels je suis
« attaché. Je pense, avec autant de confiance
« que Jonas, et je dis avec plus de vraisem-
« blance que luy : — *Et adhuc templum tuum*
« *videbo* » (1).

Cette lettre est d'un homme très calme et d'un soldat chrétien.

(1) *Papiers* du général Desandroüins — *Lettre à son oncle.*

CHAPITRE II

Desandroüins au Canada. — Il est envoyé au fort de Frontenac. — 1756.

Le Canada, vaste contrée de l'Amérique du Nord, fut découvert, en 1497, par Sébastien et Jean Cabot, le père et le fils, navigateurs vénitiens au service de l'Angleterre ; mais ils n'y abordèrent pas.

Sept ans après, deux autres navigateurs, le français Denys et le vénitien Vérazani se hasardèrent à pénétrer dans l'intérieur des terres ; mais Vérazani fut mangé par les Sauvages, et Denys s'en revint en France.

D'autres tentatives infructueuses furent encore faites en 1525 et en 1534. En 1535, Jacques Cartier, de St-Malo, un hardi chercheur de mondes, y aborda à son tour, remonta le grand fleuve, qui fut appelé depuis le St-Laurent, jusqu'au delà du lieu où fut bâtie, 72 ans plus tard, la ville de Québec, et prit possession du pays, au nom de François Ier ; mais il n'y fit aucun établissement durable.

Enfin, en 1604, c'est-à-dire 107 ans après les Cabot, il partit de Rouen une colonie d'intrépides aventuriers qui s'établirent définitivement sur plusieurs points, aux bords du St-Laurent. Ce fut alors que le Canada reçut le nom de *Nouvelle-France* qu'il garda jusqu'en 1760.

Le chef de ces colons s'appelait de Monts. Il emmena avec lui, en qualité « de géographe du « Roy, » Samuel de Champlain, né à Brouage, en Saintonge, déjà célèbre comme navigateur. Samuel de Champlain fut le premier gouverneur de la Nouvelle-France, et fonda, en 1608, la ville de Québec, là où Jacques Cartier s'était arrêté ; mais, lui, ne s'y arrêta point, et poussa au loin ses périlleuses explorations.

Depuis lors, malgré la férocité des naturels du pays qu'il fallut ou soumettre ou refouler ; malgré les Anglais jaloux qu'il fallut presque toujours combattre, le Canada ne cessa de prospérer et de se peupler. Les Français, que l'on dit n'être point colonisateurs, y accouraient, quittant, sans trop de regrets, la vieille France, pour ce lointain pays où ils retrouvaient une nouvelle patrie avec les mœurs et les habitudes de l'ancienne ; en même temps qu'ils y rencontraient plus aisément la fortune qui sourit aux audacieux.

Il s'étendait : de l'Est à l'Ouest en obliquant vers le Nord, depuis les possessions anglaises qui devinrent plus tard les Etats-Unis d'Amérique, jusqu'aux terres inconnues qui avoisinent la Russie d'Asie : et du Sud au Nord, depuis la Louisiane et le bassin du Mississipi qui appartenaient alors à la France, jusque vers la mer d'Hudson, la terre du Labrador, le golfe Saint-Laurent et la grande Ile de Terre-Neuve.

Mais nous n'avions presque pas de côtes maritimes, dans ce vaste empire. Tout le littoral de l'Amérique, depuis le golfe du Mexique jusqu'à la baie d'Hudson et la terre des Esquimaux, appartenaient aux Anglais. Le Canada n'avait de débouché sur l'Océan, que par le golfe du Saint-Laurent et l'Ile-Royale avec Louisbourg qui en commande l'entrée.

Le Canada était donc, il y a cent trente ans, l'une de nos plus belles colonies.

Grand deux fois comme la France, ce pays offre un singulier aspect.

Son sol est entrecoupé de lacs dont quelques-uns sont larges et profonds comme des mers.

Nous ne citerons que les principaux : d'abord ceux desquels nous aurons souvent à parler, le Saint-Sacrement, le Champlain, l'Ontario ; puis l'Erié, le Huron, le lac Supérieur, etc.

De ces lacs, ou des plaines voisines, s'échappent de nombreuses rivières, qui toutes viennent se jeter dans le Saint-Laurent. C'est à droite ; le Richelieu ou Chambli, le Saint-François, la Puante, la Chaudière en face de Québec, la Rivière du Sud, etc. C'est à gauche : l'Ontaouais qui, à son embouchure dans le Saint-Laurent dont il est le plus fort affluent, forme l'île où fut bâti Montréal, en 1642 ; l'Assomption ; le Saint-Maurice qui, avant de tomber aussi dans le Saint-Laurent, se partage en trois, ce qui a fait donner le nom de Trois-Rivières à la ville bâtie sur cette triple embouchure ; la rivière Jacques Cartier ; le Saint-Charles, près Québec ; le Montmorency ; la belle rivière le Saguenay ; les Outardes ; le Moïsic, etc.

Toutes ces rivières, disons-nous, viennent se jeter dans le Saint-Laurent.

Le St-Laurent ! Fleuve-roi dont tous les autres sont tributaires ; fleuve immense, aux eaux d'un bleu sombre comme celles de l'Océan, et d'une limpidité de cristal comme celles d'un ruisseau ; fleuve admirable avec lequel nul autre fleuve célèbre du monde, ni le Gange, ni le Nil, ni l'Amazone, ni le Mississipi, ne peuvent rivaliser en grandeur et en majesté !

Le St-Laurent, c'est la gloire et la vie du Canada. Il prend sa source au lac Ontario ; traverse le Canada sur une longueur de 300 lieues ; atteint une largeur d'une lieue à Montréal, de quatre à Québec, puis de dix, de vingt, de quarante, avant de se jeter dans l'Atlantique, au golfe qui porte son nom.

Ce fleuve et les rivières qui y affluent, comme dans le corps humain affluent à une grande artère tout le sang des veines, ce fleuve et ces rivières, ou bien promènent leurs ondes paresseuses, soit au milieu des plaines sans horizon, soit au sein de riantes et ombreuses vallées ; ou bien les précipitent, bondissantes et furieuses, de rochers en rochers, vers de profonds abîmes, et forment ces *saults,* ces *rapides*, ces cascades qui sont une des curiosités du pays (1).

Dans ces plaines et ces vallées, toutes d'une fertilité extraordinaire, mais qui alors étaient à peine cultivées, se récoltaient par place d'abondantes moissons. Les terres, que le soc de charrue n'avait point encore entamées, formaient d'immenses prairies aux hautes herbes, qui nourrissaient des troupeaux à moitié sauvages, et servaient d'asiles à d'innombrables oiseaux de toutes espèces.

Une autre source de richesses pour le Canada, et par conséquent pour la France, si à cette époque, cette source avait été sagement exploitée, étaient ces épaisses et vastes forêts, vieilles comme le monde, aux arbres gigantesques, que la hache ne touchait pas une fois par siècle, et dont les rares chemins, pareils à d'étroits sentiers de fauves, n'étaient guère connus que des seuls Sauvages.

Et tout celà, forêts, plaines, vallées, lacs, fleuve, rivières, tout celà abondait en gibiers et en poissons. La chasse, dans ces steppes immenses, était le plaisir favori du Canadien. En hiver il se reposait de la guerre contre les Anglais, en allant chasser le bison, l'ours ou le castor. Ainsi, il avait presque toujours le fusil à la main.

(1) Entre autres, la fameuse cascade du Niagara, et le *Sault* du Montmorency, près de Québec.

En 1756, la *Nouvelle France*, ainsi s'appelait le Canada depuis Henry IV, la *Nouvelle France* n'était peuplée que de 65 à 70 mille colons d'origine Française. Ils habitaient les villes de Québec, Trois-Rivières et Montréal, sur le Saint-Laurent ; ou bien, étaient disséminés le long du fleuve, dans des habitations souvent isolées, dont une certaine quantité faisait un groupe ou *paroisse*. C'étaient là les Canadiens, race énergique, robuste, indépendante, laboureurs, chasseurs et soldats. Les descendants de ces premiers colons forment encore aujourd'hui la majorité de la population canadienne. Ils sont restés Français sous la domination Anglaise.

Le reste du pays était occupé par à peu près 50 mille Sauvages. Quelques-uns, les *Domiciliés,* à moitié chrétiens, habitaient des espèces de villages sur les rives du Saint-Laurent. Les autres, beaucoup plus nombreux et presque nomades, étaient perdus dans d'immenses solitudes, ou cachés dans une éclaircie de forêts, près d'un cours d'eau. Ils se distinguaient entre eux par *Nations*.

Tous vivaient de la pêche et de la chasse. Ils faisaient aussi, avec les *Visages pâles,* un commerce très considérable de pelleteries, que leur fournissait le gibier qu'ils tuaient. Les fourrures faisaient alors, et font encore aujourd'hui le luxe des belles Canadiennes.

Généralement, les hauts fonctionnaires de l'administration civile et militaire étaient des Français venus de France, ainsi qu'un petit corps de troupes françaises qui formaient la garnison des divers forts et postes que nous avions construits sur différents points du pays. Mais il y avait aussi quelques régiments canadiens : on les appelait *miliciens* ou soldats de la colonie. Du reste, en temps de guerre, tout Canadien valide prenait un fusil.

Depuis un demi-siècle, nous avions là-bas des ennemis, les Anglais.

En 1723, nous l'avons dit, ils nous avaient déjà enlevé l'Acadie, voisine du Canada ; et la délimitation des frontières était une source continuelle de querelles entre les nouveaux conquérants et les anciens possesseurs. De l'Acadie, il ne nous restait que l'Ile Royale, avec Louisbourg. C'était leurs premiers pas dans la voie des envahissements. A cette heure, ils convoitaient le Canada lui-même. Ainsi, ils seraient les maîtres de tout le continent américain.

Cependant, officiellement, on était en paix entre la France et l'Angleterre depuis le traité d'Aix-la-Chapelle. Mais sur les bords de l'Atlantique, la guerre existait de fait, entre les Canadiens et les Anglo-Américains. Plus d'une fois, le sang avait rougi l'herbe des prairies, ou coulé sous les hautes forêts du Canada.

Engagée dans l'impolitique guerre de Sept Ans, la France, ou plutôt son gouvernement, ne faisait rien pour soutenir ses colonies. Etait-ce de sa part incapacité ou faiblesse, impuissance ou lâcheté ?

Peut-être tout cela ensemble ! On voulait la paix ! la paix quand même !

L'Angleterre le savait, et elle en abusait.

Enfin, elle poussa si loin ses provocations, ses outrages et le mépris du droit des gens vis-à-vis de la France, que Louis XV lui-même ressentit l'injure ! La guerre fut déclarée.

Dans les premiers jours d'avril 1756, on arma, au port de Brest, une escadre composée de six vaisseaux et destinée à transporter quelques troupes au Canada.

Cette escadre comprenait :

Trois vaisseaux de ligne armés en flûte (1) ; savoir : — le *Héros*, de 74 canons, ayant à son bord les neuf premières compagnies du second bataillon du régiment de la *Sarre* ; l'*Illustre*, de 64 canons, ayant à son bord les neuf premières compagnies du second bataillon du régiment de *Royal-Roussillon* (2) ; et le *Léopard*, de 60 canons, ayant à bord les trois dernières compagnies et la

---

(1) *Armés en flûte* signifie tout bâtiment qui sert à transporter des troupes.

(2) La *Sarre*, bataillon composé de 500 hommes et de 40 officiers, avec trois drapeaux, dont un blanc colonel, et les deux autres d'ordonnance rouges et noirs avec croix blanches. La *Sarre* fut créé en 1651.

Royal-Roussillon créé en 1651. Batailon composé de 40 officiers et 500 hommes, avec trois drapeaux, dont un blanc colonel avec croix blanche et fleurs de lys d'or, et les deux autres d'ordonnance bleus, rouges et verts feuilles mortes.

compagnie de grenadiers de chacun des deux bataillons embarqués sur le *Héros* et l'*Illustre*.

Trois frégates, destinées au transport des officiers généraux et de l'état-major ; savoir : — la *Licorne,* de 30 canons, ayant à bord le marquis de Montcalm, maréchal de camp, général en chef des troupes du Canada, et de Bougainville, capitaine de dragons, son aide de camp ; le *Sauvage,* de 30 canons, ayant à bord le chevalier de Lévis, brigadier d'infanterie, commandant en second les troupes du Canada ; de Fonbrune, capitaine d'infanterie, son aide de camp ; de la Rochebeaucourt, capitaine de cavalerie, aide de camp de Montcalm, et de Combles, capitaine en premier au corps des Ingénieurs du Roi ; et enfin la *Sirène*, aussi de 30 canons, ayant à bord de Bourlamaque, colonel d'infanterie, commandant en troisième ; de Marcel, lieutenant d'infanterie, troisième aide de camp de Montcalm ; et Desandroüins, le second ingénieur du corps expéditionnaire. Montcalm avait en mains sa commission de capitaine en deuxième au corps royal du génie, mais ne devait la lui remettre qu'à son arrivée au Canada.

On mit à la voile du 6 au 8 avril.

C'est à cette époque que Desandroüins commença à écrire son *Journal* dont il ne reste que quelques lambeaux, qui suffisent pourtant à nous faire connaître son noble cœur et sa haute intelligence, mélangée d'une grande bonhomie.

« J'ay souvent remarqué, dit-il en guise d'avant-
« propos, que faute de réfléchir sur les évènements
« ordinaires qui se passent continuellement sous
« nos yeux, je les oubliois, voire même les plus
« intéressans, et retombois dans les mêmes
« erreurs qu'auparavant. C'est pourquoy j'ay pris
« la résolution d'écrire les choses dont je pourray
« tirer instruction. Je n'oublieray pas non plus
« celles qui ne seroient que curieuses, ou dont le
« mérite ne consisteroit que dans mon propre
« amusement. J'ajouteray quelques réflexions de
« mon cru, dans l'occasion : ce qui me procurera
« l'avantage de me former le jugement, car si
« ces réflexions sont fausses, je ne tarderay pas
« sans doute à être contredit par de nouveaux
« évènements semblables.

« Si je venois à mourir ou à être tué, mon
« intention est que qui ce soit ne lise rien de ce
« qui sera contenu dans ce Livre, hormis mon
« frère. Il est le seul à qui je ne craigne point
« de faire part de mes rêveries.

« Je pars de France sans regretter autre chose
« que de n'avoir pas vu mon frère, avec lequel
« j'aurois désiré de m'aboucher sur bien des
« choses (1) ».

(1) *Recueil et Journal des choses principales qui me sont arrivées, et de celles qui m'ont le plus frappées, depuis mon départ de France.* — Quinze pages in-8°, en assez mauvais état, allant jusqu'à la fin du siège de Chouaguen. Le reste perdu dans le naufrage de la *Bourgogne*.

On arriva à Québec, le 18 mai, après 43 jours de traversée.

« Il était temps, car notre frégate la *Sirène*, « écrivait Desandroüins à un de ses cousins, faisoit « eau de toutes parts : il y en a trois et quatre « pieds dans la cale. Elle est un peu surannée, je « doute qu'elle retourne en France. On pourra la « raccomoder, dit-on ; mais, Dieu merci, j'en suis « dehors depuis hier.

« Nous avons eu la traversée la plus heureuse : « point d'Anglois, et pas de mauvais temps. Très « bonne santé, au point d'avoir été exempt de « payer le tribut ordinaire, et de faire envie à « plusieurs marins qui se sont trouvés incom-« modés du mal de mer. Tous les vaisseaux de « notre convoi sont dans le fleuve Saint-Laurent : « ainsi les Anglois ne peuvent plus leur couper le « chemin.

« M. de Montcalm, qui est arrivé deux ou trois « jours avant nous, m'a donné ordre de partir, « le 22 de ce mois, pour Montréal : il partira lui-« même ce jour-là. M. de Vaudreuil y est (1) ; « nous ne tarderons pas à faire de la besogne. « M. de Montcalm m'a remis ma commission de « capitaine (2) ».

De Québec à Montréal, on remonte le fleuve Saint-Laurent. Le bateau, qui emportait Montcalm,

(1) M. de Vaudreuil, gouverneur du Canada.
(2) *Papiers du général Desandroüins.* — Copie d'une *lettre à son cousin.*

emportait aussi ses équipages, de sorte que Desandroüins, qui l'accompagnait, n'ayant pu se faire suivre de ses effets, n'avait pour la nuit « ni « couverture, ni matelas » : il dut coucher sur le pont, à la belle étoile.

Ils arrivèrent à Montréal le 29, après six jours d'une navigation fréquemment interrompue. Il y a à peu près 90 lieues de distance entre les deux villes.

Dès son arrivée, on présenta à Desandroüins les plans des forts français et anglais qui, placés en face les uns des autres, le long de la frontière, se surveillaient mutuellement comme des sentinelles ennemies, et servaient de défense à leur propre pays, en même temps qu'ils étaient une menace pour celui qu'ils regardaient.

« Mais la plus part de ces forts n'avoient pas
« le sens commun. On disoit autrefois de M. de
« Vauban que les premières fortifications qu'il
« avoit vues, quoique bien éloignées de la perfec-
« tion, l'avoient rendu ingénieur : il seroit difficile
« que celles de ce pays en fissent autant (1) ».

Le séjour de Desandroüins à Montréal ne fut point long. Dès le 4 juin, il reçut ordre de se rendre au fort de Frontenac.

Frontenac est au moins à 95 lieues au-delà de Montréal, sur le lac Ontario, à la source même du Saint-Laurent et sur sa rive gauche (2). Sa position

(1) *Recueil et Journal*, etc.
(2) La ville de Kingston s'élève aujourd'hui sur l'emplacement du fort de Frontenac.

est bien choisie : il occupe une pointe de terre qui entre dans le fleuve et forme en se recourbant, la baie de Cataracouy.

C'était le premier voyage que faisait le jeune capitaine, seul et pour son propre compte, sur cet immense et solitaire Saint-Laurent : jusqu'alors, il avait voyagé en compagnie de ses camarades ou de ses chefs. Aussi, ignorait-il les précautions qu'il fallait prendre, et les approvisionnements de toutes sortes dont il fallait se munir, lorsqu'on partait pour ces postes lointains, où l'on manquait souvent du nécessaire, où l'on ne trouvait rien, et où l'on restait parfois des semaines, et en hiver des mois entiers, sans communication avec aucun centre habité. Il se contenta donc de quelques provisions qu'on voulut bien lui donner, et il partit.

« Mais en revanche, dit-il, j'étais muni d'une
« longue et belle instruction, que je conserve avec
« soin (1), pour retrancher Frontenac qu'on crai-
« gnoit de voir attaqué dans peu. Elle consistoit,
« à conserver l'ancien fort, tel mauvais qu'il pût
« être, à cause des bâtiments qui s'y trouvoient ;
« à couvrir le fort par de nouveaux retranche-
« ments ; à les faire de façon à pouvoir devenir
« une fortification régulière quand on voudrait y
« donner la dernière main, et être défendus par

(1) Manuscrit peu lisible de quatre pages, intitulé : *Projet d'instruction pour l'ingénieur qui sera envoyé, par M. le marquis de Vaudreuil, au fort de Frontenac.*

« une garnison de six cents hommes (1) ».

Léger de bagages, Desandroüins arriva le 16 à Frontenac, après avoir fait, tantôt par eau, tantôt par terre pour éviter les *rapides* du fleuve, un voyage très accidenté, mais excessivement intéressant.

A Frontenac, il trouva le bataillon de *Guyenne* et quatre compagnies de *Béarn* (2), que la *Sarre*, nouvellement arrivé de France, vint rejoindre huit ou dix jours après.

Les officiers de *Guyenne* et de *Béarn* reçurent fort bien le capitaine Desandroüins et lui firent une foule d'honnêtetés : l'un d'eux lui donna une chambre, un autre un matelas. Mais il fut moins bien accueilli par la troupe, car il apportait l'ordre du général et du gouverneur de réduire de un franc à quinze sous, le prix de la journée des soldats qui seraient employés au travail.

Immédiatement, il se mit à la besogne. Le fort, tel qu'il existait, n'avait ni fossés, ni chemins couverts, ses murailles n'étaient point terrassées, et les premiers boulets pouvaient les abattre en

(1) *Recueil et Journal*, etc.
(2) *Guyenne*, régiment créé en 1684. à un bataillon ayant 40 officiers, 500 soldats, avec trois drapeaux, dont un blanc colonel et deux d'ordonnance, verts et isabelles, et croix blanches.

Béarn, régiment créé en 1684, à un bataillon ayant 40 officiers, 500 soldats, avec trois drapeaux, dont un blanc colonel et deux d'ordonnance, isabelles et rouges, et croix blanches.

les frappant au pied. Desandroüins, qui avait ordre de le conserver, en tira tout le parti possible, creusant des fossés, élevant des épaulements, plantant des palissades, ménageant des chemins couverts, et construisant des bastions et des redoutes. Il traça aussi un *ouvrage à cornes* fort étendu, dont les branches s'appuyaient à la baie de Cataracouy.

Mais, au lieu de 300 ouvriers qu'exigeaient ces travaux et sur lesquels il comptait, on ne put lui en donner que 120, rarement 150, à cause des gardes et des corvées trop nombreuses. On manquait aussi d'outils, et surtout de brouettes que l'on avait prises pour le service de l'artillerie.

Le 24 juin, arriva M. de Combles, capitaine commandant du génie. Desandroüins lui fit part de ce qu'il avait fait déjà, et de ce qui lui restait à faire. « J'étois charmé, dit-il, de luy communiquer
« mes projets, afin que sa critique m'évitât celle
« de gens de la part de qui j'aurois été très
« fâché d'en essuyer. Il eut la bonté de me donner
« son approbation, et d'en écrire en bons termes à
« nos généraux (1) ».

Le colonel de Bourlamaque, qui vint quelques jours après prendre le commandement du fort, approuva aussi les plans de Desandroüins. Seulement, il demanda un casernement pour 1.000 hommes, au lieu de celui projeté pour 600.

(1) *Recueil et Journal*, etc.

« Je continuois donc à travailler, dit encore notre
« capitaine, le mieux qu'il m'étoit possible, et à
« surmonter les divers obstacles qui nous arrê-
« toient à chaque pas. Il en survint un, de la part
« du commandant du camp, auquel je ne me
« serois certainement pas attendu.

« Il fit réflexion qu'étant sur le point de faire
« une expédition contre l'ennemy, il étoit impor-
« tant que le soldat sçut bien manier son fusil et
« faire toutes les manœuvres de l'exercice. C'est
« pourquoy, il ordonna que le travail cesseroit tous
« les jours à quatre heures du soir, et que le
« soldat, après avoir pris quelque nourriture,
« feroit l'exercice jusqu'à la nuit. Plusieurs officiers
« joignirent leurs représentations aux miennes,
« mais elles furent inutiles.

« Enfin, le 27 juillet, on reçut ordre de faire
« partir le lendemain le bataillon de la *Sarre*
« pour le camp de Niouré. Et M. Mercier,
« capitaine d'une compagnie de canoniers, arriva
« et annonça dans peu la venue du Général ; en
« sorte qu'on ne jugea pas à propos de continuer
« le travail qui cessa le 27 au soir. Il a duré vingt-
« six jours.

« Le soldat, quoique sa journée ne fut que de
« 15 sols au lieu de 20, qu'il fut rebuté par les
« corvées, gardes, patrouilles, exercices, et qu'il
« fit des chaleurs insupportables, travailloit assez
« bien. Mais j'étois, depuis quatre heures du
« matin, que le travail commençoit, jusqu'à ce

« qu'il finit, continuellement à exciter les pares-
« seux.

« Nous avons vécu chez Mme du Vivier, femme
« d'un capitaine de la colonie, tout le temps de
« notre séjour à Frontenac, constamment avec du
« lard et des pois (1) ».

Dans l'intervalle, c'est-à-dire vers le 11 juillet, le capitaine de Combles avait reçu l'ordre d'aller, avec 200 hommes, pousser une reconnaissance vers les forts anglais de Chouaguen, situés aussi, comme Frontenac, sur les bords du lac Ontario, mais à 35 lieues plus loin en descendant vers le sud.

C'est que Montcalm méditait un coup auquel les Anglais ne s'attendaient point.

« Je vis partir M. de Combles avec régret,
« continue Desandroüins. J'avais demandé à être
« chargé de la commission : mais je ne connaissois
« pas alors le désagrément d'une reconnaissance,
« ni le cas où elle soumet de répondre presque de
« l'évènement : c'est ce qui est arrivé pour M. de
« Combles, ce qui m'est arrivé à moy depuis.

« M. de Combles resta au camp de Niouré (2)

(1) *Recueil et Journal*, etc.
(2) Le camp de Niouré était situé près d'une petite baie de ce nom, formée par le lac Ontario, à peu près à 15 lieues de Frontenac et à 20 de Chouaguen. On y avait réuni, sous le commandement de M. de Rigaud, frère du marquis de Vaudreuil gouverneur général, quelques troupes de Canadiens et de Sauvages, et on y dirigeait en ce moment le bataillon de la *Sarre*, qui n'avait pas fait long séjour à Frontenac.

« à s'ennuyer, à faire mauvaise chère, et à
« coucher sur une peau d'ours, jusqu'à ce que les
« députés des cinq Nations Iroquoises, qui descen-
« doient à Montréal, fussent partis, dans la
« crainte que, partant pour Chouaguen en leur
« présence, il ne se détachât quelques-uns d'entre
« eux pour avertir les Anglois. Ainsi, il ne put
« reconnaître Chouaguen que le 24 juillet au
« soir, et le 25 au matin ; ce qu'il fit avec deux
« sauvages et un interprète (1). »

Dans cette reconnaissance, on rencontra deux déserteurs, dont le plus intelligent fut interrogé par le capitaine de Combles sur la force de la garnison de Chouaguen et sur toutes les choses dont il voulut être instruit. Il en tira quelques lumières et se loua fort de lui, en sorte que des malintentionnés débitèrent que c'était ce déserteur qui avait fait le plan donné par M. de Combles, à son retour, comme son œuvre propre. « Et
« cette opinion, ajoute Desandroüins, s'établit si
« bien, parmi quelques esprits, qu'ayant pris par
« la suite ledit déserteur pour mon domestique,
« des officiers même françois me congratulèrent
« d'avoir un valet qui seut dessiner. Je ne leur
« répondis autre chose, sinon que je souhaiterois
« pour luy qu'il seut lire et écrire ».

M. de Combles rentra le 28 juillet à Frontenac, fatigué, harassé et défait à en être méconnais-

(2) *Recueil et Journal*, etc.

sable, tant il avait souffert dans sa course. Il fit sur le champ un croquis ; d'abord, de la partie du lac Ontario avec toutes ses pointes, anses et rivières, depuis la baie de Niouré jusqu'à l'anse aux Cabanes ; puis du chemin qui mène de l'anse aux Cabanes au fort de Chouaguen et qui est de quatre lieues. Ce croquis était assez ressemblant pour établir un projet d'attaque, et connaître à peu près la force des forts à attaquer. Il y ajouta un rapport relatif, qu'il présenta, dès le lendemain, au marquis de Montcalm.

Le marquis de Montcalm était en effet arrivé à Frontenac, le 29 juillet. Sa présence s'y rattachait à un projet que la reconnaissance du capitaine de Combles faisait soupçonner : celui de l'attaque des forts de Chouaguen.

Depuis quelque temps, les Anglais avaient porté le gros de leurs forces du côté du lac Saint-Sacrement, et fait des amas considérables de vivres, de poudres et de munitions de guerre au fort Lydius et à Albany (1), comme s'ils eussent voulu tenter un coup de main sur le fort de Carillon, ou sur celui de Saint-Frédéric, qui sont sur le lac Champlain.

Aussi, à peine débarqué, Montcalm, sur cette nouvelle, se transporta, de Montréal dans cette partie du Canada, avec le chevalier de Lévis, son

(1) Le fort Lydius ou Edouard, Albany ou Orange, situés tout près de la frontière sud du Canada.

second, y menant *Royal-Roussillon*, nouvellement arrivé de France, qu'il réunit à deux autres bataillons, celui de la *Reine* et celui de *Languedoc* (1), et à 1.500 hommes, soldats de la colonie ou Sauvages. Ayant ainsi assuré la défense, donné ses ordres au chevalier de Lévis, qu'il y laissa, et fait croire aux Anglais qu'on les attendait, il revint en hâte à Montréal, projetant de les attaquer lui-même, là où ils ne comptaient guère, sur le lac Ontario, à Chouaguen.

Voilà pourquoi Desandroüins avait mis le fort de Frontenac en défense, afin d'assurer la retraite en cas d'insuccès ; voilà pourquoi on y avait réuni en secret trois bataillons ; voilà pourquoi on avait formé le petit camp de Niouré et envoyé le capitaine de Combles en reconnaissance.

Le premier soin de Montcalm fut d'abord de réunir tous les bateaux qu'il put trouver, 150 à peu près, afin de porter les vivres et les munitions de guerre.

Ils devaient suivre la côte du lac, et se tenir constamment à la hauteur des troupes. Montcalm

(1) Le régiment de la *Reine*, créé en 1635 sous le nom d'*Uxel*, prit en 1661 le nom de la *Reine*, formé de deux bataillons : 81 officiers, 1020 soldats, avec six drapeaux, un blanc colonel, et cinq d'ordonnance verts et noirs, et les croix blanches semées de fleurs de lys d'or, avec quatre couronnes d'or au milieu.

Languedoc, créé en 1672, à un bataillon, 40 officiers, 510 hommes, avec trois drapeaux, dont un blanc colonel et deux d'ordonnance, violets et feuilles mortes, et croix blanches.

aurait aussi voulu avoir de grosses barques armées de canons, pour protéger la flotille de bateaux et disputer au besoin le lac aux Anglais. Mais Mercier, commandant l'artillerie, les avait fait désarmer, du consentement du marquis de Vaudreuil, afin de se procurer des canonniers exercés au tir et à la manœuvre des pièces.

Ces bateaux étaient conduits par des Canadiens. Jusqu'alors, on prenait indistinctement les hommes de bonne volonté, choisis par leurs officiers, auxquels on s'en rapportait. Montcalm organisa ce service et les embrigada : chaque brigade eut un certain nombre de bateaux, et fut commandée par un brigadier qui dut venir tous les soirs à l'ordre.

« Enfin, les vivres furent encore l'objet de
« l'attention du général. L'économie est si peu
« connue des Canadiens et des Sauvages, que
« l'on en perdoit la moitié, si on n'y avoit une
« grande attention. Ce que j'avance là, dit encore
« Desandroüins, se trouve confirmé par le peu de
« soin que les officiers canadiens y apportent.
« Leur négligence là-dessus est telle que l'officier,
« envoyé de Niouré par M. de Rigaud pour en
« chercher à Frontenac, le 30 ou le 31 juillet, ne
« put dire pour combien de jours on en avoit
« distribué la dernière fois. Interrogé ensuite
« pour combien de jours on avoit coutume de faire
« ordinairement la distribution, il répondit qu'on
« en donnoit à chacun au fure à mesure qu'ils en

« manquoient. Il ne donna pas plus de rensei-
« gnements sur les autres demandes qu'on luy fit
« par rapport aux fours, et autres approvisione-
« ments de son camp ; en sorte que M. de
« Montcalm fut obligé d'envoyer M. de Bougain-
« ville au plus vite à Niouré, qui revint deux
« jours après, en état de donner toutes les
« connaissances qu'on avoit désiré (1) ».

Le 3 août, arriva, du fort de Niagara, situé loin de là, de l'autre côté de l'Ontario, le reste du bataillon de *Béarn*, dont quatre compagnies se trouvaient déjà à Frontenac. Il laissa à Niagara une cinquantaine d'hommes commandés par un lieutenant.

Tout étant ainsi préparé, Montcalm régla le départ de Frontenac pour Niouré de la manière suivante :

Lui, il partirait de sa personne, le 4 août, à neuf heures du soir, emmenant les deux ingénieurs, de Combles et Desandroüins, et accompagné de quelques Sauvages, sous les ordres de M. de Montigny. Le 5, au matin, le colonel de Bourlamaque, avec *Guyenne,* le capitaine d'artillerie Mercier, et quatre pièces de canon légères prises sur les Anglais, à l'affaire du fort Du Quesne (2). Le 7, *Béarn,* le lieutenant d'artillerie Jacquot de

(1) *Recueil et Journal,* etc.
(2) Cette affaire, connue sous le nom de bataille de la Belle-Rivière ou de l'Ohio, avait eu lieu le 9 juillet 1755. Le général anglais, Breaddock, y fut tué.

Phidémont, avec la poudre, les munitions de guerre et de bouche, et 47 pièces de canon, obusiers et mortiers. Ce qui fut exécuté ponctuellement.

Montcalm et les deux ingénieurs arrivèrent à Niouré le 6, à six heures du matin. « Il est à
« remarquer, dit Desandroüins, que tous les offi-
« ciers canadiens, sans en excepter un seul,
« regardoient la prise de Chouaguen comme la
« chose du monde la plus facile ; aucun n'aper-
« cevoit les difficultés sans nombre que nous y
« voyons tous. Il ne faut pas douter, qu'en cas
« d'insuccès, ils n'en eussent absolument rejetté
« la faute sur tous les François et peut-être même
« sur le général ; de même qu'ils l'ont fait sur
« M. Dieskau qui, pour son malheur, ne s'étoit
« que trop livré à leurs sentimens (1).

« L'après midi du 6 août fut employée à tenir
« un Grand Conseil entre le général et toutes les
« *Nations* sauvages de notre camp, savoir les
« Nipissings, les Algonquins, quelques Abénaquis,
« Iroquois domiciliés et Folles-Avoines, faisant
« environ 250. Les chefs assurèrent leur Père
« Ononthio, (ainsi ils appelaient le marquis de
« Montcalm,) les uns après les autres, de leur
« bonne volonté à détruire l'Anglois, et se félici-
« tèrent de marcher sous ses ordres. Comme le

(1) Le baron de Dieskau fut battu, blessé et pris par les Anglais, le 11 septembre 1755, sur les bords du lac Saint-Sacrement.

« Conseil étoit près de finir, le chef Nipissing se
« leva, et pria son Père de ne point exposer les
« Sauvages au feu de l'artillerie et de mousque-
« terie des forts, attendu que leur coutume n'étoit
« point de combattre contre des retranchements
« et des pieux, mais dans les bois où ils enten-
« doient la guerre, et où ils pouvoient trouver
« des arbres pour se mettre à l'abri, assurant
« qu'ils se comporteroient bien. Celui-là nous
« parut le plus sensé de tous, et M. de Montcalm
« luy fit répondre qu'il les destinoit à observer,
« avec M. de Rigaud et les Canadiens, les secours
« qui pourroient venir aux ennemis, et à faire
« bon quart, tandis qu'avec les François il se
« battroit contre les forts. Ils furent tous satisfaits
« de cette réponse que chaque interprète annonça
« à sa *Nation* ; et, après avoir dansé et chanté
« la guerre à leur manière, et reçu une distribution
« d'eau de vie, l'assemblée se sépara (1) ».

Français, Canadiens et Sauvages devaient partir le surlendemain pour Chouaguen.

(1) *Recueil et Journal,* etc.

CHAPITRE III

Siège et prise de Chouaguen. — 1756.

Les Anglais, jaloux du commerce de pelleterie que nous faisions avec les Sauvages des Cinq Nations Iroquoises, qui habitaient au sud du lac Ontario, s'établirent, dans les premières années du xviiie siècle, au milieu de ces peuplades, sur les bords du lac, à l'embouchure de la rivière des Onontaguès, ou de Chouaguen (1).

Bientôt, grâce au prix plus élevé qu'ils recevaient de leurs marchandises, grâce aussi aux rations d'eau-de-vie qui en accompagnaient le paiement, tous les Iroquois, même nos plus fidèles alliés, abandonnèrent nos marchés de la vallée de l'Ohio et du Niagara, pour ceux de Chouaguen.

(1) Les *Cinq Nations* Iroquoises formaient entre elles une espèce de Confédération composée des Mohawks que les Français appelaient Aniès, les Onontaguès, les Oucidas, les Cayugas et les Tsonnontouans. Ces diverses tribus formaient à peu près 15 à 20,000 âmes.

Du reste, les Sauvages du Canada appartenaient à deux grandes familles, longtemps ennemies, les Iroquois, et les Algonquins-Hurons dont la Confédération renfermait aussi un grand nombre de tribus.

La situation de ce poste était excellente. Outre les communications faciles, qu'ils avaient avec les Cinq Nations dont ils étaient entourés ; outre la proximité de leurs possessions de la baie d'Hudson et de la Nouvelle York, les Anglais pouvaient encore établir des rapports avec les Sauvages des contrées les plus lointaines, au moyen du lac Ontario.

Mais, le commerce grandissant de Chouaguen n'était pas l'unique sujet d'inquiétude des Français.

Au point de vue militaire, Chouaguen devenait très redoutable. Nos ennemis avaient trouvé un bon port à l'embouchure de la rivière, dans l'Ontario ; ils avaient armé cinq ou six grosses barques qui les rendaient maîtres d'une partie de la navigation du lac, lequel cessait d'être exclusivement français ; et enfin ils y avaient élevé des ouvrages de guerre qui étaient une menace continuelle pour Frontenac, Niagara et même pour le fort Du Quesne.

Ces ouvrages consistaient dans trois forts appelés indistinctement les forts de Chouaguen ou d'Oswego.

Le premier, l'Ontario, à la droite de la rivière par où venaient les Français, à bord d'un plateau fort élevé, terminé par des escarpements à pic du côté de la rivière et du lac ; et, du côté des bois, par une pente assez raide qui commençait à 90 toises du fort, ce qui faisait qu'on pouvait arriver jusqu'à cette distance sans être vu. Il avait à peu près la forme d'un carré d'une quarantaine de toises sur chaque face. Il était fait de pieux de 18 pouces de diamètre, parfaitement joints l'un à l'autre, sortant de terre de 8 ou 9 pieds. Le fossé avait 18 pieds de profondeur : les terres du fossé avaient été rejetées, moitié en glacis sur la contre-escarpe, et moitié autour des pieux au travers desquels on avait ménagé des embrasures. Les ennemis y avaient 300 hommes de garnison, 8 pièces de canon et 4 mortiers à double grenade.

Le second, le Vieux Chouaguen, situé sur la rive gauche de la rivière, consistait en une maison à machicoulis, crénelée au rez-de-chaussée et au premier étage, dont les murailles avaient 3 pieds d'épaisseur. Autour de cette maison, à 3 toises de distance, régnait un mur de 4 pieds d'épaisseur et de 10 de hauteur, flanqué de deux grosses tours carrées. C'était un véritable château-fort du moyen-âge. Mais ce fort n'était là que comme soutien et comme réduit. Tout auprès et s'y appuyant, les ennemis avaient construit de solides retranchements que défendaient 18 pièces de canon et 15 mortiers.

Enfin, le fort Georges, situé sur la même rive de la rivière que le Vieux Chouaguen, mais à 300 toises plus loin, n'était pas susceptible de défense. Aussi les Anglais l'abandonnèrent-ils le matin du 14 août.

Pour défendre ces ouvrages, les Anglais avaient 1.600 hommes, dont 1.300 soldats de la vieille Angleterre.

Montcalm les attaquait avec 3.000 hommes. Sur ces 3.000 hommes, il y avait 1.300 Français, 1.500 Canadiens et 200 Sauvages « peu habitués à se « battre contre les retranchements et les pieux. » Du reste, la force de la position des Anglais compensait bien, et au-delà, leur infériorité numérique.

Le mouvement de la petite armée française, de Niouré sur Chouaguen, commença le 8 août.

« M. de Rigaud reçut ordre de partir avec 420
« Canadiens, tous les Sauvages, M. Mercier et
« moy, le 8 aoust, pour aller à l'anse aux Cabanes ;
« de faire ensuite une découverte de quelques
« Canadiens et Sauvages conduits par M. de Viller,
« qui mèneroit M. Mercier et moy, par le chemin
« que M. des Combles avoit découvert jusqu'en
« vue du fort. Nous devions ensuite visiter la côte
« pour reconnoitre l'anse, (plus rapprochée du
« fort), que M. Mercier prétendoit avoir vue, et le
« chemin qui mène de cette dernière anse jusqu'au
« fort ; puis nous reviendrions le plus diligem-
« ment possible rendre compte de notre décou-
« verte.

« Nous partîmes donc de Niouré, le 8, à huit
« heures du matin ; nous arrivâmes le 9, à deux
« heures après minuit, à l'anse aux Cabanes. Les
« Sauvages et presque tous les Canadiens avoient
« fait la route par terre, pour ménager les
« bateaux ; aussi tous n'étoient pas encore arrivés.

« Le 9, à huit heures du matin, nous nous
« remîmes en marche, M. de Viller, Marin, Saint-

« Luc, Mercier et moy, après avoir passé la nuit
« au bivouac. Nous avions 15 Canadiens des plus
« ingambes et 11 Sauvages pour nous accom-
« pagner. Nous commençâmes par le chemin
« qu'avoit indiqué M. de Combles et que nous
« jugeâmes, ainsi que luy, très difficile. Puis nous
« allâmes examiner la côte du lac, et trouvâmes,
« à demi-lieue du fort Ontario, l'anse trouvée par
« Mercier, qui nous parut commode.

« Les deux pointes, qui la bordent de chaque
« côté, étoient des rochers à pic ; mais la courbure
« en dedans était de sable, et en état de contenir
« environ 200 bateaux. Nous jugeâmes tous unani-
« mement que c'étoit le seul endroit propre à un
« débarquement de l'artillerie. L'anse aux Cabanes
« était si éloignée, qu'il eut fallu un temps infini,
« le chemin supposé fait, pour transporter devant
« Chouaguen l'artillerie et les munitions. Car elle
« en est distante de 4 lieues, et nous n'avions que
« 20 chevaux assez mauvais. Ainsi, il devoit
« sembler bien avantageux de trouver une anse
« aussi voisine ; cependant, la première impression
« dans l'armée ne luy fut pas favorable.

« Le chemin depuis la dite anse, jusqu'au fort
« Ontario, n'offroit aucunes difficultés qu'on ne
« put surmonter en deux jours au plus. Il y avoit
« au milieu un ruisseau très facile à passer ; et un
« autre plus faible au pied du coteau sur lequel est
« situé le fort.

« Notre reconnaissance faite, nous retournâmes

« à l'anse aux Cabanes, où nous arrivâmes à neuf
« heures du soir.

« J'étois si fatigué d'avoir marché treize à
« quatorze heures, à travers les branches d'arbres,
« les chicots et les souches, que je pouvois à peine
« mettre une jambe devant l'autre. Après avoir
« satisfait, chez M. de Rigaud, la faim violente qui
« me prenoit, mon premier soin fut de rendre
« compte par écrit, à M. le marquis de Montcalm,
« de mes remarques.

« M. de Rigaud dépêcha un canot d'écorce en
« diligence porter ma lettre. M. Mercier, étant
« resté à demi-lieue du camp dans les bois, à cause
« de sa fatigue, ne put écrire de son côté. Mais
« comme nos deux sentiments se rapportoient,
« cela étoit égal.

« M. de Montcalm étoit parti, le 9, de la baie
« de Niouré, avec la *Sarre* et *Guyenne* et les
« 4 pièces d'artillerie. Il reçut ma lettre chemin
« faisant, et elle luy fit grand plaisir. Il arriva,
« le 10, à trois heures du matin, à l'anse aux
« Cabanes, ayant eu le soin de cacher, durant le
« jour, les bateaux sous des feuillages, pour en
« dérober la vue aux bateaux que l'ennemy auroit
« pu envoyer à la découverte.

« M. de Montcalm fit partir le même jour, vers
« dix heures du matin, M. de Rigaud avec les
« Sauvages et les Canadiens pour aller s'emparer
« de l'anse reconnue la veille, se réservant de
« partir luy-même, vers six heures du soir, avec

« tout son monde, pour y arriver de nuit en
« bateau. Il recommanda à M. de Rigaud de faire
« des feux sur le rivage, pour indiquer le lieu du
« débarquement.

« Il dépêcha aussi vers M. de L'Hopital, com-
« mandant de *Béarn*, et conduisant l'artillerie et
« les munitions, pour l'instruire de ses mouve-
« ments et dispositions (1) ».

En effet, Montcalm quitta l'anse aux Cabanes, comme c'était convenu, le 10, vers six heures du soir, accompagné des deux ingénieurs, de Combles et Desandroüins qui l'avaient attendu, et de ses deux bataillons ; et on aborda, vers minuit, l'anse autour de laquelle était déjà M. de Rigaud.

Malheureusement, les bateaux restèrent sur le sable, à cinq ou six pas de la rive, et ne purent aborder. Alors, on s'imagina tout de suite que cette anse n'était pas sûre pour l'artillerie, les poudres et les vivres : on les croyait dejà voir mouillés, et les bateaux pleins d'eau ! « L'anse
« étant presque remplie de 150 bateaux que nous
« avions, on ne manqua pas de me faire reproche
« là-dessus, et de me demander s'il seroit possible
« de faire aborder encore plus de cent bateaux
« que l'on attendoit avec *Béarn* et l'artillerie.

« J'eus beau représenter que rien n'était plus
« aisé que de tirer nos bateaux sur le sable, après
« les avoir déchargés, pour faire place aux
« autres : on m'objecta la difficulté qu'il naitroit

(1) *Recueil et Journal,* etc.

« de faire un embarquement précipité si nous
« avions le dessous. Je répondois que s'il y avoit
« quelque chose de ce côté, il falloit, de nécessité,
« renvoyer tous les bateaux à l'anse aux Cabanes,
« ne conserver que ceux de l'artillerie, des vivres,
« et faire ensuite retirer les troupes à travers bois
« où l'ennemy n'oseroit nous poursuivre à cause
« des Canadiens et des Sauvages.

« Rien de tout cela ne parvint à dissiper une
« certaine consternation générale, occasionnée
« par notre prétendue mauvaise position.

« J'étois moi-même contrarié, au-delà de toute
« expression, de voir si mal réussir ma première
« reconnaissance, et de me sentir la cause du
« découragement universel, et l'objet des reproches
« de toute l'armée en cas du moindre accident.
« Mais ce qui avoit achevé de me plonger dans le
« désespoir, furent certaines paroles prononcées
« par M. de Bourlamaque, que j'entendis sans le
« vouloir, dans l'obscurité à côté d'un cercle
« d'officiers à qui il faisoit la peinture de nos
« dangers : — Enfin, dit-il, voilà les gens à qui
« nous sommes obligés de nous en rapporter : ils
« exposent, sans en sentir les conséquences, le
« salut de toute la colonie. — Ces paroles me
« pénétrèrent jusqu'au fond de l'âme.

« N'osant retourner vers M. de Montcalm, je
« priai M. de Sennezerque de lui dire que s'il
« jugeoit qu'il y eut le moindre danger, il falloit
« renvoyer les bateaux à l'anse aux Cabanes, et

« y faire débarquer l'artillerie. Mais qu'il me
« paraissoit bien long et presqu'impossible de
« faire de si loin transporter, à force de bras,
« notre artillerie et nos munitions jusqu'aux forts.
« Enfin je tâchois par ce moyen de diminuer les
« reproches, en cas d'échec, le plus qu'il m'étoit
« possible, aimant mieux convenir que je m'étois
« trompé lourdement, et fournir le moyen de
« réparer ma faute, que de voir tant de conster-
« nation à mon sujet, parmi tous les officiers de
« l'armée.

« Mais Mercier, qui le premier avait découvert
« l'anse cause de tant d'ennuis, Mercier, lui, ne
« doute de rien, et soutient sa pointe. Il fait
« immédiatement débarquer ses 4 pièces d'ar-
« tillerie qu'il étale sur le rivage, et cherche à
« rendre la sécurité à M. de Montcalm et à lui
« prouver la bonté de notre poste.

« Il rendit, je crois, en cette occasion, un service
« signalé. On convint au moins par la suite de la
« bonté du poste. Mais je ne sentois alors que le
« désagrément d'avoir eu la confiance du général,
« et d'être taxé d'en avoir abusé (1) ».

Certes, on conviendra que celui qui a écrit ces
lignes joignait, à une modestie sans pareille, une
grande et profonde honnêteté : nous retrouverons
encore, bien souvent dans la suite, ces deux
qualités en Desandroüins.

Tiraillé ainsi en des sens contraires, Montcalm

(1) *Recueil et Journal,* etc.

réfléchit quelques instants. Tout pesé, il veut qu'on reste, et on restera. L'évènement lui donna raison.

On tira à sec, sur le sable du rivage, une partie des bateaux, et on manda à toute l'artillerie d'y venir débarquer.

Montcalm était à une demi-heure de leurs forts, et les Anglais n'avaient nul soupçon de sa présence.

Aussitôt la résolution prise de rester où l'on était, de Combles et Desandroüins reçurent l'ordre d'aller examiner le fort Ontario afin d'en déterminer le point d'attaque. La compagnie des grenadiers de la *Sarre*, et un piquet de Sauvages et de Canadiens, devaient leur servir d'escorte.

Ils partirent le 11, avant le lever du jour, et arrivèrent vite à la lisière d'un bois de haute futaie, ayant laissé leur escorte de grenadiers à deux portées de fusil, en arrière. Sur cette lisière, ils attendirent un instant qu'il fît clair. Alors de Combles, qui ne voulait point de la société des Sauvages qu'il aimait peu, pria quelques officiers de la *Sarre* de venir avec lui ; et frappant sur l'épaule de Desandroüins : « Vous, restez-là », lui dit-il. Desandroüins fut surpris de cette parole, d'autant plus qu'ils étaient convenus d'aller ensemble. Cependant, c'était son chef, il obéit sans mot dire. De Combles disparut au milieu des grands arbres et des broussailles.

Desandroüins, le perdant de vue, résolut de faire seul sa reconnaissance. Il prit avec lui deux Sauvages qu'il avait sous la main, s'avança dans la forêt, et arriva sur la crête d'un coteau d'où l'on apercevait le fort.

Tout à coup on tira deux coups de canon du fort : c'était le signal du lever. Mais, presqu'aussitôt, une décharge de coups de fusil éclata sur sa droite, suivie de cris. « Les Sauvages qui
« m'accompagnoient, continue Desandroüins, me
« firent signe de revenir. Je crus que les coups de
« fusil venoient d'une patrouille ennemie sortie
« dès le matin de ses retranchements : je me
« doutois qu'elle avoit rencontré M. de Combles
« et les officiers, et qu'elle les avoit repoussés.
« Craignant qu'elle me coupât la retraite, je me
« retiroi vers M. de Bourlamaque venu aussi en
« curieux, et qui étoit resté avec les grenadiers.

« Mais j'avois à peine fait huit pas en arrière,
« que j'entendis M. de Saint-Luc, criant, tout
« désolé, que notre pauvre ingénieur étoit blessé
« à mort. Je courus de son côté pour lui porter
« secours si c'étoit possible. Je le trouvoi expirant
« et étendu à terre, d'un coup de fusil, chargé
« d'une balle et d'une poignée de gros plombs,
« que lui avoit tiré un Sauvage nommé Hotchig.

« Ce malheureux l'avoit pris pour un Anglois
« qui venoit à la découverte. Il le vit passer sous
« un tronc d'arbre, poussant sa canne devant lui.
« Il crut que c'étoit un fusil ; entendit ou aperçut
« quelqu'un qui l'accompagnoit, et ne balança pas
« de lâcher son coup ; mais son intention avoit
« été de le faire prisonnier.

« Je fus assommé de ce récit et de l'état de
« mon pauvre camarade que j'embrassoi, et fis
« transporter sur le champ dans sa tente où il
« expira une demi-heure après, malgré les soins
« des chirurgiens.

« M. de Combles avoit reconnu le fort, et avoit
« dit aux officiers qui l'accompagnoient qu'il
« étoit content de ce qu'il avoit vu. Ce fut au
« moment où il faisoit les premiers pas pour s'en
« retourner, qu'il reçut son coup de fusil, qui fut
« suivi de la décharge de toutes les sentinelles qui
« avoient cru qu'on tiroit sur elles (1) ».

Desandroüins était désolé de la mort de M. de Combles. Désormais il restait seul chargé de diriger les travaux matériels du siège, en qualité d'ingénieur ; et cette responsabilité l'effrayait. Il était encore sous l'impression des reproches que lui avaient adressés quelques officiers relativement au choix du lieu de débarquement ; « et il croyoit
« lire, dans tous les yeux, cette pensée : Plût à
« Dieu qu'on ait conservé le premier aux dépens
« du second ».

Montcalm fut fort affligé de la perte du capitaine de Combles ; et Desandroüins dit, dans ses notes, qu'un moment même il songea à abandonner son entreprise.

Mais, le temps n'était ni aux larmes, ni à la douleur. Les hésitations même devenaient un péril. Les Anglais avaient l'éveil, et d'un moment

(1) *Recueil et Journal,* etc.

à l'autre, on les pouvait avoir sur les bras. Montcalm fit prendre position aux troupes rapidement débarquées. Elles campèrent sur une hauteur toute proche et dominant l'anse de débarquement. La gauche était appuyée sur un marais impraticable. Les Sauvages et les Canadiens ne campèrent pas, mais furent répandus dans les bois, à leur ordinaire.

Le reste de la journée du 11 fut employé, par Desandroüins, à percer, avec 300 travailleurs, un chemin qui allait du camp français à la sortie de la forêt. Le modeste officier ne veut pas se donner le mérite d'avoir reconnu ce chemin. « On dit que
« je l'ai tracé en revenant de ma reconnaissance
« du matin. Mais ce fut un Sauvage qui marchoit
« devant moi et qui me servoit de guide. Je ne
« fis que blanchir les arbres à gauche et à droite,
« pour indiquer le passage ».

Pendant cette journée du 11, « un bateau que
« les ennemis avoient le matin envoyé à la décou-
« verte, leur ayant annoncé notre arrivée, ils
« firent sortir trois grosses barques contre nous
« vers midy, qui vinrent nous tâter. Mais elles
« furent fort surprises de se voir vivement saluées,
« à la suédoise, des quatre pièces de 11 ; et elles
« s'en retournèrent après avoir fait quelques
« décharges de leur artillerie sans aucun effet,
« et avoir reçu quelques-uns de nos boulets dans
« leur bord.

« Le 12, *Béarn,* avec l'artillerie et les vivres,

« arriva à la pointe du jour. Deux barques
« ennemies sortirent presqu'en même temps, mais
« trop tard, pour leur couper le chemin (1) ».

Cependant, cette tentative avortée des Anglais avait augmenté l'espèce d'inquiétude qui régnait au camp français, et que Desandroüins ressentait peut-être plus que tout autre, parce qu'il avait sa part de responsabilité dans l'entreprise.

« Nous connaissions, dit-il, la force de la
« garnison ; notre faiblesse ; la modicité de nos
« approvisionnements de bouche qui ne devoient
« nous mener que jusqu'au 28 tout au plus ; la
« supériorité des barques ennemies sur le lac qui
« nous devoient naturellement empêcher la com-
« munication avec Niouré et Frontenac. Nous
« faisions peu ou point de fonds sur les Canadiens
« et Sauvages pour un siège. Je restois seul
« d'Ingénieur quoique secouru par M. Pouchot (2)
« qui devoit être le guide des attaques ; et on
« savoit que jamais je n'avois fait de siège comme
« tel. Les ennemis pouvoient être secourus par
« des forces que l'on ne connaissoit point assez
« pour ne pas craindre beaucoup. Enfin toute
« l'armée, sans exception, étoit dans une cruelle
« perplexité ; et tel, qui n'osoit le dire ouverte-
« ment, s'attendoit à déguerpir bientôt à travers

(1) *Recueil et Journal*, etc.

(2) M. Pouchot, capitaine du *Béarn*, qui avait fortifié Niagara.

« les bois, abandonnant artillerie, munitions,
« blessés.

« L'on avoit tant jasé sur les différentes actions
« où s'étoient trouvés les Sauvages et les Cana-
« diens de M. de Villiers, qui s'étoit vu plus d'une
« fois abandonné des trois quarts de son monde,
« qu'on s'attendoit à les voir faire usage, au
« premier choc un peu vif, de ce jarret, tant
« vanté aux François, non pour courir plus vite
« que nous à la rencontre de l'ennemy, mais pour
« se sauver plus rapidement (1) ».

Cependant une circonstance insignifiante, en distrayant les officiers et les soldats, fit oublier ces préoccupations.

Dans la nuit du 11 au 12, les plus valeureux des Canadiens et quelques Sauvages étaient allés, selon leur coutume, d'arbres en arbres et de souches en souches, fusiller contre le fort Ontario, le plus rapproché du camp français. Toute la journée, ils brûlèrent ainsi leur poudre. « Mais
« quoique leur fusillade ne tuât pas une âme, elle
« resserra l'ennemy, craintif pour sa chevelure,
« et donna grande confiance à nos soldats ».

D'un autre côté, l'espérance revint au cœur des officiers : c'est une dépêche anglaise qui la leur rendit. Quelques Sauvages, que l'on avait envoyés à la découverte le long de la rivière, se saisirent de deux Iroquois, porteurs de lettres du commandant anglais dans lesquelles il paraissait avoir

(1) *Recueil et Journal*, etc.

grande opinion des forces françaises, et très peu de confiance dans les moyens de défense dont il disposait.

Ballottés par ces diverses impressions, on n'en pressait pas moins avec ardeur les préparatifs du siège.

Le 11 et le 12, on avait achevé le chemin qui conduisait de l'anse du débarquement jusqu'au pied du coteau sur lequel est placé le fort Ontario, et l'on avait fait une quantité prodigieuse de gabions, fascines, saucissons, qui permit de déterminer l'ouverture de la tranchée pour la nuit suivante, c'est-à-dire pour celle du 12 au 13.

M. de Bourlamaque fut chargé par Montcalm de la direction de tout le siège. Il ne devait pas quitter d'un instant la tranchée, et il ne la quitta pas. C'était un rude officier, continuellement blessé au feu, mais toujours debout.

On commanda les compagnies de grenadiers de la *Sarre* et de *Guyenne* et trois piquets armés pour la première garde de tranchée, et six piquets de travailleurs pour en faire l'ouverture qui devait avoir lieu à dix heures.

Le capitaine Mercier et Desandroüins devaient faire prendre au dépôt, pour sept heures, tous les outils nécessaires ; mais quand ils y arrivèrent, il n'y en avait pas ! Ils furent obligés de les envoyer chercher au parc, ce qui les retarda jusqu'à minuit, de sorte qu'on mit en question si on l'ouvrirait cette nuit-là même. Le colonel

Bourlamaque et Desandroüins furent d'avis de commencer au plus vite, le soldat ne dût-il être couvert qu'à mi-corps au point du jour. « Mais
« une autre question non moins embarrassante
« survint, et elle ne fut pas si aisée à résoudre.

« J'avois reconnu le terrain en plein jour,
« pendant que les Canadiens et les Sauvages
« fusilloient avec le fort, et j'avois pris mon point
« de vue pour conduire une parallèle sur la crête
« du coteau, de manière qu'elle s'opposa direc-
« tement au front qui nous faisoit face.

« M. Pouchot, qui avoit pareillement reconnu
« en plein jour, ne fut pas du même avis, jugeant,
« en grand militaire, qu'il valoit beaucoup mieux
« appuyer sa droite au lac.

« J'eus beau étaler pour raisous qu'ainsi on
« laisseroit le fort entièrement sur sa gauche, et
« que la batterie, qu'on devoit commencer dès le
« lendemain matin, ne pourroit battre le fort que
« très obliquement, ce qui n'étoit pas *dans les*
« *règles du métier ;* que d'ailleurs les pieux
« de 18 pieds, que tout le monde croyoit à
« l'épreuve du boulet de 12 qui étoit notre plus
« fort, resisteroient bien plus aisément étant pris
« de biais, et qu'il seroit bien plus difficile d'y
« faire une trouée.

« On me prit pour un écolier qui ne savoit que
« suivre scrupuleusement les règles de Vauban :
« on me rit au nez. Et comme j'insistois, on
« m'ordonna d'appuyer la gauche à un certain

« arbre que j'avois pris pour laisser un jalon
« sur ma droite.

« Comme j'en ruminois encore en partant du
« dépôt, M. de Bourlamaque craignit que je
« n'exécutasse point ses ordres, et m'envoya un
« sergent pour me les réitérer, comme je posois
« le premier gabion. J'avoue que vingt fois, je
« fus sur le point de lui demander un ordre par
« écrit. Mais, me représentant ma jeunesse, mon
« peu d'expérience, l'aventure de la reconnais-
« sance de l'anse du débarquement, j'appréhenday
« de me tromper et de me faire huer et mépriser
« de toute l'armée comme un homme entêté et
« ignorant.

« J'exécutay donc l'ordre à la lettre, non sans
« avoir lieu de m'en répentir, car tous les curieux
« du camp étant venus le matin dire leur avis, les
« moins intelligents n'avoient pas besoin d'ouvrir
« Vauban pour s'apercevoir que nous étions
« exposés au feu des deux forts, sans pouvoir en
« battre aucun.

« Ceux qui avoient quelques bontés pour moi,
« crurent me rendre service en m'avertissant. Je
« ne les laissay pas ignorer les ordres précis que
« j'avois reçus et mes représentations inutiles.
« Bougainville ne put s'empêcher d'en témoigner
« son sentiment à M. de Bourlamaque qui dit n'y
« avoir aucune part : puis avouant pourtant les
« ordres qu'il m'avoit donné, en rejeta la faute
« sur Pouchot. Ce qui prouve assez, ce que j'ay

« toujours soutenu depuis, qu'il falloit à l'armée
« un Ingénieur d'assez grande expérience et
« autorité pour enlever la confiance, et faire
« exécuter son avis.

« Un autre inconvénient auquel je n'avois
« pas songé, non plus que les autres, c'est
« que les barques angloises vinrent croiser,
« et s'arrêtèrent même quelque temps dans
« l'enfilade de notre parallèle, le 13, au matin.
« Et comme le coteau alloit un peu en pente
« depuis la gauche de la tranchée, en sorte
« que son alignement sembloit plonger au pied
« des barques, un boulet, qui auroit été tiré à
« propos, eut enfilé le boyau d'un bout à l'autre.
« Heureusement l'idée ne vint pas aux barques
« angloises de nous canonner. Mais cette idée
« n'avoit échappé à aucuns de nos grenadiers
« dont un capitaine me demanda s'il n'y avoit
« point de remède à cet inconvénient. Les tra-
« verses n'y eussent fait que peu de chose, à
« cause de la pente du terrain (1) ».

Enfin, la parallèle fut établie tant bien que mal :
elle était à 89 toises du fort Ontario, et elle avait
une longueur de 70 toises. On avait fait ce travail
en peu de temps, dans un terrain peu favorable
où il avait fallu cheminer à travers les troncs
d'arbres et les souches ; et il faisait un magnifique
clair de lune. Cette circonstance avait aidé nos
travailleurs, qui voyaient clair à leur besogne ;

(1) *Recueil et Journal,* etc.

mais d'un autre côté, elle pouvait leur nuire considérablement, parce que l'ennemi avait toute facilité de les apercevoir, et toute facilité de leur tirer des coups de fusil. Par bonheur, les Anglais ignorèrent l'ouverture de la tranchée, et quand ils en furent instruits, nos travailleurs étaient à couvert.

Au point du jour, on releva les piquets, on élargit la parallèle, on y ouvrit des chemins de communication, on y traça l'emplacement d'une batterie de six pièces, et on releva le terrain par places pour se garer davantage. Tout cela se fit dans la journée du 13 : mais cette journée fut chaude. Les ennemis firent sur nous un feu d'enfer. Aux canons, aux bombes, à la mousqueterie qu'ils tiraient des deux forts à la fois, nous n'avions à opposer que les coups de fusil de quelques grenadiers à travers les créneaux formés de sacs à terre, et de cinq ou six Sauvages ivres qui, sautant par-dessus le parapet, allaient derrière une souche lâcher leur coup, puis revenaient encore plus vite, poussant des cris comme s'ils eussent remporté une victoire. Enfin, vers deux heures du soir, leur feu devint si violent, « que « ny Sauvages, ny François n'osa plus montrer « son nez » ; puis tout à coup, vers quatre heures, il cessa tout à fait.

Ce silence absolu du fort Ontario étonne : « On « croit à une feinte pour nous engager à quel- « qu'étourderie. » Cependant, après une paire d'heures, un Sauvage s'offre pour aller à la découverte. Enjambant le parapet, il se glisse de souche en souche jusqu'au pied du rempart, et écoute un instant ; puis tout à coup, on le vit presque aussitôt sauter dans le fort, et reparaître aux yeux de toute l'armée, accourue dans la tranchée, qui battit des mains.

On envoya la compagnie des grenadiers de *Guyenne* qui en prit possession. Les Anglais en effet avaient eu peur, ou de se voir couper, la nuit suivante, du vieux Chouaguen ; ou, par une brusque attaque, d'être jetés dans la rivière sur laquelle ils n'avaient pas de pont. Alors ils avaient encloué leurs canons, noyé leurs poudres, et s'étaient retirés avec une telle précipitation qu'ils avaient abandonné trois hommes malades ou blessés, et tous leurs bagages.

« La joye et l'espérance éclatèrent alors, comme
« on peut bien le penser, sur tous les visages. On
« disoit : — Eh bien ! quand nous ne ferions que
« cela, n'est-ce pas assez pour notre gloire ? Mais
« les Anglois sont des pleutres : ils se rendront
« bientôt ! (1) ».

Mais, Desandroüins n'avait pas le temps de se livrer à ces commentaires. Immédiatement on lui donna 100 hommes pour exécuter un chemin, depuis la parallèle déjà faite, jusqu'au fort Ontario. A neuf heures, ce chemin était achevé.

Il conduisit ses travailleurs à Mercier qui, pro-

(1) *Recueil et Journal*, etc.

fitant de la nuit, traçait l'emplacement d'une batterie avec 200 hommes. Il n'y avait pour protéger ce travail que la compagnie des grenadiers de *Béarn* et trois piquets armés : mais ce nombre était suffisant, car on était séparé de l'ennemi par la rivière.

A la batterie commencée par Mercier, et placée en avant du fort Ontario, sur un léger escarpement duquel on devait battre le Vieux Chouaguen, nul chemin couvert ne donnait accès. Le colonel de Bourlamaque et le capitaine Mercier jugeaient ce chemin inutile : Desandroüins le disait nécessaire ; sans cela, on ne pourrait, à ciel ouvert et sous le feu de l'ennemi, y traîner les canons, y conduire les munitions, y transporter une once de poudre sans le plus grand danger.

Montcalm, consulté, donna raison à Desandroüins : le chemin creux conduisant à la batterie fut décidé. Le nombre des travailleurs ne suffisant pas, on employa les piquets armés ; on en fit venir du camp, tant pour remuer la terre que pour traîner l'artillerie à force de bras, et transporter les gabions, fascines, saucissons et les munitions. L'ennemi nous inquiéta peu cette nuit : il se contenta de tirer une douzaine de bombes et quelques coups de canon que le clair de lune lui permettait de diriger comme en plein jour. L'ardeur du soldat, excitée par la présence du général, fut telle que le matin, le chemin de communication, ou plutôt la tranchée, fut praticable, et la batterie armée de 9 pièces de canon, avec leurs munitions. En même temps, on en préparait une autre d'obusiers et de mortiers.

Desandroüins, brisé de fatigues, dort debout; mais à chaque instant le canon le réveille.

A quatre heures du matin, le soleil se lève radieux : on était au 14 août.

Au même moment, MM. de Rigaud et de Villiers passent la rivière avec leurs Canadiens et leurs Sauvages, tournent le fort et se mettent en mesure de couper toute retraite à l'ennemi. Le résultat de cette manœuvre fut l'évacuation immédiate du fort Georges que les Anglais ne songèrent jamais à défendre.

Puis tout à coup, nos 9 pièces ouvrirent le feu sur le Vieux Chouaguen.

Mais les Anglais y répondirent par un feu non moins vif. Leur tir était plongeant : ils semblaient mettre à la main leurs bombes et leurs boulets dans nos tranchées, ou au moins sur leurs revers et leurs parapets qu'ils dominaient. Ils nous tuèrent pas mal de monde.

Malheureusement le soleil se cache vers sept ou huit heures : un violent orage éclate et une grosse pluie survient. Nos canons n'avaient point de plate-forme : Mercier avait jugé le terrain assez solide pour s'en passer. La pluie détrempe le sol et le rend mou. A chaque coup, les pièces s'enfoncent, tirent trop haut, ou trop bas, ou trop court : il faut les régler et on n'y parvient pas.

Puis les munitions commencent à faire défaut, et n'arrivent que lentement, malgré l'activité des soldats que gêne la pluie. Le feu devient moins vif de notre côté.

Le canon ennemi prend le dessus, et une de nos pièces est démontée.

Personne n'augurait bien de cette journée. Montcalm, qui de temps à autre venait à la batterie, était inquiet. Cependant, il voulut payer d'audace ; avant qu'il n'y eut aucune brèche faite, il songe à sommer l'ennemi. Desandroüins le vit venir suivi du drapeau parlementaire. Il ne put s'empêcher de lui faire observer que s'il remettait au lendemain à faire sa sommation, il pourrait l'appuyer sur des canons et des obusiers plus nombreux et mieux servis. Montcalm répondit que si les Anglais ne se rendaient pas, il les sommerait à midi.

Mais, à cet instant-là même, trois heures avant midi, un grave évènement avait lieu chez les Anglais. Le colonel Mercer, commandant du fort, était tué par un boulet français, au moment où il se disposait à faire une vigoureuse sortie.

Sur quel point devait-il diriger cette sortie ? Etait-ce sur nos batteries ? Etait-ce sur les Sauvages et sur les Canadiens de MM. de Rigaud et de Villiers ? Le brave colonel a emporté son secret dans la tombe (1).

(1) Desandroüins tenait ce projet d'un des aides de camp du colonel Mercer.

Cette mort funeste jeta le découragement parmi les officiers anglais.

Ils nous croyaient des forces bien plus considérables ; ils étaient surpris de la promptitude et de la régularité de nos travaux ; leurs barques leur avaient rapporté que nous avions encore une artillerie formidable sur la grève. D'un autre côté, ils voyaient les files des Canadiens et des Sauvages se dérouler, comme de noirs serpents, autour du fort, et ils craignaient d'exciter leur fureur par une résistance trop opiniâtre.

C'est pourquoi, vers onze heures, ils battirent la chamade (2), et demandèrent à capituler. Un seul Anglais s'y opposa : ce fut le maître canonnier, qui soutint qu'il se faisait fort de raser, en quatre heures, la batterie des Français.

Peut-être n'avait-il pas tort.

Montcalm, ravi d'un aussi rapide succès, accepta sans difficulté les conditions de la capitulation. La garnison se constituerait prisonnière de guerre. Tout le matériel des forts, munitions de guerre et de bouche, appartiendrait aux Français.

Voici le détail de ces prises :

Seize cent quatre-vingt-huit hommes prisonniers de guerre, dont 72 officiers, parmi lesquels 2 ingénieurs, 2 officiers d'artillerie, et 6 officiers de marine.

(2) Sorte de batterie de tambour, ou de sonnerie de trompette, par laquelle l'assiégé indique qu'il veut parlementer.

Cinq drapeaux, 121 pièces de canon, 48 mortiers et obusiers, en comptant les bouches à feu qui armaient six grandes chaloupes qui tombèrent aussi en notre pouvoir.

Toutes les munitions de guerre, consistant en 23 milliers de poudre, 8 caisses de balles, 2.980 boulets de divers calibres, 150 bombes de 9 pouces et 300 de 6 pouces, 1.476 grenades, 1.800 fusils de munition, 340 *raisins* et 12 paires de roues en fer pour affûts de marine.

Enfin, tous les vivres, qui furent très utiles pour ravitailler le camp français : caisses de biscuit, lard ou bœuf salé en grande quantité, farines, riz, sacs de pois et sel.

Les Français avaient acheté ce succès par une trentaine d'hommes hors de combat. Les Anglais avaient payé leur défaite de cent cinquante tués ou blessés.

Aussitôt qu'ils furent maîtres des forts, les Français travaillèrent, avec une incroyable activité, à démanteler et à raser les fortifications ; à démolir et à brûler tous les bâtiments et magasins ; à transporter et à embarquer les prises faites.

Puis, le 21 août, l'armée victorieuse remonta sur ses bateaux, traversa de nouveau l'Ontario, laissa momentanément le bataillon de la *Sarre* à la baie de Niouré pour en compléter l'évacuation, et descendit, par le Saint-Laurent, à Montréal, emmenant ses prisonniers et ses trophées.

Cependant, un incident regrettable avait marqué

son départ. La garnison anglaise était prisonnière de guerre ; elle avait la vie sauve ; et Montcalm était en droit d'espérer que cette clause de la capitulation serait respectée par toute son armée. Mais il avait compté sans les Sauvages. Nouvellement arrivé parmi eux, il ignorait leurs mœurs. Il ignorait que sa parole donnée, comme général, ne les engageait pas ; que toutes les clauses de la capitulation ne signifiaient rien à leurs yeux, si eux-mêmes ne ratifiaient ces clauses, ne confirmaient sa parole, si enfin ils *n'étaient point liés par des colliers* (1). « Nous ne pouvions avoir, dit
« Desandroüins, l'idée de gouverner des troupes
« légères avec tant de cérémonies. »

N'ayant donc pas reçu de *colliers*, les Sauvages se ruèrent, au mépris de la capitulation, comme des bêtes féroces sur les prisonniers anglais, au moment de l'embarquement, et en massacrèrent une trentaine avant que les soldats français aient pu porter secours à ces malheureux.

« Cet évènement aurait pu nous attirer des
« représailles, ou au moins d'amères récrimina-
« tions. Mais comme aucun des Anglois massacrés
« ne se trouva être un homme de marque, et qu'on
« étoit pour ainsi dire accoutumé à de pareilles

---

(1) Quand on voulait obtenir une promesse d'un Sauvage on lui offrait un *collier* : s'il l'acceptait, on pouvait être certain qu'il y serait fidèle. Ce *collier* reçu équivalait à un serment solennel de sa part. Il était composé généralement de coquillages de diverses couleurs.

« atrocités en ce pays-là, de la part des Sauvages,
« cela ne fit pas grand bruit : à peine en fut-il
« question parmi nous autres Européens (1) ».

En effet, l'on n'y songeait déjà plus lorsqu'on arriva à Montréal. Les Canadiens retournèrent en hâte dans leurs villages faire les moissons qui étaient en retard ; les Sauvages rejoignirent leurs Nations emportant leur butin « comme ils ont « coutume quand ils ont fait coup ; » et les deux bataillons de *Guyenne* et *Béarn* eurent ordre de faire diligence pour aller renforcer le camp de Carillon à l'extrémité du lac Champlain, où bientôt la *Sarre* les rejoignit. Le marquis de Montcalm s'y rendit lui-même de sa personne, dans les premiers jours de septembre ; il trouva toutes choses en bon état et complimenta M. de Lévis.

« On ne sauroit, dit le capitaine Desandroüins
« qui a pris à ce siège une part si belle, on ne
« sauroit donner trop d'éloges à l'ardeur, et au
« zèle de chaque officier en particulier. Chacun
« s'est porté au progrès et à l'avancement de
« l'ouvrage commun sans délibérer ny sur les
« fatigues déjà essuyées, ny sur aucune autre
« considération. La pluspart des soldats ne des-
« cendoient la garde que pour prendre les outils,

(2) *Papiers* du général Desandroüins. — Notes sur le voyage de M. Jonathan Carver... à propos du massacre des prisonniers anglais, après la capitulation du fort William-Henry, en 1757.

« et travailloient néantmoins avec une activité
« qui n'a pas d'exemple.

« Les Canadiens et les Sauvages n'en méritent
« pas moins, par la bonne contenance qu'ils ont
« tenue vis-à-vis de l'ennemy.

« Il est vray que, la présence de M. de Bourla-
« maque, colonel, commandant particulier des
« travaux du siège, qui, quoique blessé dès le
« second jour d'une balle à la tête, n'en discontinua
« pas d'un instant de porter ses soins par toute la
« tranchée ; la confiance que M. de Rigauld
« inspira aux Canadiens et aux Sauvages ; et le
« zèle infatiguable de M. le marquis de Montcalm
« qui, à travers les bombes et les boulets, arrivait
« d'heure en heure, au milieu des travaux les plus
« avancés, malgré les cris des soldats et les
« représentations de chaque officier ; il est vray,
« dis-je, que rien ne doit surprendre de la part
« de troupes conduites par de semblables géné-
« raux (1) ».

Le modeste capitaine n'oublie que lui-même en
ses éloges. Et pourtant, il était resté seul, après la
mort de M. de Combles, pour exécuter les travaux
du siège, calme et intrépide sous le feu de l'ennemi.

Heureusement, ses chefs, qui l'avaient vu à la
besogne, se souvinrent de sa belle conduite.
Montcalm, dans son rapport au ministre de la

(1) *Papiers* du général Desandroüins. — *Description et Journal du siège des forts de Chouaguen.*

guerre, le désigna spécialement ; et M. de Paulmy lui écrivit, au mois de mars 1757 — les communications n'étaient point rapides alors :

« A Versailles, le 11 mars 1757.

« Les témoignages que M. de Montcalm a
« donnés, Monsieur, de l'empressement et du
« zèle avec lequel vous avés servi depuis que vous
« êtes employé sous ses ordres, ont engagé le Roy
« à vous accorder une gratification de 600 francs.

« Je vous annonce cette grâce avec d'autant
« plus de plaisir que je suis persuadé qu'elle vous
« excitera à soutenir les impressions favorables
« que Sa Majesté a prises sur votre compte.

« Je suis, Monsieur, votre très affectionné
« serviteur,

« DE PAULMY (1) ».

(1) Le marquis de Paulmy, ministre de la guerre en 1757.

CHAPITRE IV.

Hiver de 1756 à 1757. — Histoire d'un Sauvage.

Nous avons dit que les troupes victorieuses de Chouaguen avaient été envoyées à Carillon, où elles étaient arrivées dans les premiers jours de septembre. Elles y demeurèrent deux mois, et furent ensuite mises, avec le reste de l'armée, en quartiers d'hiver, dans toute la colonie, du 10 au 20 novembre. L'hiver était généralement alors, au Canada surtout où il est exceptionnellement rude, la saison du repos pour les troupes en campagne. On laissa 300 hommes à Carillon et 200 à Saint-Frédéric, petit fort en deçà de Carillon, aussi sur le lac Champlain.

La destruction de Chouaguen, et l'air de supériorité que nous avions pris sur les Anglais, nous valut une députation des Cinq Nations Iroquoises qui se rendit, vers la fin de septembre, à Montréal, pour parler au représentant du *Grand Ononthio* (1) et lui demander son amitié, lui promettant la neutralité la plus absolue dans la guerre future. On ne pouvait exiger que ces peuples se décla-

(1) Le roi de France.

rassent en corps contre les Anglais, au milieu desquels ils étaient enclavés ; mais beaucoup de leurs jeunes gens suivaient nos Sauvages à la guerre.

Ce fut pendant cette espèce de *Congrès*, qu'eut lieu « un fait qui *peut servir d'exemple d'une excitation du cœur fort rare par son motif et par ses effets* », dit Desandroüins qui le raconte (1).

Un jour, dans un coin de la chambre où logeait Montcalm et où l'on avait reçu les députés des Cinq Nations, il était resté deux Sauvages, dont l'un, de la Nation des Chaouanons, se tenait dans la posture d'un homme affligé, replié sur lui-même, la tête entre les deux poings et les coudes sur les genoux ; l'autre demeurait debout et semblait l'attendre.

D'abord on y fit peu d'attention ; cependant on l'invita à dire ce qu'il voulait, ce qu'il cherchait ; mais il resta muet et immobile comme la statue accroupie de la Douleur. Enfin, à l'heure du dîner, Desandroüins et quelques officiers, qui mangeaient avec le général, voulurent mettre à la porte cet importun, puisqu'il ne parlait pas. Mais Montcalm ne permit pas qu'on usât de violences.

Son compagnon, qui était d'une autre Nation, n'avait pas l'air triste ; et il disait en le montrant à tous : « Il a l'esprit malade ». Cependant, il ne put donner sur lui aucun renseignement, ne le

(1) *Papiers* du général Desandroüins.

connaissant que pour un Chaouanon, à qui il avait promis secours et compagnie sur une terre étrangère, et qu'il ne voulait pas abandonner.

« Nous dînâmes, ajoute Desandroüins. Le
« Chaouanon ne voulut ni boire, ni manger, ce que
« fit fort goulûment l'autre Sauvage sans se faire
« prier.

« Après le dîner, M⁺ de Montcalm resta chez lui
« à dicter des lettres, à donner des ordres, etc.
« Et chacun s'en alla à ses affaires. On s'imaginoit
« qu'à la fin, ce Sauvage s'ennuiroit d'ennuyer les
« autres ; mais le soir nous le retrouvâmes au
« même lieu, en même posture, et toujours aussi
« rebelle à nos instances. Le souper se passa
« comme le dîner. Enfin l'heure de dormir nous
« pressoit tous, et il ne convenoit pas de laisser
« passer la nuit à notre Général entre deux
« Sauvages qui pouvoient être suspects.

« Les interprètes, qu'on avoit appelés, nous
« empêchoient d'agir de force, nous disant : —
« C'est un des Chefs d'une Nation voisine des
« Anglois. — Et les missionnaires s'écrioient :
« — Il est de la prière ! (1).

« Enfin, son compagnon nous suggéra de faire
« usage, pour lui déboucher le gosier, de branches
« de porcelaine qui sont des enfilades de coquil-
« lages assez précieux. Ce ne fut qu'à la troisième
« branche de porcelaine que mirent à ses pieds les
« Interprètes, de la part du Général, qu'il parut

(1) Il est chrétien !

« sortir, comme en sursaut, de sa sombre extase.
« Il se leva, ouvrit des yeux étincelans, et prononça
« le discours qui suit, donnant à ses paroles de la
« véhémence par ses gestes animés et par une
« déclamation articulée fortement :

« — Mon Père, tu vois un de tes enfants qui ne
« verra pas la première neige... Mon Père, j'ai
« l'âme noire... Mon Père, tu m'as donné la
« mort... Voilà une branche de porcelaine pour
« assurer cette parole, et la faire passer dans ton
« oreille, mon Père.

« Mon Père, le Grand Ononthio (le Roy de
« France), t'à envoyé avec tes guerriers au de là
« du grand Lac : la grande Robe Noire (un mis-
« sionnaire), nous a dit que tu allois arriver, mon
« Père ; que tu passerois par Cataracouy (1) ; et
« que tu appellerois tes Enfants pour les connoitre,
« pour leur donner du lait de tes mamelles et
« pour les délivrer de l'Anglois. J'ai remercié le
« Maitre de la vie de nous avoir envoyé un si bon
« Père ; j'étends à tes pieds le collier que m'a
« donné de ta part la grande Robe Noire et qui
« est la chaine qui m'a lié à toi comme ton
« enfant ; ne le reconnais-tu pas, Mon Père ?

« Mon Père, j'ai quitté le village de ma Nation
« qui est au soleil de trois heures après midi, (au
« Sud-Ouest) ; j'ai remonté la Belle-Rivière ; j'ai
« passé par la presqu'isle ; j'ai traversé les lacs,

(1) *Cataracouy*, baie dans l'Ontario, près de la source du Saint-Laurent.

« et je suis venu établir ma cabane dans la baie
« de Niouré, pour me trouver sur ton passage,
« mon Père. Voilà une branche de porcelaine
« pour assurer cette parole, et la faire passer par
« ton oreille, mon Père.

« Tu as passé à côté de ma cabane, mon Père ;
« j'ai été sur ton chemin ; je t'ai présenté le
« calumet ; j'ai voulu te faire reposer sur ma
« natte... Tu as poursuivi ton chemin, mon
« Père, me faisant signe que tu repasserois dans
« une lune. Voilà une branche de porcelaine pour
« assurer cette parole, et la faire passer par ton
« oreille, mon Père

« Voilà trois lunes que je t'attends, mon Père.
« J'ai dit : Mon père m'a secoué de dessus sa
« couverte, comme un moustique ; mon sang s'est
« figé ; ce n'est plus qu'une vapeur noire qui
« m'anime. Voilà une branche de porcelaine pour
« assurer cette parole, et la faire passer par ton
« oreille, mon Père.

« J'avois pensé te faire joyeux, en me montrant
« à toi : ton visage est resté le même. Tu n'as pas
« frappé dans ma main. Aussitôt le serpent de la
« tristesse s'est logé dans mon cœur. Si tu étois
« venu, selon ta parole, au bout d'une lune, il
« étoit temps encore ; il étoit menu comme une
« alène, et la fumée de ton calumet l'auroit
« chassé. Maintenant il est de la grosseur d'un
« serpent à sonnettes ; il a rongé mon cœur et mes

« entrailles ; il n'en reste plus. Voilà une branche
« de porcelaine pour assurer cette parole, et la
« faire passer par ton oreille, mon Père. —

« On s'efforça de consoler ce Sauvage : on
« s'excusa sur ce qu'on avoit été pressé : on dit
« qu'on repasseroit à la première occasion : on
« l'invita à venir l'hyver à Québec voir son Père
« qui lui donneroit des habillemens françois, du
« lait de ses mamelles, et à tout cela il repondit :

« — Mon Père, il ne falloit qu'un moment pour
« allumer le calumet : et quand tu te serois assis
« sur ma natte, tu n'aurois pas retardé tes guér-
« riers. Je t'aurois donné mon canot, et tu les
« aurois rejoints à la première chaudière (au
« premier campement). J'avois couvert mon feu,
« et quitté mon village, pour venir établir ma
« cabane sur ton passage, et t'offrir de mon
« bouillon. J'ai dit : — Mon Père verra que je lui
« livre mon corps. — Mais tu n'as pas voulu
« accepter mon calumet, mon Père ! Tu dis que
« tu reviendras à la première occasion : si on ne
« donne du lait à l'enfant qui crie, il languit, puis
« il meurt, mon Père. Tu dis que tu souffres beau-
« coup de me voir dans la douleur : je n'ai jamais
« eu la volonté de faire souffrir mon Père. Tu as
« commencé par rejeter mon corps ; et ma
« douleur étoit dans sa force, que tu n'en ressen-
« tois encore aucune. Tu dis que tu ne peux pas
« t'arrêter chez tous tes enfants : un si bon Père
« aura autant d'enfants qu'il voudra en adopter,

« et il ne perdra rien en me perdant ; mais je
« n'ai plus de père ; je n'ai plus de vie !

« Tu dis que j'aille à Québec ; que tu me feras
« des présens : j'y serois allé pour t'en remercier :
« je n'iroi pas pour t'en demander.

« Mon Père, je souhaite que le Maitre de la vie
« t'accorde de voir trente neiges sur cette terre,
« pour le bien de tes enfants. —

« Il dit, et sortit à l'instant. On n'en entendit
« plus jamais parler ».

Il y a des larmes dans les naïves paroles de ce Sauvage. Elles ne sont point inventées par Desandroüins ; elles ont une saveur particulière, un goût de terroir qui n'est pas commun. Sont-elles une preuve de cette vénération sans pareille, de ce dévouement sans borne que Montcalm inspirait aux Peaux-Rouges ; de ce charme infini qu'il exerçait sur eux ? Ces peuples enfants étaient-ils réellement subjugués, magnétisés, par ce grand homme qu'ils appelaient leur Père ; qui au besoin savait vivre de leur vie, fumer avec eux le calumet, s'asseoir sur leurs nattes, coucher sous leurs cabanes, partager leurs fatigues, goûter à leur chétive nourriture, et toujours rester à leurs yeux la personnification la plus complète de la force et de la justice unies à la bonté : ce qui, du reste, fait le véritable homme de guerre.

Voilà peut-être la raison de cette « *excitation de cœur* », poussée au paroxisme, chez ce fils des forêts et des lacs du Canada.

Or, faut revenir à nostre principale matière, dirai-je avec Commines, à cet hiver de 1756 à 1757, qui devait être, avons-nous dit, un temps de repos pour nos soldats ; mais qui fut marqué par quelques expéditions, généralement heureuses, contre les Anglais. L'une de ces expéditions est jugée d'une incroyable audace. Elle fut organisée et commandée par M. de Rigaud, dont nous avons déjà souvent parlé, et qui était l'un des officiers les plus énergiques de la petite armée du Canada.

Desandroüins la mentionne avec éloge dans les fragments qui nous restent de ses Mémoires (1).

Elle était composée de 50 grenadiers tirés des compagnies de la *Sarre, Royal-Roussillon, Languedoc* et *Béarn*, de 200 volontaires des mêmes régiments, de 250 soldats des troupes régulières de la colonie, de 600 Canadiens et de 300 Sauvages, en tout 1.400 hommes. Tous ces hommes étaient aussi robustes que braves.

Ils partirent, le 23 février 1757, de Saint-Jean, le second de nos forts sur le lac Champlain, du côté de Montréal.

Ils firent 60 lieues, en plein hiver, courant et glissant, la *raquette* aux pieds (2), sur les neiges

(1) *Papiers* du général Desandroüins. — Deux pages intitulées : *Précis des évènements de l'hyver 1756 à 1757, en Canada.*

(2) *Raquette*, espèce de petites planchettes que les Canadiens se mettaient aux pieds, pour marcher sur la neige sans enfoncer, ni glisser ; les Anglais l'appellent « chaussure à neige ».

et les glaces du Champlain et du Saint-Sacrement ; couchant dans ces neiges et sur cette glace, sans autre abri que les peaux d'ours dont ils s'enveloppaient ; emmenant avec eux leurs vivres sur de légers traîneaux faits d'écorce d'arbres qu'ils tiraient tour à tour ; traversant des plaines immenses qui hier étaient les eaux des lacs, et n'y rencontrant que des castors étonnés qu'on vînt troubler leur silencieuse solitude (1) ; enfin bravant des difficultés inouïes, des dangers inconnus, et surmontant tous les obstacles avec une surhumaine énergie.

Ils arrivèrent, le 18 mars, en vue du fort William-Henry. Les Anglais, que le froid renfermait chez eux, ignoraient leur approche ; elle ne leur fut connue que par les incendies qu'ils allumèrent.

Du 18 au 22, ils détruisirent ou brûlèrent tout ce qui était en dehors du fort, savoir : les grosses barques, environ 300 bateaux, une douzaine de baraques en bois et en pierres entourées de palissades où l'ennemi avait quelques troupes et ses malades, deux magasins pleins de vivres et autres effets, un moulin, et tous les bois de construction et de chauffage dont l'approvisionnement était considérable. Peu même s'en fallut que le fort ne

(1) Le long des grands fleuves du Canada et dans ses lacs, on rencontrait autrefois un très grand nombre de castors, de la peau desquels les Sauvages faisaient un commerce très considérable.

tombât en leur pouvoir, car ils poussèrent l'audace jusqu'à lui faire sommation, afin de voir si le commandant était homme à se rendre !

L'œuvre de destruction accomplie, ils abandonnèrent ces rivages désolés, n'y laissant derrière eux que des cendres et des ruines.

Nous avions perdu, en divers petits combats, 5 soldats tués, et nous avions 6 blessés qu'on ramena.

En revenant, M. de Rigaud laissa à Carillon quelques piquets de volontaires, afin de renforcer ce poste. Et le 5 avril, le reste de la troupe rentra à Saint-Jean « après 40 jours d'absence, fort « harassée de fatigues et de misères. »

« Il ne fait pas doute, ajoute Desandroüins, que « cette expédition ne retarde beaucoup les entre- « prises de l'ennemy, dont nous n'avons pas « grande chose à craindre, tant qu'il n'aura pas « reconstruit de nouveaux bateaux. »

CHAPITRE V

Campagne de 1757. — Prise du fort William-Henry.

Nous avons dit que l'année précédente, les Anglais avaient fait des amas considérables de troupes, de vivres et de munitions de guerre, à Albany et au fort Lydius, situés non loin de la frontière du Canada.

Un instant, Montcalm avait cru que ces préparatifs menaçaient Carillon, et il avait rapidement pourvu à la sûreté de ce fort. Puis, profitant de la concentration des forces anglaises sur ce point, il avait attaqué d'un autre côté et s'était emparé de Chouaguen.

Mais, ni la prise de Chouaguen, ni l'heureux coup de main de M. de Rigaud aux alentours du fort William-Henry, n'avaient pu détourner les Anglais de leurs projets.

Ce n'était pas Carillon qu'ils voulaient attaquer, c'était Louisbourg.

Louisbourg, située sur le littoral de l'île Royale ou du Cap-Breton, commande la principale entrée du golfe Saint-Laurent, et par conséquent l'embouchure du fleuve de ce nom.

Cette place prise, les communications, entre la France et le Canada, devenaient très difficiles, pour ne pas dire impossibles : le Canada était bloqué par terre et par mer.

Par mer : en effet, l'île de Terre-Neuve, qui ferme presqu'entièrement le golfe Saint-Laurent, appartenait déjà aux Anglais ; et la perte de Louisbourg, si Louisbourg tombait en leurs mains, devait nous priver de la seule et de la plus facile entrée qui nous restât dans ce golfe. Il eut fallu après cela que nos vaisseaux remontassent vers le nord, et traversassent le détroit de Belle-Ile, entre Terre-Neuve et le Labrador.

Par terre : tout accès au Canada nous eût été également fermé, puisque les Anglais étaient maîtres de toutes les côtes de l'Amérique Septentrionale, depuis le golfe du Mexique jusqu'à Halifax, tout près de Louisbourg. Il nous eut fallu, pour y arriver, ou s'exposer dans les froids et immenses déserts du Labrador, ou aborder les côtes mexicaines et traverser l'Amérique dans toute sa largeur, par la Louisiane.

Les Anglais avaient donc un intérêt énorme à nous prendre Louisbourg : et nous, nous en avions un non moins grand à le défendre.

C'est pourquoi, pendant l'été 1757, une flotte anglaise de 15 vaisseaux de ligne, portant 12.000 hommes de débarquement sous les ordres de lord Loudon, parut en vue de Louisbourg.

Machault n'était plus en France à la tête de la

marine ; mais ses ordres restaient, et on les suivit. Grâce à lui, de fortes escadres croisaient sur les côtes d'Amérique. Aux premiers mouvements des Anglais, 17 vaisseaux de ligne étaient venus s'embosser dans la rade de Louisbourg. Les Anglais, surpris d'y trouver une telle force, n'osèrent en entreprendre le siège, et se retirèrent au plus vite devant notre flotte.

Ce fut là le dernier effort, fait par le gouvernement français, pour sauver le Canada.

Pendant ce temps, Montcalm se préparait à reprendre l'offensive sur la frontière du côté d'Albany, et à attaquer le fort William-Henry, appelé par les Français fort Georges, situé sur le lac Saint-Sacrement.

Mais, avant de suivre Montcalm, il nous faut donner une idée du terrain sur lequel il va se battre, et décrire brièvement les lacs Champlain et Saint-Sacrement, théâtres des glorieuses campagnes de 1757 et 1758.

Ces deux lacs forment une longue et large bande d'eau, à peine interrompue par une lieue de terre ferme.

A gauche, c'est-à-dire à l'ouest, cette bande d'eau est parallèle au fleuve Saint-Laurent dans une partie de son cours, au moment où il sort de l'Ontario : elle en est éloignée d'une trentaine de lieues. A droite, c'est-à-dire à l'est, une distance de près de 80 lieues la sépare de l'Océan.

Le lac Champlain, ainsi appelé en souvenir du

célèbre navigateur, Samuel de Champlain, qui en prit possession au nom de la France, a 45 lieues de long sur une moyenne de 6 à 8 lieues de largeur. Il déverse ses eaux dans le Saint-Laurent qu'il rejoint un peu au-dessous de Montréal, par une rivière qu'on nomme soit le Richelieu, soit le Chambly.

Sur ses bords, on rencontrait, en venant de Montréal et en remontant le lac (1) :

1º Le petit fort de Chambly sur la droite. Ce fort, si ses fossés eussent été pleins d'eau, eût ressemblé à un vieux château féodal du moyen-âge, en Europe.

2º A 4 lieues plus loin, mais sur la gauche du lac, le fort Saint-Jean où les bateaux un peu considérables commencent à naviguer. Ce fort pouvait résister à un coup de mains.

3º Le fort Saint-Frédéric, éloigné de 35 lieues du précédent, sur la droite cette fois, à un point où le lac se rétrécit brusquement pour reprendre ensuite sa largeur ordinaire. Ce fort ne pouvait soutenir une attaque sérieuse.

4º Enfin, à 5 lieues plus loin, toujours sur la droite du lac et à son extrémité, le fort de Carillon, dont nous reparlerons.

(1) *En remontant le lac.* Nous disons: à *gauche* ce qui serait à *droite*, et à *droite* ce qui serait à *gauche*, si nous le descendions, pour aller à Montréal.

La droite et la gauche d'un lac sont la droite et la gauche de la rivière qui en sort.

En face de Carillon, se trouve une baie appelée la Chute. Dans cette baie, tombe une rivière qui porte le même nom. Par cette rivière, qui est plutôt un torrent impétueux se précipitant de rochers en rochers, le Champlain est relié au lac Saint-Sacrement, et reçoit le trop plein de ses eaux.

Le Saint-Sacrement est petit relativement aux autres lacs qui couvrent le sol du Canada : 10 à 11 lieues de longueur, sur une largeur moyenne de une lieue. Mais ses eaux sont si belles, si limpides, si transparentes, elles reflètent tellement bien les grands arbres de ses bords, que les Français lui ont donné le nom le plus radieux sans doute qu'ils ont pu trouver : le Saint-Sacrement ! Les Anglais l'appellent lac Georges, et les Sauvages, lac Horican.

Ce lac n'est éloigné du Champlain que d'une petite lieue. Mais, comme la rivière la Chute, qui les relie, n'est nullement navigable, et qu'un bateau sur ses eaux tumultueuses, soit en remontant, soit en descendant, serait emporté, comme une plume, par le courant tant il est violent, on était alors obligé de *faire le portage*. C'est-à-dire, qu'il fallait transporter le long de cette rivière, par traîneaux, à dos de bêtes de somme, ou à bras d'hommes, les bateaux, les marchandises et autres objets que l'on voulait faire passer d'un lac dans l'autre (1). Or, ce *portage* était excessi-

(1) Maintenant on rétablit le niveau des eaux au moyen des *Ecluses*.

vement difficile à cause des bois épais, des ravins profonds, des coteaux abrupts, des fondrières et des marais qui séparent les deux lacs et bordent les deux côtés de la rivière.

Le Saint-Sacrement et les forêts voisines appartenaient aux Anglais. Ils avaient construit à l'extrémité méridionale du lac, de leur côté, le fort William-Henry, ou fort Georges, qui les rendait maîtres de ses eaux. Plus loin, à 7 ou 8 lieues au milieu de leurs terres, était le grand fort Lydius ou Edouard, sur la rivière d'Orange ou d'Hudson, qui mène à Albany. Le chemin, qui reliait l'un à l'autre ces deux forts, était très beau et très praticable. Mais, malgré sa proximité et ce beau chemin, Lydius n'avait pas à cette heure assez de garnison pour secourir efficacement William-Henry.

Montcalm, jugeant qu'il importait au plus haut point de saisir le moment où l'attention et les principales forces des Anglais se portaient vers Louisbourg, pour délivrer notre frontière d'un voisinage incommode, et mettre l'ennemi dans l'impossibilité de rien entreprendre de sitôt contre la Colonie, résolut d'assaillir et de détruire le fort William-Henry.

Vers les premiers jours de mai, le colonel de Bourlamaque reçut l'ordre de se rendre à Carillon.

Il devait emmener avec lui le capitaine Desandroüins, les deux bataillons de *Royal-Roussillon* et de *Béarn* venant de Québec, trois ou quatre cents hommes du régiment de la marine (1), et un grand nombre d'ouvriers de toutes espèces, afin de continuer les travaux du fort qui étaient loin d'être complets. Immédiatement, il fit occuper, par des postes importants, les environs de la rivière la Chute et l'entrée du lac Saint-Sacrement.

Puis, dans les premiers jours de juillet, le chevalier de Lévis, brigadier des armées du Roi, s'y rendit avec les bataillons de la *Sarre* venant de Saint-Jean, de *Guyenne* venant de Chambly, de la *Reine* et de *Languedoc* venant de Montréal.

Aussitôt arrivés, on occupa ces bataillons au *portage.*

Nous n'avions sur le lac Saint-Sacrement que quelques petits canots d'écorce servant pour la découverte. Il fallait y transporter d'abord près de 300 bateaux qui se trouvaient sur le Champlain, puis toute l'artillerie, les munitions, le matériel de guerre et les vivres.

On commença par le *portage* des bateaux, qui

(1) Il n'y avait qu'un régiment de marine qui servit à terre dans les colonies, c'était le régiment Suisse de *Karrer.*

Karrer, du nom de son colonel, propriétaire du régiment, créé en 1719, composé d'un bataillon à 4 compagnies, dont l'une, la colonelle, était de 350 hommes, et les autres de 200. Avec 4 drapeaux, dont un blanc, colonel, semé de fleurs de lys d'or, et 3 d'ordonnance à flammes rouges, bleues et jaunes. Tous ces drapeaux portaient des croix blanches, avec la devise : *Fidelitate et Honore Terræ et Mari.*

Habit rouge, culotte et bas bleus.

s'exécuta avec une extrême vivacité. Puis ce fut le tour de l'artillerie, de ses munitions, et enfin des vivres et de tout le matériel. On n'avait ni bœufs, ni chevaux, ni attelages quelconques : tout cela fut traîné ou transporté, dans l'espace de près d'une lieue, à bras ou à dos d'hommes, au prix des difficultés les plus grandes, des fatigues les plus intolérables, à travers les rochers, les coteaux, les ravins, par des chemins qui n'étaient que des sentiers presque impraticables.

Les Anglais en furent avertis lorsque tout était fait.

Le capitaine Desandroüins, seul ingénieur de l'armée, fut en grande partie chargé d'organiser les travaux du *portage* et d'en surveiller l'exécution.

Le 15 juillet, le marquis de Montcalm arriva de sa personne, accompagné de M. de Rigaud. Il amenait avec lui, outre une centaine de soldats de la marine, environ 3.000 les miliciens de la colonie, et près de 1.600 Sauvages. Jamais on n'avait vu les Sauvages aussi nombreux. La réputation de Montcalm avait pénétré jusque dans les peuplades les plus reculées. *Trente-deux Nations* avaient répondu à son appel, et envoyé leurs guerriers au camp français. Il y en avait des pays d'*En-Haut* et des pays d'*En-Bas*. Mais ceux des pays d'*En-Haut* étaient les plus féroces . « Nous « voulons essayer sur les Anglais le tomahawck « de nos pères, afin de voir s'il coupe bien », dit à Montcalm un Sauvage à la plume d'aigle, en le saluant (1).

Et, afin de leur faire « essayer le tomahawck « de leurs pères », Montcalm envoya d'abord un parti de 200 d'entre eux et de 150 Canadiens, du côté du fort Lydius. Ils devaient reconnaître les forces de l'ennemi aux alentours de ce fort, et lui donner le change en lui faisant craindre d'y être attaqué. Ce détachement poussa jusqu'au camp qui est proche de Lydius, et rapporta à Montcalm qu'il n'y avait là que 4.000 hommes.

En même temps, sur l'avis qui lui fut donné, par quelques éclaireurs, que les Anglais couraient le lac Saint-Sacrement, il envoya à leur recherche une centaine de Canadiens et 300 Sauvages. Il y eut là un petit combat naval où chacun fit bravement son devoir. Mais les Anglais furent battus, leurs 25 berges ou barques furent prises, ou coulées, ou dispersées ; ils perdirent 180 prisonniers et presqu'autant de tués, noyés ou blessés.

(1) Voici les noms bizarres de quelques-unes de ces *Nations* :

Nations du Haut Canada, au-delà du lac Ontario :

Têtes de Boule, Sauteurs, Ontaouais, Amis de Saint-Joseph, Puants de la Baye, Chéruamigons, Folles-Avoines, Foutaoutamis, Renards du Missisipi, Sakis, Goyongoumis, Ayoais de la mer d'Ouest qui n'avaient pas encore paru dans le pays, Chaouanons, Illinois, Miamis, Sioux, etc.

Nations du Bas Canada :

Mic-Mac, Abénakis, Hurons, Algonkins, Nipissings, Iroquois, Amuléates, etc.

Dans l'intervalle, Montcalm organisa son armée, surtout les Canadiens, comme il avait déjà commencé à le faire avant Chouaguen.

Il forma trois brigades d'infanterie avec ses troupes régulières. La première composée de la *Reine*, de *Languedoc* et du bataillon de la marine, à 8 compagnies de 50 hommes chacune ; la deuxième, de la *Sarre* et de *Guyenne* ; la troisième, de *Royal-Roussillon* et de *Béarn*. Le reste des troupes, miliciens et Canadiens, fut partagé en six corps d'environ 500 hommes.

Les Sauvages, rebelles à toute organisation, furent laissés à leur rôle de coureurs.

Enfin, le 29 juillet, le *portage* étant achevé après beaucoup de fatigues, et toutes les troupes étant réunies à l'entrée du Saint-Sacrement, Montcalm détacha le chevalier de Lévis en avant-garde, avec les 6 compagnies de grenadiers, commandées par le colonel de Sénezerque, de la *Sarre,* 8 piquets d'infanterie, 1.300 Canadiens et 500 Sauvages. Il avait ordre de marcher en suivant la rive ouest du lac, et de s'arrêter à la baie de Ganouské, à 3 lieues du fort William-Henry.

Cette marche par terre avait pour but d'éclairer le mouvement en avant de l'armée, et de diminuer en même temps le nombre d'hommes à embarquer, car on n'avait qu'un nombre restreint de bateaux.

Montcalm devait suivre le lendemain par eau, et le rejoindre à la baie.

Le 1er août, en effet, il s'embarqua avec le reste de l'armée, emmenant l'artillerie, les munitions et les vivres ; et le jour suivant, au grand matin, il toucha à la baie de Ganouské, où le chevalier de Lévis était arrivé la veille, sans accidents, mais après des fatigues énormes à travers la montagne.

Il fut décidé qu'on marcherait, dans le même ordre et de la même manière, jusques à une lieue du fort : ce qui fut exécuté. Les troupes débarquèrent le soir et passèrent la nuit au bivouac.

Le 3, à la pointe du jour, elles se remirent en marche pour investir la place ; ce qu'elles firent sans que les Anglais s'y opposassent.

A peine fut-on en vue du fort, que le colonel de Bourlamaque, qui devait être spécialement chargé de la direction du siège, et le capitaine Desandroüins, son second, furent immédiatement envoyés pour le reconnaître, ainsi que les retranchements sur lesquels il s'appuyait.

Voici la description que nous en donne le capitaine :

« Le fort *Georges*, appelé par les Anglais
« *William-Henry*, est situé au bord du lac
« Saint-Sacrement, au milieu du bassin que
« laissent, entre elles et le fond du lac, les hautes
« montagnes qui l'environnent et se continuent
« en deux chaînes de chaque côté de ses bords.
« Ce bassin est fort entrecoupé de hauteurs et de
« marais.

« Le fort forme un quarré irrégulier dont le
« plus large côté est de 60 toises. Le lac aboutit
« au pied du front nord-est. Le front sud-est est
« bordé par un marais impraticable ; et les deux
« autres fronts sont entourés d'un bon fossé
« palissadé. On avait pratiqué, à 4 ou 500 toises
« de distance, un désert dont les arbres, à demi
« brûlés et couchés l'un sur l'autre, offraient,
« ainsi que leurs souches, un obstacle presqu'in-
« connu dans les approches des places d'Europe.

« Le camp retranché, séparé du fort par le
« grand marais dont nous avons parlé, était placé
« sur une hauteur très avantageuse qui domine le
« fort, et qui est encore bordée par un marais du
« côté de l'est. Les retranchements en étaient
« faits de troncs d'arbres posés les uns sur les
« autres. Ils avoient peu d'étendue, beaucoup de
« flancs munis d'artillerie, et pouvoient être
« facilement bordés par les ennemis qui étoient
« au nombre de 2.400 dans le fort et dans les
« retranchements.

« On communiquoit, du fort au camp retranché,
« par une chaussée le long du rivage du lac (1) ».

Le résultat de cette reconnaissance fut de
décider le point d'attaque sur le front nord-ouest.
Il y avait d'abord à proximité une anse propre
au débarquement de l'artillerie, puis un ravin
pouvant servir de dépôt : l'un et l'autre se trou-

(1) *Papiers* du général Desandroüins. — *Précis des évènements de la campagne de 1757, en la nouvelle France.*

vaient à 350 toises de la place. Le seul désavantage de cette attaque, était un petit marais qu'il fallait traverser à 90 toises du front attaqué : pourtant il n'y avait que 12 toises de ce marais qui fussent parfaitement vues de la place et à portée de son canon.

Aussitôt, Bourlamaque et Desandroüins rentrés au camp, et le point d'attaque fixé, c'est-à-dire vers onze heures du matin, l'armée se mit en mouvement pour occuper les sommets des montagnes, qui forment comme une ceinture autour du fort William-Henry, à 6 ou 700 toises de distance.

Le chevalier de Lévis fut porté sur le chemin de Lydius, de manière à prévenir tout secours qui pourrait venir de ce côté aux Anglais. Mais sa position fut reconnue dangereuse à cause de la grande difficulté des communications d'un corps à l'autre, difficulté occasionnée par la quantité et la profondeur des ravins dont ces montagnes sont remplies. Deux jours après, il fut replié un peu en arrière, et remplacé par les Canadiens et les Sauvages commandés par de Rigaud. M. de Rigaud avait ordre de pousser des reconnaissances du côté de Lydius, mais de se tenir toujours à portée d'être secouru par l'infanterie régulière, et de conserver les hauteurs des montagnes dans ses campements.

Mais, malgré tout, l'investissement de la place était loin d'être complet. La configuration du terrain empêchait les corps de se donner la main.

Avant de tirer le premier coup de canon, Montcalm fit sommer le commandant du fort. La réponse fut ce qu'elle devait être : un refus énergique. On s'y attendait.

L'ouverture de la tranchée fut résolue pour la nuit suivante, celle du 4 au 5 août. Toute la journée du 4, les troupes réglées et les milices furent occupées à faire des fascines, gabions et saucissons. Montcalm alla reconnaître lui-même les points d'attaque, et 200 travailleurs furent employés à déblayer l'emplacement du dépôt près de l'anse du débarquement.

M. de Roquemaure, lieutenant-colonel, fut commandé, avec six piquets, pour la garde de tranchée. Les troupes restées au camp devaient passer la nuit au bivouac, afin d'être à portée de secourir la garde de tranchée en cas de besoin. On continua, le reste du siège, à prendre les mêmes précautions.

La nuit venue, 500 travailleurs ouvrirent la tranchée à 200 toises de la place, en face de la *capitale* du bastion nord-est (1), et préparèrent le terrain pour une batterie de 7 pièces de canon, un obusier et un mortier, devant battre les flancs qui défendaient cette capitale, et écharper les deux fronts du nord-ouest et du nord-est.

On creusa aussi, cette nuit, un boyau qui communiquait du dépôt à cette batterie, et l'on

(1) *Capitale*, ligne tirée depuis le centre du bastion jusqu'à la pointe.

commença une parallèle. Enfin, on profita de l'obscurité de la nuit pour faire arriver au dépôt les barques chargées de l'artillerie et des munitions.

Au jour, autant de travailleurs, remplaçant ceux de la nuit, perfectionnèrent le travail de la tranchée et continuèrent la batterie. Mais les Anglais, auxquels on avait dérobé l'ouvrage de la première nuit, firent alors sur nos travaux un feu assez vif qui pourtant ne les ralentit point. On était au 5.

Revint la nuit. La garde de tranchée fut relevée, et le lieutenant-colonel de Fonbonne la remplaça avec 3 compagnies de grenadiers et 3 piquets ; et 700 hommes continuèrent la première parallèle, et commencèrent à son extrémité une nouvelle batterie de 9 pièces de canon, un mortier et un obusier qui devaient battre directement le front attaqué. En même temps, ils achevaient la première batterie et y traînaient les pièces, de sorte qu'elle se trouva en état, au point du jour, de saluer vivement l'ennemi.

Ces premiers coups de canon animèrent tellement les Sauvages, qu'ils quittèrent presque tous, pour un moment, leur manière de combattre. Jusque-là, ils avaient fusillé le fort et les retranchements hors de portée, cachés derrière un arbre, ou une souche. On les vit alors, et pendant tout le jour, se glisser, comme des couleuvres à travers les broussailles, jusqu'au petit marais qui était entre la place et le camp français ; et là, couchés à plat ventre, faire un feu, si bien nourri et si bien dirigé dans les embrasures, que les ennemis eurent peine à servir leur artillerie.

Pendant la journée du 6, on resta sous les armes : et 300 travailleurs perfectionnèrent la parallèle et continuèrent la batterie de droite.

Le même jour, nos éclaireurs saisirent un courrier, porteur d'une lettre du général Webb, commandant le camp de Lydius, par laquelle il promettait de secourir le fort William-Henry, au cas où il pourrait rassembler à temps les milices du pays. En attendant, il exhortait le Gouverneur à se bien défendre : mais, il insinuait néanmoins qu'il ne devait pas attendre la dernière extrémité, afin qu'il pût obtenir des conditions plus honorables.

La nuit du 6 au 7, M. de Privat, lieutenant-colonel, avec 3 compagnies de grenadiers et 7 piquets, vint relever la garde de tranchée ; et 500 hommes furent envoyés au travail. Ils furent occupés à continuer les approches, à faire les réparations convenables à la batterie de gauche, à perfectionner celle de droite, et à y traîner l'artillerie, afin qu'elle se trouvât en état de tirer au jour. Cette dernière avait un avantage énorme : elle portait, sur les retranchements du camp, tous les boulets qui passaient par-dessus les défenses du fort.

Le jour, 200 hommes remplacent aux travaux les 500 de la nuit.

Le même jour 7, vers neuf heures du matin, le marquis de Montcalm envoya, au commandant anglais, la dépêche interceptée du général Webb. Il y joignit une lettre par laquelle il l'engageait à ne point se défendre à outrance, pour ne pas exciter la fureur des Sauvages.

La nuit du 7 au 8, la garde de tranchée fut relevée par le lieutenant-colonel de Sénezerque, avec pareil nombre de compagnies et de piquets d'infanterie. Puis 300 nouveaux travailleurs poussèrent jusqu'au marais dont nous avons parlé et qui défendait au nord-ouest le front attaqué. On commença à ouvrir le passage dans la partie qui était en vue, et l'on fit un logement sur ses bords, de notre côté, pour protéger notre travail. Ce lieu ayant été jugé favorable pour l'emplacement d'une batterie ; on en commença une troisième de 6 pièces de canon. La nuit fut employée à ces divers travaux.

Au jour, pareil nombre de travailleurs perfectionnèrent l'ouvrage de la nuit, achevèrent le passage du marais, en s'épaulant, dans la partie en vue de la place, de fascines et de sacs à terre. Tout fut achevé pour le soir, malgré la vivacité du feu de l'ennemi, principalement dirigé sur la partie du passage qu'il voyait. Cependant nous n'eûmes qu'un homme de tué et quelques blessés.

La nuit du 8 au 9, le chevalier de Bernetz, lieutenant-colonel de *Royal-Roussillon*, prit la garde de tranchée avec les grenadiers de *Lan-*

guedoc, *Guyenne* et *Béarn*, et six piquets. Il soutenait 500 travailleurs qui creusèrent une parallèle, embrassant tout le front d'attaque, au-delà du marais, à 60 toises du fort. En avant de cette parallèle, on devait construire deux batteries : l'une, de brèche, aurait battu « la *berme* (1) sur « laquelle le revêtement étoit assis ; l'autre auroit « aidé la première en enfilant la même brèche, et « auroit pu battre les retranchemens et leur com- « munication avec la place. »

Le travail fut fort inquiété dès le commencement par la mousqueterie des Anglais et par leurs canons chargés à balles. Mais la terre étant très aisée à remuer ; nos travailleurs furent bientôt à couvert. Au point du jour, la tranchée se trouvait en fort bon état et les batteries prêtes à tirer.

Au jour, 300 travailleurs remplacèrent ceux de la nuit.

N'est-ce pas chose admirable que ces vaillants hommes, que ces obscurs soldats français qui quittent et reprennent tour à tour le mousquet du fantassin et l'outil de l'ouvrier ; qui savent au besoin, non seulement se battre, mais être bûcherons ou terrassiers, conduire la brouette et manier la pelle, la pioche ou la hache ? Et cela sans trêve et sans relâche. Ainsi nous les avons vus depuis

(1) La *berme* est un petit espace de 3 ou 4 pieds dans certains endroits devant le rempart, qui empêche le fossé de se combler.

l'ouverture de la campagne ; ainsi nous les verrons jusqu'à la fin !

Tous ces travaux, poussés avec autant de prudence que d'activité, se faisaient sous le feu de l'ennemi, qui devenait plus meurtrier à mesure que l'on approchait de la place. Le capitaine Desandroüins, dont nous n'avons pas cité le nom parce qu'il serait revenu à chaque ligne, le capitaine Desandroüins, qui les dirigeait, avait à peine quatre heures de sommeil par jour. Le reste du temps, il était à la tranchée.

Cependant, les approches de la place se trouvaient terminés. Trente ou quarante pièces de canon allaient, le jour même, vomir la mort sur ses remparts. Le fort pris, et il le serait, on aurait vite raison du camp, car il était trop étroit pour contenir la garnison tout entière.

Les Anglais prirent peur, et n'osèrent attendre l'assaut.

Le 9 août, vers huit heures du matin, ils arborèrent le drapeau blanc. Immédiatement le feu cessa de notre côté, comme il avait cessé du leur.

M. Fesch, capitaine au régiment Royal-Américain, se présenta aux avant-postes français, demandant, au nom du colonel Munro, à traiter des conditions de la capitulation.

« Ce capitaine nous aborda à la tranchée d'un
« air délibéré, raconte Desandroüins, comme si
« nous eussions été d'une garnison voisine.
« Quelques-uns d'entre nous lui parlant de l'ex-

« trême fatigue que nous avions essuyée les uns
« et les autres, et qui devoit nous faire trouver
« fort bon de voir finir tout cecy :

« — Pour moy, répondit-il, depuis le moment
« où vous avez paru, je n'ay pas même pris le
« temps de me donner un coup de peigne : je suis
« honteux de paraître ainsi devant vous, Messieurs
« les François. Il est vray que j'ay voulu savoir
« auparavant à qui appartiendroit ma *cheve-*
« *lure* (1) — ».

Présenté à Montcalm, qui fut charmé de sa belle tournure et de sa joyeuse humeur, il obtint les conditions suivantes :

La garnison anglaise abandonnerait le fort, le camp, les vivres, les munitions de guerre et tout le matériel renfermé dans le camp et le fort.

Elle sortirait avec les honneurs de la guerre ; emporterait ses armes, avec un certain nombre de cartouches à balle ; et emmènerait une pièce de canon en fonte : cette dernière clause fut introduite par Montcalm, en considération du commandant anglais qui ne l'avait point demandée. Elle ne servirait pas, de dix-huit mois, contre la France, ni contre ses alliés. Mais, d'ici à dix-huit

---

(1) Allusion à l'habitude que les Sauvages avaient de *scalper* leurs ennemis vaincus, c'est-à-dire de leur arracher la peau du crâne. Voilà ce qu'ils appelaient *faire une chevelure.*

Papiers du général Desandroüins. — *Notes sur le voyage de M. Jonathan Carver,* déjà cité.

mois cependant, autant de prisonniers français ou canadiens faits dans l'Amérique Septentrionale les Anglais renverraient, autant de soldats de la garnison auraient le droit de servir.

Le général français aurait bien voulu imposer à l'ennemi des conditions plus dures. Mais il craignait que ces conditions ne retardassent de quelques jours la capitulation. Or, les Sauvages commençaient à s'ennuyer ; les Canadiens songeaient à aller faire leurs moissons ; et, chose plus à redouter encore, des secours pouvaient venir de Lydius aux Anglais.

! Ce fut M. de Bougainville, aide de camp de Montcalm, qui fut chargé de porter au colonel Munro les articles de la capitulation ; articles qui furent acceptés sur-le-champ.

Les Sauvages surtout inquiétaient les Anglais. Le capitaine Fesch demanda qu'on les garantit de toute insulte de leur part.

Montcalm le promit. Il réunit les chefs des *trente-deux Nations* ; leur fit donner connaissance de la capitulation ; leur demanda s'ils l'approuvaient ; leur dit que leur refus pousserait les Anglais au désespoir : et que le sang coulerait. Or, « comme ils sont très avares de leur sang », dit à ce propos Desandroüins, ils approuvèrent la conduite de *leur père*, promirent de laisser passer tranquillement les Anglais, et acceptèrent les *colliers*, ce qui, nous l'avons dit, équivaut de leur part à un serment solennel.

Les conditions de la capitulation acceptées de part et d'autre, et même ratifiées par les Sauvages, les Anglais sortirent du fort vers deux heures de l'après-midi, et allèrent rejoindre leurs camarades dans l'enceinte du camp retranché, duquel ils devaient partir au milieu de la nuit prochaine, pour Lydius.

Le dernier Anglais sorti du fort, le colonel de Bourlamaque en prit immédiatement possession, avec le chevalier de Bernetz et sa garde de tranchée.

Nous avions perdu, pendant ces six jours de siège, une vingtaine d'hommes tués, et une quarantaine avaient été blessés. Les ennemis avaient eu environ 80 tués et 120 blessés, dont un officier.

On trouva dans le fort et dans le camp retranché, 29 pièces de canon, 3 mortiers, un obusier, 17 pierriers, 36.000 livres de poudre, 2.522 boulets, 545 bombes, 1.400 livres de balles, une caisse de grenades, 6 caisses d'artifices, et une quantité énorme de lard et de farines.

Tout ce matériel, avec les vivres, fut transporté immédiatement à bord des embarcations françaises.

Les troupes ne prirent aucun repos. Outre celles qui furent employées au déblaiement du fort et à l'embarquement de toutes les prises, 1.500 travailleurs commencèrent la démolition du fort lui-même et du camp. A cette démolition, on apporta une prodigieuse activité. Pour le 15 au soir, toutes les casemates étaient comblées ou éventrées, tous les bâtiments et magasins brûlés et détruits, tous les remparts mis à ras de terre, et toutes les fortifications démolies. Il ne restait rien de ce qui était encore, six jours auparavant, le fort William-Henry, absolument rien que quelques ruines fumantes !

Le capitaine Desandroüins, qui avait aidé à le prendre, comme officier du génie dirigeant les travaux du siège, aida pareillement à le détruire.

Cette destruction du fort William-Henry mit les Anglais hors d'état, au moins pour une année, de rien entreprendre, de ce côté, contre notre colonie.

Nous aurions peut-être pu conserver ce fort. Mais, outre la difficulté de nous y maintenir, même en temps ordinaire, à cause de son éloignement de nos frontières et de sa situation au milieu des possessions anglaises, il y aurait eu aussi impossibilité presque matérielle de communiquer avec lui pendant les longs mois de l'hiver, au travers des glaces et des neiges qui, à cette époque, rendent impraticable le *portage* le long de la rivière la Chute. La garnison y eût été forcément abandonnée, et un hardi coup de main des Anglais nous l'eût bientôt repris.

« C'est ce qui a fait prendre le party de le razer,
« dit Desandroüins, y ayant beaucoup plus de
« peine pour l'ennemy de le reconstruire que de
« le reconquérir. » En effet, les Anglais avaient mis deux ans pour le bâtir ; il leur en faudrait au moins autant pour le rétablir.

A coup sûr, ce siège est mémorable dans l'histoire du Canada français. La petite armée, qui l'entreprit sous les ordres de Montcalm, se composait de 7 bataillons de France, y compris celui de la marine, de 3.400 Canadiens et miliciens de la Colonie, et de 1.600 Sauvages : en tout 7.100 hommes, dont 2.100 hommes seulement de troupes françaises, sur lesquels il en avait fallu laisser 500 à Carillon et à la Chute, pour assurer nos derrières, garantir nos communications et protéger les convois.

C'était bien peu pour assiéger 2.400 Anglais, et en même temps s'opposer au secours qui, d'un jour à l'autre, nous le savions, pouvait arriver à la place assiégée. C'est ce qui a tenu continuellement en éveil le corps du chevalier de Lévis, et l'a empêché de prendre une part directe aux opérations du siège.

Du reste, Montcalm, en détachant de Lévis pour garder la route de Lydius, avait agi sagement. En effet, le général Webb était enfin prêt à secourir William-Henry ; et, le 10 août, il devait marcher, sur les lignes françaises, à la tête de 10.000 Anglo-Américains, lorsqu'il apprit la capitulation. Il était trop tard. Webb congédia son armée.

« On sera peut-être surpris en Europe, dit le
« capitaine Desandroüins, qu'après un avantage
« aussi brillant, notre armée n'ayt point marché
« sur-le-champ au fort Lydius.

« Les milices arrivées, le 9 ou le 10, au camp
« du général Webb, ne nous en auroient réellement
« pas empêché. Mais, un *portage*, pendant six
« lieues, de notre artillerie, de nos munitions de
« guerre et de nos vivres, eût été impossible à
« bras d'hommes, en face de l'ennemy : mais les
« Sauvages nous avoient pour la plus part
« abandonnés, dès le 10 ou le 11, comme c'est
« leur coutume, quand l'objet pour lequel ils
« sont venus est rempli ; mais surtout il était de
« la dernière importance de renvoyer toutes les
« milices du Canada pour faire leurs récoltes (1) ».

Enfin, le 16, à la pointe du jour, nos troupes
« couvertes de gloire et de fatigues », selon la
belle expression de Desandroüins (2), regagnaient
leurs bateaux. Exaltées par le succès, idolâtrant
leur général, elles l'eussent suivi jusqu'au bout du
monde.

On franchit avec joie l'espace qui sépare le Saint-
Sacrement du Champlain, faisant allègrement le
portage, non seulement du matériel de guerre,
mais de toutes les prises faites sur l'ennemi. Puis,
sans perdre de temps dans un repos qu'elle ne
connaissait plus en ce pays-là, notre armée remit

(1) *Papiers* du général Desandroüins. — *Précis des
évènements de la campagne de 1757, dans la Nouvelle
France.*

(2) *Papiers* du général Desandroüins. — *Journal du
siège du fort Georges, appelé par les Anglois William-
Henry, situé au fond du lac Saint-Sacrement.* — Manuscrit
de quatre pages, couvert de ratures.

ses bateaux à flots, et descendit en triomphe jusqu'à Montréal, laissant quelques troupes dans les forts sur son chemin.

« Nos bataillons, ajoute Desandroüins, vont « être vraysemblablement occupés, pendant les « mois qui précèdent l'hyver, à construire ou « perfectionner les forteresses et les chemins de « cette colonie, et à la rendre de plus en plus « florissante et redoutable à l'ennemy ».

Généreuse illusion d'un cœur français, qu'un prochain avenir devait bientôt faire tomber !

CHAPITRE VI

Massacre des Anglais de la garnison du fort William-Henry, par les Sauvages.

Un terrible et fort regrettable évènement marqua, d'une tache sanglante, la capitulation et l'évacuation du fort William-Henry : je veux parler du massacre de la garnison anglaise par nos Sauvages.

Il nous faut en dire un mot ; d'autant plus que le capitaine Desandroüins, qui y a joué un rôle, a rédigé, à cette occasion, un long rapport intitulé : *Notes sur le voyage de M. Jonathan Carver dans l'Amérique Septentrionale, au sujet du massacre des Anglois, par les Sauvages, après la capitulation du fort William-Henry, en 1757* (1).

Ce Jonathan Carver avait écrit une relation de ce fatal évènement, où il semblait inculper les Français et Montcalm lui-même. « Outre cela, « je releveroi, dit Desandroüins, quelques inexac- « titudes ; car le capitaine n'a pas toujours été

(1) *Papiers* du général Desandroüins. — Quinze pages grand in-8°, parfaitement écrites.

« bien informé, où il l'a été à faux. Pourtant
« sa bonne foi éclate généralement. »

Après Carver, divers auteurs Anglais et Américains ont aussi attribué la responsabilité de ce massacre aux Français et à leur général. Les *Notes* de Desandroüins me semblent répondre à tous, et à ses contemporains et à ceux qui depuis ont renouvelé leurs erreurs.

« Je vais rendre compte de ce massacre, dit-il,
« fidellement et selon ma conscience, avec la
« plus grande impartialité, après m'être informé
« avec soin, aux témoins oculaires, de ce qui
« s'étoit passé hors de ma vue. Ce seroit participer
« au crime que d'altérer la vérité, pour sauver
« l'honneur d'aucun coupable quel qu'il fût. Je
« serois bien plus porté à le livrer à l'indignation
« de tous les honnêtes gens ».

Or, on peut en croire le capitaine Desandroüins.

Après avoir donné quelques détails sur la reddition du fort, sur le séjour du capitaine Fesch, au camp français, et sur la précaution que Montcalm prit de faire approuver la capitulation par les Sauvages, il continue ainsi :

« Dans l'après-midi du jour de la capitulation,
« plusieurs d'entre nous allèrent faire visite, dans
« le camp, aux officiers anglais qui, selon l'usage,
« pendant les suspensions d'armes, se piquèrent
« de nous faire l'accueil le plus honnête, et nous
« offrirent du vin et de leur bière qu'ils avoient
« beaucoup plus abondamment que nous.....

« Je me contentay de demander le plan du fort
« et des retranchements à l'ingénieur en chef
« appelé Williamson, et par une sorte de réserve
« je ne voulus rien accepter autre chose qu'il
« m'offrit fort honnêtement.

« On avoit d'abord résolu de faire partir les
« Anglois dans le milieu de la nuit, en silence,
« pour mieux échapper aux Sauvages. On espéroit,
« leur coutume n'étant pas de rôder la nuit, qu'ils
« n'auroient aucune connaissance du départ, et
« que les Anglois seroient rendus à l'armée de
« Webb, qui était au fort Lydius, à 5 ou 6 lieues
« de là, avant d'avoir été rejoints par ces barbares.
« Aussi, hors d'inquiétude à leur sujet, on n'assi-
« gna pour les escorter que 200 hommes qui furent
« tirés de la *Reine* et de *Languedoc*, et commandés
« par M. de Laas, capitaine au premier de ces deux
« régiments, et maintenant major de la citadelle
« de Bayonne. Le colonel Yung fut remis en otage
« pour la sûreté de notre escorte.

« On paraissoit en pleine sécurité, et on atten-
« doit minuit pour partir, lorsqu'un bruit se
« répandit, et obtint croyance trop légèrement,
« que les Sauvages instruits qu'on se préparoit à
« s'évader furtivement, s'étoient embusqués dans
« les bois, le long du chemin.

« Cette fausse allarme suspendit le départ. On
« délibéra avec les officiers canadiens et les inter-
« prêtes : ils s'accordèrent à conseiller d'attendre
« le jour, promettant d'aller engager les barbares

« à se retirer, et s'obligeant de les contenir.

« En conséquence, ils quittèrent le camp anglois
« pour les aller joindre ; mais ils les trouvèrent
« tranquiles, ne songeant qu'à dormir. Dès lors,
« ils crurent pouvoir eux-mêmes se livrer au
« repos.

« Quand il fut jour, on entreprit enfin de se
« mettre en route. M. de Laas fit précéder la
« colonne par un détachement de son escorte, et
« recommanda aux Anglois de se tenir toujours
« serrés, et de suivre sans intervalles. Lui-même
« se tint à la porte du camp pour faire filer.

« Toutes ces précautions, ces variations dans les
« arrangements du départ, ces faux avis, et les
« cérémonies que nous observions pour traiter
« avec des Sauvages, et surtout cette manière
« timide et circonspecte d'agir avec eux, avoient
« tout naturellement inspiré aux Anglois une
« grande appréhension de ces barbares pour le
« moment où ils se trouveroient en raze campagne,
« exposés à leurs insultes. Aussi se troublèrent-ils,
« dès qu'ils aperçurent quelques-uns de ces Sau-
« vages, au nombre peut-être d'une cinquantaine,
« que la curiosité, encore plus que l'envie de
« butiner, avoit attirés dans ce moment-là aux
« retranchements. Ils étoient même sans armes.

« Voyant la colonne qui commençoit à défiler,
« ils coururent pour la voir. La tête se serra
« rapidement sur le petit détachement qui la pré-
« cédoit. Ceux des Anglois qui n'étoient pas sortis

« se retinrent, et parurent balancer. Il se fit une
« éclaircie dans l'intervalle. On envoya ordre à
« la tête de ralentir sa marche.

« Les Sauvages s'approchèrent : le trouble aug-
« menta, et le flottement, qui s'en suivit, les
« enhardit jusqu'à faire quelques gestes mena-
« çants. Les soldats anglois, un peu écartés, se
« crurent trop heureux de livrer leurs sacs ou
« leurs armes, pour rejoindre le gros de la troupe.
« D'autres Sauvages pillèrent dans le camp
« quelques effets abandonnés. Les Nègres, qu'ils
« purent saisir, furent enlevés sans scrupule, et
« peut-être aussi quelques blancs de la suite de
« l'armée, dans ce premier moment de confusion.

« Il étoit encore possible de rétablir l'ordre, et
« les officiers de l'escorte s'y employèrent de leur
« mieux. Mais ceux des Sauvages, qui ramas-
« soient quelque chose, couroient à mesure au
« camp, chacun vers ceux de sa Nation, pour en
« faire trophée à leur manière. Les autres, jaloux
« de ne pas paraître en leur pays avec moins de
« gloire que leurs frères, partirent dans l'instant,
« et accoururent tumultueusement pour tâcher
« d'avoir leur part du butin : quelques-uns même
« firent le cri de guerre.

« Ce fut alors que les têtes se troublèrent. Le
« commandant anglois sur l'avis, à ce qu'il a
« prétendu, d'un François qui n'a pas été connu,
« ordonna à sa troupe de mettre les fusils la crosse
« en l'air, sous prétexte que la manière ordinaire

« de le porter avoit un air menaçant qui irritoit
« les Sauvages.

« Cette manœuvre pusillanime acheva d'abattre
« le courage du soldat, et enhardit les Sauvages
« dont quelques-uns se hazardèrent à empoigner
« des fusils, faisant signe aux soldats de les leur
« livrer ; ce qui fut fait avec tous les signes de la
« terreur. Le Sauvage, peu satisfait d'un fusil de
« munition trop pesant pour lui, tenta bientôt de
« l'échanger contre celui de l'officier ; ce qui
« montre par quelle progression s'accrut l'inso-
« lence d'un côté, et la peur de l'autre.

« Le colonel Munro crut que, pour faire cesser
« le désordre, il ne s'agissoit que d'assouvir la
« cupidité de ces barbares, et commanda de jeter
« les sacs et autres effets à leurs pieds, disant
« que le Roy d'Angleterre étoit assez puissant
« pour en dédommager. Ceux des Anglois, qui se
« trouvèrent à portée de l'escorte, jetèrent les
« leurs aux soldats françois : ceux-ci eurent la
« faiblesse d'en ramasser. Ils eurent bien l'occasion
« de les leur rendre.

« Les Sauvages trouvèrent, dans la plupart de
« ces paquets, du rhum et autres liqueurs fortes
« dont ils s'ennyvrèrent. Alors, ce fut de véri-
« tables tigres en fureur. Le casse-tête à la main,
« ils tombèrent impitoyablement sur les Anglois
« qui, remplis d'effroi, achevèrent de se disperser,
« se croyant à la fin véritablement sacrifiés par
« les François.

« Aucun d'entre eux ne songea à chercher son
« salut ailleurs que dans la fuite. Notre escorte,
« trop peu nombreuse, protégea autant qu'elle
« put, principalement les officiers. Mais forcée de
« garder les rangs, pour se faire respecter, il ne
« lui fut possible que de mettre à l'abri ceux qui
« se trouvoient à sa portée.

« Les Sauvages s'attachèrent aux fuyards. Ceux
« qui les premiers étoient revenus dans leur cam-
« pement, fort contens des dépouilles prises
« d'abord, retournèrent à toute course faire des
« prisonniers, ou des *chevelures* : chacun vouloit
« en avoir : tout autre trophée n'est rien à leurs
« yeux en comparaison d'une *chevelure*. Les
« femmes, les enfants, rien ne fut épargné. Ceux
« auxquels ils conservoient la vie furent mis nuds
« comme la main, et outragés à leur manière.
« Etant entrés à l'hôpital, où étoient nombre de
« malades et de blessés trop impotens pour avoir
« pu suivre la colonne, ils les massacrèrent tous
« inhumainement pour profiter de leurs *cheve-*
« *lures*.

« Il ne se trouva pas malheureusement, pendant
« tout ce désordre, aucun officier canadien, ny
« interprètes, qui ont généralement du pouvoir
« sur l'esprit des Sauvages. On avoit essuyé beau-
« coup de fatigues durant le siège ; tout le monde
« reposoit tranquilement.

« A la fin M. de Montcalm, M. de Lévis, M. de
« Bourlamaque sont avertis. Ils accourent et

« donnent ordre d'employer la vive force s'il le
« faut. Interprètes, officiers, missionnaires, Cana-
« diens, tous sont mis en œuvre, et chacun s'efforce
« de son mieux à sauver les malheureux Anglois,
« en les arrachant à leurs bourreaux.

« Ceux-ci, enyvrés de sang et de carnage,
« n'étoient plus capables d'écouter personne.
« Plusieurs assomment leurs prisonniers, plutôt
« que de les abandonner ; un grand nombre les
« entraînent dans leurs canots et s'échappent.

« M. de Montcalm, au désespoir de ne plus faire
« aucune impression sur les Sauvages, s'écria en
« se découvrant la poitrine : — Puisque vous êtes
« des enfants rebelles qui manquez à la promesse
« que vous avez faite à votre Père, et qui ne
« voulez plus écouter sa voix, tuez-le le premier.
« — Cette véhémence extraordinaire du général
« parut en imposer un peu : ils se dirent : —
« Notre Père est fâché. — Mais le mal étoit fait.

« Ce ne fut pas sans peine et sans se donner
« beaucoup de mouvement, que les officiers, habi-
« tués avec eux, les interprètes et surtout les
« missionnaires, parvinrent à retirer environ 300
« malheureux qu'ils emmenoient. Plus de 400
« furent emportés par les Sauvages du Haut-
« Canada, avec tant de précipitation qu'ils échap-
« pèrent à toutes les poursuites. Ils descendirent
« rapidement les lacs Georges (Saint-Sacrement)
« et Champlain, et passèrent à Montréal où le
« marquis de Vaudreuil, ne pouvant employer la

« force qu'il n'avoit pas, eut bien de la peine à
« obtenir d'eux la délivrance de quelques-uns de
« leurs prisonniers, plutôt encore par l'appas des
« liqueurs fortes, que par égard ou persuasion.

« Ces Sauvages poussèrent même l'atrocité,
« jusqu'à brûler une de leurs victimes..... Je
« n'ay pas scu que, de ceux qu'ils emmenèrent
« au de là de Montréal, aucun ait jamais trouvé
« le moyen de regagner sa patrie.

« Ceux des Anglois, qui avoient pu regagner
« les retranchements, s'y trouvèrent protégés par
« l'escorte et par les gardes qu'on y ajouta le
« plustôt que l'on pût. On y mit en sûreté les
« prisonniers qu'on délivra : les principaux furent
« emmenés par nos officiers et revêtus de nos
« propres vêtemens, et vécurent dans nos tentes
« avec nous.

« Nous n'épargnâmes rien pour adoucir leur
« triste sort, et les convaincre que nous n'avions
« eu aucune part à ces horreurs. D'après les
« démonstrations de leur reconnaissance, nous
« avons lieu de croire qu'ils sont restés convaincus
« de notre innocence. D'ailleurs, combien de fois,
« depuis lors, n'auroient-ils pas eu l'occasion
« d'user de représailles à notre égard, s'il leur
« fût resté quelques ressentimens contre nous ?

« Rien n'est comparable au désespoir dont nous
« fûmes pénétrés au spectacle de cette bou-
« cherie !... J'ai vu des soldats jeter de hauts
« cris d'indignation..... »

Desandroüins s'étonne ensuite, avec raison, que les Anglais, qui avaient conservé leurs armes, dont les fusils étaient chargés, et qui étaient plus nombreux que les Sauvages, se soient laissés intimider et désarmer par eux ! Ils avaient outre cela leurs cartouchières garnies ; ils avaient des baïonnettes au bout de leurs fusils ; et ils ne s'en sont pas servi ! Une épée nue, dit-il, fait peur aux Sauvages. Présenter ses armes avec vigueur et fermeté à ces barbares, et on obtient du respect ; par une contenance timide, au contraire, on en devient toujours le jouet et souvent la victime.

On n'a pas une idée de l'impression d'effroi que cause, à des Européens nouvellement venus dans le pays, la vue d'un Sauvage en fureur : c'est un tigre déchaîné. Les plus braves pâlissent et tremblent en sa présence. A ce propos, Desandroüins rapporte une anecdote racontée par le Maréchal de Saxe dans ses Mémoires. Après la bataille de Denain, les mêmes soldats français, qu'on avait vus la veille braver mille morts, et escalader des retranchements garnis de canons, se sont sauvés, pris d'une terreur panique, à la vue d'un ours furieux lâché dans les rues de la ville !

« Quelques jours après la catastrophe, continue-
« t-il, le colonel Munro et tous les officiers et
« soldats que nous avions pu rassembler, partirent
« en ordre et défilèrent en notre présence, traînant
« à leur suite la pièce de canon qui leur étoit
« due............

« Tel est ce malheureux évènement dont je n'ai
« rien déguisé, et que je raconte comme je l'ai vu
« et entendu. Si je me permets maintenant de
« rapporter ce qui m'arriva de particulier, je le
« ferai avec la même simplicité.

« Accablé des veilles et des fatigues précé-
« dentes, je dormois profondément, lorsque les
« cris et le tumulte se firent entendre à notre camp
« qui étoit à près d'une lieue, et me réveillèrent.
« J'endossay alors la première casaque d'infanterie
« qu'on voulut bien me prêter, pour ne pas être
« pris pour un Anglois, à cause de mon habit
« bleu ; et je me mis à courir pour arriver à
« temps, et sauver si c'étoit possible quelques-uns
« de ces malheureux, et principalement l'ingénieur
« et les officiers d'artillerie que j'avois vus la
« veille.

« A trois ou quatre cents pas du camp, j'aperçus
« un Sauvage qui conduisoit tranquilement un
« Anglois, en suivant notre tranchée : il cherchoit
« sans doute un coin pour le dépouiller et peut-
« être même le massacrer. J'allay hardiment à sa
« rencontre, et, l'ayant joint, je lui saisis les
« deux poignets avant qu'il se fût défié de moi.
« Le tenant ainsi, je criois à l'Anglois effrayé, et
« lui faisois signe de s'enfuir vers notre camp.
« Mais, cet homme, plus haut que moi de quatre
« pouces, qui n'avoit pas eu la vigueur de se
« débarasser de son ravisseur dont pourtant je
« venois à bout, demeuroit immobile et comme

« pétrifié ! Mes forces à la fin s'épuisoient, lorsque
« j'appelay un officier qui passoit par là... L'An-
« glois s'en alla avec lui, et je poursuivis mon
« chemin, méprisant les menaces de l'Indien....

« Lorsque j'arrivay sur le lieu où la scène
« avoit commencé, les Sauvages étoient déjà
« dispersés avec leur proye. Je courus aux mis-
« sionnaires, aux interprètes, aux officiers cana-
« diens, qui les poursuivoient, leur recommandant
« surtout les officiers d'artillerie et du génie. Les
« missionnaires furent les plus zélés ou les plus
« heureux. Ils me ramenèrent dabord trois officiers
« d'artillerie, dont un Hollandois et l'autre Suisse,
« presqu'entièrement dépouillés. Peu après j'eus
« l'obligation à l'abbé Piquet du salut de M. Wil-
« liamson, qui m'arriva nud comme un ver, et
« dans un pitoyable état. Par la suite, le même
« abbé parvint encore à arracher aux Sauvages
« son uniforme galonné.

« J'emmenay ces pauvres infortunés dans ma
« tente ; je les habillay tant bien que mal, en
« quoi je fus aidé par les officiers d'artillerie
« françois. Je ne pus d'ailleurs les traiter que
« bien tristement avec des viandes salées, et nous
« eussions été réduits à ne boire que de l'eau, si
« M. de Montcalm n'avoit eu l'attention de m'en-
« voyer un bon baril de vin. Jamais générosité
« ne fut appliquée plus à propos, ny mieux
« célébrée.

« M. Williamson parloit bien françois ; il est

« très estimé parmi les siens, comme homme de
« talent et de mérite. Mais je ne pus le sortir de
« l'air grâve et austère qu'il ne devoit sans doute
« qu'à sa fâcheuse situation, car il me témoigna
« être sensible à mes soins.

« Ses compagnons parùrent moins affectés et
« se livrèrent davantage.... »

Desandroüins raconte ensuite, comment il surprit un Sauvage rôdant sous sa tente, soit pour piller, soit pour insulter les Anglais qui étaient ses hôtes ; quel danger il courut de la part de ce misérable à moitié ivre ; le secours que lui donna la garde du général, prévenue par son domestique ; l'exaspération dans laquelle il se trouvait ; et enfin les reproches qu'il adressa aux interprètes, au lieu de remercier Montcalm :

« J'étois comme enragé, dit-il. Notre Général
« me voyant la tête exaltée, fit semblant de
« compatir à mes plaintes, en riant sans doute
« intérieurement de mon extravagance. Peut-être
« aussi ne fut-il pas fâché que les Anglois vissent
« ce que nous avions à souffrir avec ces peuples
« barbares, et la difficulté de les contenir...

« A la fin de la campagne, il se présenta une occa-
« sion de délivrer encore une victime. J'étois au
« fort Saint-Jean occuppé à quelques travaux avec
« trois bataillons. Nous étions dans une très grande
« disette de vivres. Deux familles Sauvages vinrent
« s'établir auprès de notre camp, se proposant
« de chasser et de faire bon profit de leur gibier.

« Ces Sauvages avoient avec eux un enfant de
« 13 ans, qu'ils avoient conservé malgré toutes nos
« recherches, après la prise du fort William-Henry.
« Ils vouloient en faire un Sauvage, et ils avoient
« pour lui toutes sortes de complaisances. Pré-
« voyant que les François le caresseroient et
« chercheroient peut-être à favoriser son évasion,
« ils prévinrent le commandant du fort, M. de
« Montreuil, capitaine de grenadiers au régiment
« de la *Reine*, tué depuis, que s'il ne défendoit à
« l'*ordre* de donner un refuge au petit Anglois,
« ils quitteroient le camp. M. de Montreuil, désireux
« de procurer quelque soulagement à notre misère,
« ne manqua pas de le défendre expressément.

« L'enfant étoit un blondin de la plus jolie
« figure du monde, fils d'un tambour-major de
« régiment. Il jouoit de la flûte, et de plusieurs
« autres instruments à vent, fort agréablement.
« Son seul regard attendrissoit sur son sort. Les
« Sauvages, pour charmer son ennui, le laissoient
« courir sous les tentes où chacun lui faisoit fête.
« Mais la nuit venue, il falloit retourner à ses
« tyrans, et c'étoit à contre cœur. Je m'étonnois
« qu'aucun de nous ne fut assez adroit, ou assez
« hardi, pour l'enlever.

« Un soir, rentrant au fort, après le travail,
« j'apperçus cet enfant seul au milieu de la cour,
« qui me tendoit les bras. Pénétré jusqu'au fond
« de l'âme, je le saisis avec empressement et je
« l'emporte dans ma misérable cahutte ; je le

« pousse sous mon lit de camp, et je lui fais signe
« de ne pas bouger ; puis, je cours chez le garde-
« magazin, nommé Billau, et, après luy avoir fait
« promettre le secret, je luy demande une cachette
« dans son magazin, pour y mettre mon petit
« déserteur. Tout accès dans les magazins est
« interdit aux Sauvages. Nous attendîmes que la
« porte du fort soit fermée, et nous allâmes cacher
« soigneusement le petit bon-homme.

« Les Sauvages passèrent la nuit dans l'inquié-
« tude, et le lendemain vinrent fouiller tentes,
« barraques et tous les logements du fort : mais
« Billau refusa opiniatrément l'entrée du magazin,
« selon l'usage. Les jours suivants, ils traquèrent
« les bois ; renouvelèrent ensuite leurs recherches
« parmi nous : tout fut inutile. Après sept ou huit
« jours, désolés d'avoir perdu leur petit prisonnier,
« et désespérant de le retrouver, ils décam-
« pèrent, nous maudissant comme leur ayant porté
« malheur.

« N'osant encore donner l'essor au petit captif,
« j'attendis une quinzaine de jours que le régiment
« de la *Reine* partit pour Québec. Je scavois
« qu'on devoit renvoyer à Halifax quelques pri-
« sonniers : je crus l'occasion favorable. Je racontay
« à M. de Montreuil ma contravention à ses ordres,
« et je me soumis à telle punition qu'il voudroit
« m'infliger. Puis, je le priay de se charger de mon
« petit protégé jusqu'à Québec, et de le remettre
« à M. de Vaudreuil avec une lettre de ma part.

« M. de Montreuil, loin de m'en témoigner du
« mécontentement, me sauta au col, et me dit que
« s'il n'avoit pas fait la même chose, c'étoit pour
« ne pas encourir les reproches de gens qui veulent
« ménager les Sauvages. Il mit l'enfant dans son
« bateau et en prit grand soin jusqu'à Québec.
« J'ay scu depuis que le vaisseau, qui l'avoit pris,
« l'avoit remis heureusement à Halifax ».

Desandroüins termine ce récit par quelques phrases sentimentales et philantropiques, fort à la mode, à la fin du XVIIIe siècle.

CHAPITRE VII

Disette au Canada pendant l'hiver de 1757 à 1758. — Malhonnêteté de quelques fonctionnaires civils, et vols commis par eux au préjudice du Gouvernement français.

Après la capitulation et la destruction du fort William-Henry, tous les Sauvages, qui avaient pris part au massacre des Anglais, s'étaient dispersés et étaient retournés en hâte dans leurs forêts ou leurs villages, emportant leur butin. Les soldats français avaient été répartis en diverses garnisons ; et les Canadiens avaient pris, suivant leur habitude, un congé pour aller faire leurs moissons.

Mais, cette année 1757, la récolte fut presque nulle dans tout le Canada ; et bientôt les angoisses de la faim succédèrent aux transes momentanées de la guerre.

Le capitaine Desandroüins qui, après avoir été envoyé au fort Saint-Jean, était rentré à Québec, nous a laissé, dans son JOURNAL, quelques détails intéressants sur la malheureuse condition des habitants, sur la vie menée par les fonctionnaires civils et sur les abus criants de leur administration.

Ce *Journal*, qui embrasse les deux campagnes de 1758 à 1759, a été griffonné au jour le jour, dans la chambre, sous la tente, au feu du bivouac, sur le genoux, sans ordre, sans prétention, à la diable ; mais il n'en est que plus curieux. Il forme deux petits volumes in-18 ; l'un, de 150 pages, est relié en parchemin et a la forme d'un calepin ; l'autre est tout simplement un mauvais cahier de 100 pages. Tous les deux sont fort difficiles à lire. Cependant il nous font de nouveau regretter, et vivement, que le reste des *Mémoires militaires* du général Desandroüins ait été perdu dans le naufrage de la *Bourgogne* dont nous parlerons. Nous aurions eu, par un témoin oculaire, des détails inédits et intéressants sur toutes les campagnes du Canada, et sur la guerre de l'Indépendance Américaine.

Les citations que nous ferons, sans en indiquer la source, seront tirées de ce *Journal*.

Dès le mois de septembre 1757, et pendant tout l'hiver, le peuple de Québec fut rationné à 4 onces de pain par jour et par personne ; et, à partir du mois d'avril, à 2 onces ! Les réfugiés Acadiens au nombre de 1.500, de tout âge, de tout sexe, étaient réduits au bœuf, au cheval et à la morue, sans pain (1) !

Tout d'abord on donna, aux pauvres gens et aux

(1) Ces malheureux Acadiens s'étaient réfugiés au Canada, pour ne point être soumis aux Anglais.

nécessiteux, l'autorisation d'acheter du bœuf, autant qu'ils en voudraient, à 6 sous la livre. Ils en achetèrent, en firent provision, et le revendirent en hiver 10, 12 et même 15 sous.

Les moulins furent mis sous scellés. Il ne fut permis de faire moudre, et encore une quantité limitée de froment, qu'aux personnes logeant des soldats. « Les habitants alors mangèrent leur bled « bouilly, de sorte qu'ils n'eurent pas de son pour « nourrir leurs bestiaux ». A première vue, cette interdiction est tyrannique ; mais, si on ne l'eût pas portée, il n'y aurait plus existé un grain de blé pour les semailles.

A Montréal comme à Québec, les soldats n'avaient par jour qu'une demi-livre de pain ; et par huit jours, trois livres de bœuf, trois livres de cheval, et deux de morue.

Mais à Montréal, le peuple ne voulut pas d'abord manger du cheval. Les soldats, à son exemple, refusèrent aussi. La fermeté du chevalier de Lévis les y obligea ; et le peuple, par nécessité, fit bientôt comme les soldats.

On a tué pendant l'hiver dans ces deux villes 1.800 chevaux, et un nombre prodigieux de bœufs. Mais à la fin, cette ressource s'épuisa, et il fallut réduire la portion de chacun.

A partir du 1ᵉʳ mai, on ôta le bœuf aux soldats ; et leur nourriture quotidienne fut une demi-livre de pain, une demi-livre de lard, et un quart de morue.

La garnison du fort de Chambly, qui était de 80 hommes, fut rationnée « à une 1/2 livre de pain « tout sec ». Seulement on permit aux hommes d'aller à la pêche afin d'avoir de quoi manger avec leur pain : mais... on ne leur donna ni filets, ni hameçons ! Il fallut, pour en obtenir de l'intendance, que Montcalm employât toute son autorité ! Ailleurs, on vivait de pêche et de chasse, sans pain.

A partir du mois de mai aussi, le pain de froment manqua totalement en certains endroits, et dans certaines classes de la population. Beaucoup d'habitants vécurent de pain d'avoine et même d'avoine bouillie.

« Quelques personnes, pressées par la faim, « achetèrent le pain de froment jusqu'à 30 sols la « livre ; et encore n'en trouve-t-on point. »

Toutes les denrées alimentaires furent hors de prix, le vin excepté. La moitié des terres ne fut pas ensemencée.

Et pour augmenter la famine, le gouvernement anglais prohiba toute exportation de blé et autres denrées alimentaires, au Canada !

Aux horreurs de la faim, vinrent s'ajouter bientôt les rigueurs du froid. L'hiver fut exceptionnellement rude, même pour ce pays-là. Le thermomètre y descendit plusieurs fois au-dessous de 27 et 28 degrés.

« On a trouvé huit ou dix Acadiens, malades ou « vieillards, gelés et roides dans leurs lits, faute

« de bois, quoi qu'il y eut un entrepreneur, payé
« par le Roy, pour leur en donner. Les chefs ont
« crié, mais n'ont pas puni ! *Eheu ! fuge crudeles*
« *terras, fuge littus avarum* », ajoute le capitaine
Desandroüins, appliquant à ce pays désolé, un
souvenir poétique des études de sa jeunesse.

Enfin, des maladies contagieuses mirent le
comble à ces souffrances. La petite vérole fit des
ravages effrayants. Un cinquième de la population
fut enlevé, surtout parmi les Sauvages.

La charité particulière fit des prodiges pour
soulager tant de souffrances. Partout, les aumônes
furent très abondantes, et l'on quêta dans les
diverses églises de Québec, de Montréal et même
de Louisbourg.

Mais l'administration civile ne fut pas à la
hauteur de ses devoirs, en ces pénibles circonstances. Coupable d'imprévoyance, dans les premiers
temps, elle se montra, dans la suite, aussi insensible aux misères populaires, qu'impuissante, par
sa faute, à les soulager.

Du reste, à Québec, à Montréal, la société, c'est-
à-dire, les gens riches et les fonctionnaires,
n'interrompit point, pendant ces heures cruelles,
ni les repas, ni le jeu, ni la danse, ni les galanteries.

Chez l'Intendant, « on n'avoit qu'un petit
« morceau de pain de 3 ou 4 onces, mais chère
« abondante et délicate d'ailleurs »; et il y avait

autour de lui des milliers de malheureux qui souffraient ou mouraient de faim !

« Le jeu surtout y fut poussé aux derniers excès ;
« on y a vu des coups de 15 et 18 cens louis de
« différence de la perte au gain. L'Intendant a
« perdu, pendant l'hyver, deux cent quatre mille
« livres ! Plusieurs officiers ont gagné prodigieu-
« sement ; d'autres ont perdu et se sont ruinés
« de fond en comble (1) ».

A Paris même l'on s'émut du gros jeu que l'on jouait au Canada. Le Roi fit défendre de jouer. « Mais la deffense de la Cour n'arriva qu'en « Carême ». Or, le Carême, dans les habitudes de cette époque, ralentissait tous les plaisirs.

Certaines passions s'appellent et se lient entre elles ; certains vices se recherchent et vont de compagnie. Cet amour effréné du jeu exigeait de l'argent, et on n'en avait pas assez. Alors on volait pour en trouver ; on volait pour subvenir à de folles dépenses. Mais on volait aussi et surtout pour faire fortune et revenir au plus vite en France. C'était le rêve de tout fonctionnaire français, au Canada.

Les mœurs corrompues d'une certaine partie de la haute société française, au XVIIIe siècle, avaient

(1) L'Intendant général, que Desandroüins ne nomme pas, s'appelait François Bigot. Il était le premier fonctionnaire civil de la colonie, et avait des attributions indépendantes et presqu'égales à celles de Gouverneur général.

Il a laissé au Canada un nom détesté.

traversé les mers, et s'étalaient au Canada sans honte et sans vergogne. Dans la patrie, un reste de pudeur eût peut-être encore imposé quelque retenue à des hommes tarés comme Bigot et sa bande ; mais là-bas, pareils à de puissants oiseaux de proie, ils ne respectaient rien, parce qu'ils ne craignaient rien.

De tous leurs vices, le vol, nous venons de le dire, était donc le plus apparent, et celui qui causait le plus de préjudices aux intérêts de l'Etat et à ceux de la Colonie.

Desandroüins soulève bravement, pour sa part, un coin du voile qui cachait, aux yeux volontairement aveugles du Gouvernement, toutes les dilapidations et concussions, toutes les turpitudes, toutes les infamies du *fonctionnarisme*, dans notre Colonie. Depuis l'Intendant général jusqu'aux plus petits employés civils, tous, à peu d'exceptions près, étaient des VOLEURS !

L'honneur, le vieil honneur français, s'était réfugié dans les rangs de l'armée, où de tels excès étaient très rares.

Citons au hasard :

Un sieur de Boishébert, espèce d'aventurier opérant toujours à part, réunit, en 1757, sept à 800 Acadiens, Canadiens et Sauvages, pour faire aux Anglais la guerre de partisans, dans le Nord du Canada ; « guerre qui est peu intéressante, mais
« qui est fort dispendieuse, tant est *excellente* la
« méthode qui permet aux commandans de faire

« des *certificats* payables par le trésorier ».

Ces *certificats* étaient des sortes de *Bons* ou de *Mandats*, portant un chiffre de dépenses, signés par le commandant du poste, ou de l'expédition, remis au trésorier et payés par lui. Ces dépenses n'étaient nullement contrôlées : on les enflait d'une façon démesurée ; quelquefois on en portait d'imaginaires, de fictives ; et le trésorier payait, moyennant... remise ! « C'est ainsi que les différentes
« parties de dépense, étant toujours laissées à la
« disposition des particuliers, elles deviennent
« énormes ! »

« Les *certificats* du sieur Boishébert se mon-
« tèrent à la somme de 800 mille francs ». Sur cette somme, il eut au moins 50 mille francs, et ses divers complices autant !

« Je tiens d'une personne vraye le fait suivant :
« On a donné une demi-livre de pain par jour
« aux soldats de la marine qui ont hyverné aux
« Trois-Rivières (1). On a demandé à M. de
« Tonnancourt, garde magazin, faisant fonction
« de juge et de commissaire, un *certificat* d'une
« livre et demie, ration complète en garnison.
« Celuicy l'a refusé à moins d'un *il est ordonné*,
« signé de l'Intendant. Peu après, on le luy a
« produit, et il a été obligé de s'y conformer. Il
« conserve soigneusement cet ordre.

(1) *Trois-Rivières*, ville assez considérable située à l'embouchure de trois rivières dans le Saint-Laurent, près de Québec.

« Autres faits aussi vrays :

« Il est fait par un seul commandant, dont je
« tais le nom, pour 800 mille francs de *certificats*.
« Le Gouverneur général hésite longtemps de les
« viser. A la fin, on trouve un moment favorable ;
« mais il s'en repentit le quart d'heure d'après,
« et envoya sur le champ un courrier à Québec, à
« l'Intendant, qui répondit que tout avoit été payé
« par le trésorier.

« Le sieur Morin n'ayant fait dans un poste que
« pour 10 mille écus de *certificats* en fut grande-
« ment repris par celui avec qui il faisoit de moitié.
« On le contraignit d'en faire encore autant. Le
« pauvre diable dit à tout le monde qu'il a la
« conscience bourrelée de mille remords depuis
« ce temps-là.... »

Pour un qui avait des remords, cent autres
s'étaient entouré la conscience d'un triple airain.
Ecoutons Desandroüins citer encore d'autres
exemples :

« Il s'est fait cette année pour onze cent mille
« francs de *certificats* dans le poste de Michilli-
« makinach. On ne se contente pas des profits que
« produit le commerce exclusif avec les Sauvages.
« *On vend les présens* que leur accorde le Roy,
« sous prétexte que la guerre a obligé le com-
« mandant de poste, à en faire de plus considé-
« rables encore. Il fait des *certificats* au nom des
« voyageurs desquels il suppose qu'il a tiré des
« marchandises, pour ces présens imaginaires.

« Le sieur Couterot, commandant pour M. de
« Rigaud au poste de la Baye, en avoit fait pour
« 500 mille francs, signés par M. de Vaudreuil.
« Mais l'Intendant n'en a voulu passer que pour
« 200 mille, attendu que ce poste n'étant point
« un entrepôt, comme celui de Michillimakinach,
« il *seroit maladroit* de présenter un tel compte
« à la Cour, qui ne pourroit s'empêcher d'ouvrir
« les yeux sur des dépenses aussi énormes,
« surtout que le poste appartenoit au frère du
« gouverneur général.

« Remarquez que les frais du poste n'ont pas
« excédé 10 mille écus, et que les profits ont
« monté à 50 mille écus ! Mais c'étoit trop peu
« pour ces sangsues. Il leur falloit 500 mille francs
« que le Roy auroit payés ! Par accomodement,
« il n'en a payé que 200 mille !.... »

Aussi, le *vol au certificat* était-il reconnu, par les honnêtes fonctionnaires de la Colonie, comme le plus facile, peut-être parcequ'il couvrait leurs déprédations d'un semblant de légalité. Ceux de la Louisiane voulurent, à leur tour, employer ce moyen :

« Notre Intendant dit qu'à la Louisiane on va
« se mettre, comme icy, sur le pied de faire des
« ordonnances, et de payer tout sur les *certificats*
« des officiers particuliers. Méthode admirable
« d'accélérer une fortune immense à quelques
« particuliers; de ruiner le Roy; de donner du
« dégoût à son conseil pour le soutien des colonies

« qu'on abandonnera peut-être un jour tout-à-fait ;
« et de payer toutes marchandises et mains
« d'œuvre au-delà de triple de la valeur.... »

Mais faire de faux *certificats* n'était point la seule manière de voler. Continuons ce triste tableau :

« On n'apportera jamais le moindre remède à
« tant de maux, dit encore Desandroüins, si on
« ne commence par changer les principales têtes.

« L'Intendant est le premier à *faire son profit*
« *et celui de sa société*, aux dépens des intérêts
« de l'Etat et de ceux des particuliers. Il est
« visiblement de part dans toutes les entreprises ;
« favorise ses créatures, au point de leur faire
« faire des fortunes immenses d'un trait de plume.

« En voicy un exemple :

« Le Roy a besoin de quantité de marchandises
« pour l'équipement des troupes, et pour les
« présens que l'on fait aux Sauvages. L'Intendant
« dit à un de ses favoris d'acheter un ou plusieurs
« magazins chez les négocians. Ceux-ci vendent
« tout l'assortiment à cent pour cent de bénéfice,
« quoiqu'il y ait quantité de rebuts et d'articles
« inutiles au Roy. Puis l'Intendant vend le tout
« en donnant 60 à 70 pour cent de bénéfice à celui
« qu'il favorise ! Le profit est honnête pour un
« courtier !

« Aussi des fortunes prodigieuses deviennent-
« elles communes depuis sept ou huit ans.......

« On ne voit que de gens parler de repasser en

« France, avec des biens immenses............

« Encore si les talens, l'industrie, et d'autres
« moyens dont l'utilité fut reconnue, les procu-
« roient seuls, tout le monde pourroit y prétendre :
« on s'animeroit au bien général : le pays se
« peupleroit et deviendroit florissant.

« Mais, soyez parent ou amy de quelqu'un des
« membres de la haute société, et votre fortune
« est faite ! On armera de préférence vos vaisseaux
« quoiqu'ils soient en mauvais état et condamnés ;
« on les frêtera pour le compte du Roy ; et on
« risquera dessus de braves hommes et des mar-
« chandises. S'ils périssent, vous serez dédommagés
« au centuple. Ou bien, on vous donnera entreprises
« et sous entreprises à gagner prodigieusement,
« même sans soins, ny intelligence, comme nous
« le voyons tous les jours.

« Il ne s'agit que de faire taire votre conscience,
« et intéresser avec vous quelqu'un des associés.
« Ou bien encore on vous enverra commander dans
« un poste ; et c'est alors que vous verrez pleuvoir
« les richesses. si vous savez prendre la bonne
« tournure. Vous ne serez qu'un homme ordinaire,
« si dans trois ans vous ne rapportez que 50 mille
« écus.

« Comment se fait-il que des gens, qui font
« profession de sacrifier leur vie pour acquérir de
« l'honneur, l'abandonnent ainsi honteusement
« pour un vil intérêt ? »

Cette question, combien de fois l'honnête capitaine a-t-il dû se la poser en face de pareils faits ! Combien de fois il a dû sentir son noble cœur se soulever de dégoût et de colère, et sa plume lui tomber des mains, en racontant de telles infamies ?

Mais il n'a pas fini : vingt fois, dans son *Journal*, il revient sur ces honteux abus, à propos de rien et à propos de tout, jetant ses réflexions, sans ordre, sans suite, comme elles lui viennent. Cela ressemble à des coups de fouet qu'il cingle de temps à autre, à tout hasard, au visage des fonctionnaires pillards du Canada.

« Il y a un moyen, dit-il, de faire des économies
« sans mettre aucun impôt dans le pays. Les
« *seules pilleries* de la pluspart de ceux entre les
« mains desquels passent les *effets du Roy* (1),
« forment un article des plus considérables. On
« n'apporte pas le moindre soin à prévenir les abus.
« A peine si à chaque mutation de garde-magazin
« dans les postes, se fait-il, à la hâte, un inventaire
« peu exact des effets du Roy, qu'il n'est jamais
« difficile de faire signer au commandant. Aussi
« s'enrichissent-ils prodigieusement. Les fausses
« consommations passent sur le compte des
« Sauvages, qui fournissent toujours un prétexte
« sur lequel on ne conteste jamais.

(1) Les *effets du Roy*, c'est-à-dire tous les objets appartenant à l'Etat. *Voler le Roy* ou *voler l'Etat*, c'était la même chose. A cette époque, et pour Desandroüins, tout ce qui était à l'Etat était au Roy, et tout ce qui était au Roy, était à l'Etat. « *L'Etat, c'est moi* », avait dit Louis XIV.

« On a cependant fait arrêter l'hyver dernier,
« peut-être pour la première fois depuis l'établis-
« sement de la Colonie, trois gardes-magazins de
« Saint-Jean, Chambly et Sainte-Thérèze, qu'on a
« convaincu d'avoir fait pour 60 mille francs de
« friponneries. Bagatelle ! Ils avoient eu la mala-
« dresse de ne pas sauver les apparences sur
« quelques articles. Seront-ils pendus ? Celui qui
« le croiroit, connaitroît bien peu le pays. »

Ailleurs Desandroüins parle « d'une sédition
« qui s'éleva dans la garnison de Carillon, au
« commencement de l'hyver, à propos de l'équi-
« pement que le défaut d'approvisionnements dans
« le fort, avoit empêché de donner complet. Les
« soldats exaspérés avoient résolu de tuer leurs
« officiers et de livrer le fort aux Anglois.

« Ils commençoient à s'assembler tumultueuse-
« ment. M. d'Hébecourt sortit avec ses officiers, et
« leur demanda à quel sujet ils faisoient du bruit ?
« Après quelques propos dans lesquels le comman-
« dant fit sentir de la fermeté, un soldat cria :
« — Aux armes ! — Chassignol, capitaine de
« *Guyenne,* le saisit, le conduisit au corps de garde
« et dit au sentinelle : — Vous me répondrez de
« cet homme-là. — Je n'ay d'ordre à recevoir de
« personne, répliqua le sentinelle. — Chassignol
« lui arracha sur le champ son fusil armé de sa
« bayonnette ; et comme il alloit lui plonger dans
« le ventre, le soldat reconnut humblement sa
« faute, et cria mercy !

« La sédition fut appaisée au même instant ; et
« chacun rentra dans le devoir.....

« Toutes ces séditions venoient de ce qu'on avoit
« volé, dans le transport de Montréal à Chambly,
« pour 50 mille francs de marchandises destinées
« à remplir les magazins de Carillon ! »

Ce fort de Carillon fut encore le théâtre de vols
d'un autre genre, au mois d'août 1758.

« Découverte de grandes friponneries faites par
« ceux qui ont conduit, cy-devant, les travaux de
« Carillon.

« Les chevaux qui conduisent le sable pour le
« mortier, à la distance d'une petite portée de
« fusil, sont payés à 25 fr. le voyage. Mais comme
« il seroit trop pénible de compter les voyages,
« on a soin de faire une cotte mal taillée de tout
« cela, et de porter chaque cheval pour seize ou
« dix-sept voyages par jour. Ceux qu'on a employé
« à autre chose, sont payés à proportion. Enfin
« quinze ou vingt chevaux au plus rapportent et
« sont évalués à dix mille et quelques cents livres
« clairs et nets par mois ! Là-dessus, il n'y a que
« l'avoine du cheval à payer. Le foin et la ferrure
« sont aux dépens du Roy, de même que l'achat
« des voitures et leurs réparations. Les charretiers
« sont nourris et payés comme ouvriers. Hiver et
« été, tout passe pour être employés.

« La cantine rend 180 fr., par barrique, de
« profit. Par année cela peut monter à cent mille
« francs, clairs et nets.

« M. de Pont-le-Roy a refusé, en homme
« d'honneur et de sentimens, d'entrer d'un tiers
« dans tout cela : aussi marche-t-il la tête levée,
« et parle-t-il haut.

« Les plus petites entreprises, comme celles de
« marchandises, d'outils, se font de part à demy
« avec ceux qui sont faits pour conduire les
« travaux. *Aussi, rien ne se fait bien que leur
« fortune....* »

Comment le peuple aurait-il pu se soustraire aux atteintes de cette atmosphère malsaine qui régnait dans les hautes régions de la société canadienne, et au milieu de laquelle il vivait ? Comment, témoin chaque jour de tant de malhonnêteté, de corruption, de brigandage, ne serait-il pas devenu lui-même malhonnête, corrompu et voleur à son tour ?

Le mal vient de haut, et descend ; rarement il remonte. Le peuple donc imitait les vices des grands. Nous citons toujours Desandroüins :

« Au reste, le mal ne s'étend pas aux seuls
« employés dans les postes. Il n'est pas de simple
« habitant qui se fasse le moindre scrupule de voler
« le Roy. Ils prétendent qu'ils ne font que prévenir
« l'avidité des voleurs comme eux, mais plus
« puissans ! En sorte que ce peuple, dont les pères
« étoient universellement gens d'une telle probité,
« que tout sembloit commun parmi eux, et qu'il n'y
« avoit de serrures ny aux portes des maisons, ny
« aux armoires, comme cela a lieu encore chez les
« Acadiens qui portent la vertu au plus haut

« degré ; ce peuple, dis-je, est devenu fourbe,
« intéressé et voleur du bien du Roy et, à son
« défaut, de celuy des particuliers, tant est puis-
« sante la force de l'exemple pour nous entraîner
« dans le crime.......

« Il ne luy reste qu'une apparence de Religion,
« dont il est mal instruit.......

« Cet article vient encore d'un grand vice dans
« le gouvernement qui a permis de construire des
« habitations fort éparses, en sorte qu'elles sont
« toutes séparées les unes des autres par autant
« de terrain que chacun peut en cultiver : au
« moyen de quoy, ny le curé ne peut aller instruire
« ses paroissiens, ny les enfans venir au catéchisme
« recevoir les instructions. Si ce désordre continue,
« il faudra un jour envoyer des Missionnaires chez
« les Canadiens comme chez les Sauvages.... »

Mais, il y a chez ce peuple une certaine naïveté impudente, dans ses habitudes de vol :

« Les grands vicaires disent qu'aucun péché
« n'est aussi commun que celui de voler le Roy.
« Le peuple canadien dit : — *Notre bon Roy remet*
« *tout à Pâques !* —...

« Les plus honnêtes gens en apparence semblent
« avoir une façon de penser toute prête pour ce
« pays-cy, lorsqu'ils nous arrivent de France...

« Un sieur Maurin, trésorier du munitionnaire,
« qui avoit à peine de quoy vivre il y a deux ans,
« mène aujourd'hui un train de fermier général.
« Chevaux, calèches, cariolles, habits superbes,

« rien d'assez cher, d'assez rare pour luy. Il se
« marie ; il donne deux mille écus d'épingles à la
« future, avant de passer les articles. On prétend
« qu'il est riche à cent mille écus. Il lui reconnait
« quarante mille écus par son contrat.....

« Un sieur, de la Milice, piqueur depuis trois
« ans à Carillon, y a *fait une fortune* dont son
« ambition doit être satisfaite, et il *repasse en*
« *France...* »

Faire fortune au plus vite, à tout prix, par
tous les moyens, et puis *repasser en France* pour
y jouir en repos du fruit de ses rapines : telle était
donc l'unique pensée, la seule préoccupation de
tous les fonctionnaires grands et petits, depuis
l'Intendant jusqu'au dernier employé, qui s'étaient
abattus sur le Canada comme une nuée de saute-
relles malfaisantes et dévorantes.

« Car elle est insatiable, et prévaut sur tout,
« la soif ardente de s'enrichir par tous les moyens
« et promptement », s'écrie avec douleur le
capitaine Desandroüins.

Aussi, les conséquences d'un tel désordre sont-
elles désastreuses pour la Colonie.

L'une de ces conséquences, la plus immédiate et
la plus funeste, dont les Anglais savaient du reste
très bien profiter, était de nous aliéner les Sauvages. Desandroüins le remarque à diverses reprises.

« Grande agitation, dit-il, dans l'esprit des
« Sauvages des Pays d'en Haut. Tous ces peuples,
« ayans descendus l'année dernière pour le siège

« du fort Georges, ont rapporté la petite vérole
« dans leur pays qui y a fait des ravages étonnans.
« Ces peuples soupçonneux ont imaginé que les
« François ne les avoient attirés que pour les
« faire périr par la maladie. Joignez à cela,
« beaucoup de mauvaise foy de la part de ceux
« qui font avec eux la traite des pelleteries, et la
« dureté des commandans des postes qui sont dans
« l'impossibilité de *leur faire les présens ordi-*
« *naires.* Il est fort à craindre qu'ils ne se jettent
« entre les bras de l'Anglois. Ils ont même
« massacré 10 ou 12 voyageurs....

« C'est sur la rivière des Ouisconsing que les
« Poutéauatamis ou les Folles-Avoines ont détruit
« ces voyageurs et pillé leurs marchandises...

« On ne sauroit trop se plaindre que certains
« postes se trouvent gouvernés par des gens plus
« occupés de leurs intérêts que du bien du service ;
« et que d'autres, très agréables aux Nations
« Sauvages, aient été rappelés et remplacés par
« des ineptes et des avares, yvrognes comme
« Ligneris, durs et hautains comme Vassan, qui
« n'ont pas scu jusqu'à présent se concilier l'esprit
« léger de nos alliés qui redemandent du Mas et
« Pouchot, à cor et à cris, bons et excellents
« officiers, surtout Pouchot....

« Les Cinq Nations, jusqu'alors fidèles à la
« France, excitées par les discours des Anglois,
« ont fait des plaintes de ce que nous paraissons,
« (disent-ils) prendre des mesures pour les détruire,

« en *présentant la hache contre eux* aux Nations
« d'en Haut. C'est un grand malheur que nous
« soyons hors d'état de leur envoyer un détache-
« ment un peu considérable. Il est vraysemblable
« qu'ils se joindroient à nous pour tomber sur les
« Anglois, surtout si on les animoit par des
« *présens et des colliers...* »

Ce souhait se retrouve en divers endroits de son *Journal* :

« On ne fait pas les *présens ordinaires* aux
« Sauvages. Les Chactas, nation puissante, en
« paraissent très mécontens... »

Et encore : « Nous pourrions, avec un bon com-
« mandant dans ce pays-là, imposer aux Sauvages
« par nos forces, et les contenir par de riches
« présens... »

Ou bien : « Les Sauvages de la Baye remuent
« toujours. On aurroit besoin d'y avoir un bon
« commandant, de même qu'au Détroit et qu'ail-
« leurs... »

Ainsi, on donnait le commandement, des divers postes détachés chez les Sauvages, à des hommes plus occupés de soigner leurs intérêts que de remplir leurs devoirs ; à des intrigants ou à des incapables qui savaient plaire sans doute à l'Intendant ou au Gouverneur général, mais qui, en revanche, s'attiraient le mépris ou la haine des *Nations*, et laissaient amoindrir parmi elles, au profit de l'Angleterre, l'influence et le prestige de la France.

Ainsi, on ne faisait plus aux Sauvages les *présents accoutumés*. Et pour cette raison, qui semble futile à première vue, mais qui à leurs yeux avait une grande importance, ils nous quittaient peu à peu et allaient aux Anglais.

Les petits cadeaux entretiennent l'amitié, dit-on. Rien n'était plus vrai vis-à-vis de ces peuples enfants. Jusqu'alors, à toutes les occasions, l'administration du Canada leur faisait des présents au nom du Roi de France et leur donnait des *colliers*, afin de se concilier leur affection et de s'assurer leur fidélité. Mais depuis quelques années, la bande de voleurs, qui exploitait le Canada, gardait pour elle presque tout l'argent que le Gouvernement français destinait à cette œuvre patriotique, et les Sauvages ne recevaient plus rien ou presque rien.

Une autre conséquence beaucoup plus grave, quoique plus lente et plus éloignée, était d'épuiser les ressources de la France elle-même, déjà si appauvrie par ses guerres d'Europe, et d'amener son Gouvernement à se demander s'il ne devait pas volontairement abandonner le Canada, tant il était coûteux.

« L'année dernière, dit Desandroüins, il fut
« délivré pour 14 à 15 millions de *lettres de*
« *change* (1), au départ des vaisseaux pour la

(1) La *lettre de change* est un mandement que donne un banquier pour faire payer dans un *lieu éloigné*, à la personne qui en est porteur, une somme d'argent qui a été comptée au banquier lui-même dans le lieu de sa demeure.

« France. Il reste encore pour deux ou trois
« millions d'ordonnances dans les mains des parti-
« culiers. Cette année, il y aura pour 24 millions
« de *lettres de change*. L'on dit que l'an prochain
« les dépenses monteront à 34 millions ! Autrefois,
« sous M. Hocquart, intendant, les dépenses ne
« sont montées qu'à douze cent mille francs. »

Ainsi, le gouvernement français devait payer, pour les dépenses publiques faites au Canada en 1758, 24 millions de traites, somme énorme pour cette époque. Et ces dépenses devaient être augmentées de 10 millions l'année suivante !

« Si on joint à tout cela, ajoute Desandroüins,
« les marchandises qui arrivent aux frais du
« Roy, celles qui sont prises en mer, les frais des
« escadres et vaisseaux particuliers armés pour
« cette Colonie, on verra que la Colonie coûte,
« chaque année au Roy, beaucoup plus que ne
« pourroit produire la valeur des terres cultivées
« au Canada....

« Cette prodigieuse quantité d'argent répandue
« chez le menu peuple comme chez les riches, rend
« les denrées et les journées d'ouvriers d'un prix
« exhorbitant. Et le mal va toujours en augmen-
« tant ; en sorte que si le pays venoit plus considé-
« rable et qu'on fut obligé, pour le soutenir, d'y
« entretenir une armée aussi forte que nos armées
« ordinaires d'Allemagne et d'Italie, le royaume
« de France ne suffiroit pas pour subvenir à cette
« dépense. Vice énorme dans la constitution : on

« ne paraît pas prendre aucun moyen de le cor-
« riger !...

« Il y en a pourtant un, sans mettre même
« aucun impôt sur le pays : *les seules pilleries*
« *de la pluspart de ceux entre lesquels passent*
« *les effets du Roy, si elles cessoient,* feroient
« une économie capable de combler ce gouffre...

« *Mais, nulle ressource qu'en espérance !* La
« Colonie est dans la situation la plus critique
« qu'elle puisse être ! »

Hélas ! c'est le cri du capitaine Desandroüins ;
et ce cri de détresse se reproduit à chaque page
de son *Journal*.

Enfin, après avoir raconté toutes ces « pilleries »,
tous ces vols, toutes ces injustices, toutes ces
exactions, tous ces monstrueux abus, il termine
par cette réflexion qui indique quelle confiance il
avait encore dans Louis XV, et quel prestige
continuait à exercer, sur cet honnête homme, la
royauté de l'ancien régime, moins de quarante ans
avant sa chute : chute dont Desandroüins devait
être lui-même témoin :

« Funestes habitudes de vol ! Vice qui prend
« chaque jour de larges et profondes racines dans
« la Colonie, qui la détruira si l'on n'y met ordre,
« ou *qui dégoûtera tout à fait le Roy de soutenir*
« *un pays, lequel, bien administré, deviendroit*
« *dans les siècles un vaste royaume à la dispo-*
« *sition de la Maison de France.* »

Dégoûter le Roy de soutenir la Colonie !

Hélas ! ce n'était certes point la honteuse et criminelle administration existant, par sa faute, au Canada, qui pouvait parvenir *à dégoûter le Roy* ; ce n'était point cela qui lui aurait fait abandonner un pays qui donnait de si belles espérances ! Il s'en moquait pas mal, et laissait les gredins s'y enrichir à leur aise.

Mais ce qui l'ennuyait et l'en *dégoûtait*, c'était d'en entendre parler ! C'étaient les cris de détresse et les appels désespérés vers la Mère-Patrie qui venaient de là-bas ! Ce qui l'ennuyait et le dégoûtait, c'était tout ce qui pouvait troubler le lâche repos au sein duquel lui, le fils dégénéré de Henry IV et de Louis XIV, s'endormait ! C'était tout ce qui pouvait l'arracher à cette mollesse, à cette ivresse des sens dans laquelle il se plongeait, et où il oubliait tout ! tout : son honneur et sa gloire, l'honneur et la gloire du nom Français que soutenaient encore quelques héros, à deux mille lieues de la Patrie !

D'autre part, ses ministres, obligés de ménager la maîtresse en pied, et de suivre en Europe, pour lui plaire, une politique de passion ou de rancune, étaient ou indifférents, ou impuissants, sinon incapables, et laissaient sans secours la plus belle colonie de France.

Si, au lieu de dépenser 40 ou 50 millions dans la folle et désastreuse guerre de Sept-Ans, on en avait employé seulement une partie à pousser la guerre au Canada ; si, au lieu de donner 50.000

hommes à Soubise pour les faire battre honteusement à Rosbach, on en avait seulement confié le tiers à Montcalm : la Nouvelle France était sauvée !

Quinze ou vingt mille hommes, dans les mains habiles de Montcalm, étaient, même en 1758 et 1759, plus que suffisants pour repousser les Anglais et leur ôter de longtemps l'envie de revenir !

Et la Nouvelle France eût été sauvée, malgré sa pitoyable et malhonnête administration ; malgré « les sangsues » qui s'étaient attachées à ses veines et lui suçaient tout le sang ; malgré les concussionnaires et les voleurs, car cela n'a qu'un temps ; malgré les régiments, les canons et les vaisseaux des Anglais ! Elle eût été sauvée par la vaillance, l'activité et le génie du général, aidé de la bravoure de ses soldats !

Elle eût été sauvée, et fut revenue bien vite, sous un gouvernement réparateur, la belle, vaste et florissante Colonie d'autrefois. Pour cela, on n'eût pas attendu « des siècles ».

Quelles ressources pour la Vieille France, si nous avions encore le Canada ! Le Canada qui, à cette heure, lutte, avec l'Amérique, d'industrie, de commerce et de richesses !

Mais, regrets superflus ! Cette industrie, ce commerce, ces richesses sont aux mains des Anglais ! Et nous, nous allons, sous un ciel inclément, au milieu de peuples ennemis, chercher de coûteuses colonies dont nous ne serons peut-être jamais les maîtres ! (1)

Mais revenons à notre histoire, et racontons la magnifique campagne de 1758, qui fut, pour le Canada Français, la dernière caresse de la Fortune, le dernier sourire de la Victoire.

(1) Le Tonkin !

CHAPITRE VIII

Campagne de 1758. — Victoire de Carillon.

Le capitaine Desandroüins avait passé, à Québec, le terrible hiver de 1757 à 1758.

Il reçut l'ordre de se rendre à Montréal. Le 13 mai, il quitta Québec, « qu'il laisse, dit-il, dans « une disette extrême et dans la plus grande « impatience de l'arrivée des vaisseaux de France « apportant des vivres à la malheureuse Colonie. » Mais les vaisseaux n'arrivaient pas ; et cette attente paraissait longue, interminable et cruelle « à des gens qui depuis huit mois en étaient réduits « à 4 onces de pain par jour, et à 2 onces depuis « deux mois ! »

Son bateau mit trois jours à remonter le Saint-Laurent. Sur les rives du fleuve, il trouve pareille misère. On y vivait de chasse et de pêche ; mais le pain manquait totalement !

Le 16, il débarqua à Montréal.

« Le 22, à dix heures du matin, Mercier arriva « en poste, de Québec à Montréal, apportant enfin « l'agréable nouvelle de l'arrivée en rade, de huit « vaisseaux de France chargés de 7.300 quarts

« de farine et de lard à proportion (1). Ils étoient
« escortés par la frégate la *Syrenne,* qui avoit
« une prise angloise. »

Mais cette joie de vivre est affaiblie, dans le cœur patriote du capitaine Desandroüins, par « les tristes et fâcheuses nouvelles d'Europe où « tout va mal pour la France, en Allemagne. « Ramilly, Hocsted et Turin (2) ! Devions-nous « leur fournir des parallèles ? » Hélas ! oui, la déroute de Rosbach dont Desandroüins ne parle point, amour-propre de soldat sans doute, car il ne pouvait l'ignorer, étant arrivée sept mois auparavant (3 novembre 1757), la déroute de Rosbach était bien le *parallèle*, le pendant des funestes journées de Turin, de Ramillies et d'Hochsted !

Et pourtant, ce fut peut-être grâce à Rosbach, que le Canada dut de ne pas mourir de faim !

Avant cette fatale bataille, il n'y avait, à la tête des ministères de la guerre et de la marine, que d'incroyables nullités, âmes damnées de la Pompadour. Après Rosbach, on laissa les nullités à la marine ; mais on fut obligé de prendre, pour ministre de la guerre, le vieux maréchal de Belle-Isle (février 1758), qui employa tout son crédit à faire passer des secours à notre malheureuse Colonie.

(1) Le *quart* de farine pouvait donner 250 livres de pain.
(2) Défaite d'Hochsted, en août 1704.
Défaite de Ramillies, en mai 1706.
Désastre de l'armée française devant Turin, septembre 1706.

Ce premier convoi fut suivi de près par plusieurs autres, qui ramenèrent au Canada « au moins « l'abondance en pain ».

Mais ce n'était pas sans danger que les vaisseaux de France arrivaient là-bas. Ce qui était possible l'année précédente, où notre pavillon était encore redouté dans les mers d'Amérique, devenait excessivement difficile à cette heure. Les Anglais nous guettaient dans tous les passages, et leurs corsaires nous prirent un grand nombre de bâtiments de transport.

On chercha aussi à envoyer quelques troupes au Canada ; mais elles ne purent sortir de France ! Du reste, la bonne volonté du Gouvernement français dura peu.

Ces troupes cependant eussent été bien nécessaires à la Colonie, qui chaque jour s'épuisait davantage ; tandis que les Anglais, réparant leurs pertes, renouvelaient, d'une manière plus formidable encore, leurs préparatifs militaires de la campagne précédente.

« L'Angleterre se vante de nous envahir ! » écrit le capitaine Desandroüins, dans son *Journal*, quelques jours après son arrivée à Montréal.

Elle se vante de nous envahir de deux côtés à la fois : par Louisbourg et par Carillon. Elle partagera les forces considérables qu'elle a réunies, 40 à 50 mille hommes, en deux corps. Avec 30 mille hommes, elle attaquera Louisbourg ; avec 15 ou 20 mille, elle s'emparera de Carillon :

« comme si elle pouvoit avoir trop de toutes ses
« forces pour l'une de ces deux expéditions ! »
ajoute le brave capitaine, avec une légitime fierté,
à moitié justifiée par l'évènement.

Du reste, les Anglais ne cachaient point leurs
projets, même au dernier de leurs soldats. « Un
« de nos partis, commandé par M. de Langis, a
« vu monter 70 à 80 batteaux d'Orange (Albany)
« au fort Lydius. Il a entendu distinctement un
« des conducteurs crier : — Allons, enfans,
« courage ! Bientôt nous serons rendus chez les
« François. »

Carillon devint donc, du côté du Sud, l'objectif
des Anglais.

Montcalm, qui ne fut jamais surpris, se prépara
à bien les recevoir.

Dès les premiers jours de juin, ordre fut donné
à Desandroüins de se rendre de Montréal au fort
Saint-Jean, afin de le mettre en défense, et aussi
de veiller, dans le ressort de ses attributions, à
l'embarquement des troupes qui y allaient arriver ;
car Saint-Jean devait être leur lieu de relâche et
de ravitaillement. On y avait préparé, pour chaque
soldat montant à Carillon, six jours de vivres qu'il
emporterait avec lui, à raison d'une livre de pain
par jour, d'un quarteron de lard et d'autant de
pois par ration.

Bientôt, en effet, les bataillons y arrivèrent tour
à tour.

Depuis un mois, deux bataillons du régiment de

Berry (1) et le bataillon de *Languedoc*, qui se trouvaient à Québec, avaient reçu l'ordre de se rapprocher dans la prévision des évènements. Les autres bataillons étaient restés dans leurs quartiers « tant parcequ'ils n'y mangeoient pas les vivres « du Roy, que parcequ'ils étaient à portée de se « rendre en douze jours à Carillon, au cas où l'on « en auroit besoin. »

Berry et *Languedoc* arrivèrent donc à Saint-Jean du 15 au 20 juin, et firent voile immédiatement vers Carillon, où la *Reine*, venant aussi de Québec, mais depuis un mois à Saint-Jean, les avait précédés d'un jour. Les bataillons plus rapprochés les suivirent de près.

« Le 19, *Royal-Roussillon* a commencé d'arriver « vers huit heures du matin.

« Le 20, *Guyenne* a commencé d'arriver vers « midy et demy.

« Le 21, *Royal-Roussillon*, qui avoit pris son « pain la veille, en a perdu une partie par la « grande pluye qu'il a fait pendant la nuit. « *Guyenne* avoit heureusement remis à prendre « ses vivres aujourd'hui. *Guyenne*, malgré le vent « et la pluye, est parti à neuf heures du matin. « *Royal-Roussillon*, à trois heures et demy après « midy.

(1) *Berry*, créé en 1684, composé de 3 bataillons de 500 hommes chacun. Il a 7 drapeaux, dont un blanc, colonel, et 6 d'ordonnance, violets et isabelles rayés par opposition, avec croix blanches.

« Le 22, la *Sarre* a commencé d'arriver dès le
« matin. Le 23, il est parti de Saint-Jean à six
« heures du matin.

« Le 24, *Béarn* a commencé d'arriver à huit
« heures du matin. Le reste de *Béarn* est arrivé
« avant la nuit. Le 25, il a fait bénir ses drapeaux,
« et est reparti, le même jour, à midy et demy
« pour Carillon (1). »

Ainsi, huit bataillons français, c'est-à-dire à peu près 3.500 hommes de troupes régulières, était tout ce que Montcalm pouvait opposer aux 20.000 Anglo-Américains qui le menaçaient !

Il était arrivé lui-même à Saint-Jean, au moment où les dernières files de *Béarn* quittaient le fort, accompagné de ses aides de camp, de M. de Pont-le-Roy, nommé récemment ingénieur en chef de l'armée, et de plusieurs officiers de *Béarn* qui, « étant mariés depuis peu, étaient restés, jusqu'aux « derniers jours, près de leurs épouses ».

Le lendemain, 26, un courrier extraordinaire apportait, au général français, la nouvelle du

---

(1) La solde des officiers d'infanterie, au moins celle du corps expéditionnaire, fut augmentée à cette époque. Voici quelle elle était suivant Desandroüins :

Par mois, on donnait :

« Au capitaine de grenadiers : 180 fr. — Au lieutenant :
« 60 fr. — Au sous-lieutenant : 40 fr. — Aux 4 premiers
« capitaines : 160 fr. — Aux 4 suivans : 140 fr. — Aux
« 8 derniers : 120 fr. — Au major : 160 fr. — Aux aides-
« majors : 100 fr. — Aux 16 lieutenants : 50 fr. — Aux
« deux enseignes : 34 fr. »

débarquement des Anglais dans l'île Royale et l'investissement de Louisbourg.

Nous avons déjà dit un mot de Louisbourg et de son importance militaire relativement au Canada, lors de la dernière tentative des Anglais sur cette ville.

Pourtant, suivant Desandroüins, Louisbourg n'ouvrait qu'à moitié le Canada : Gaspé était autrement important. Gaspé était une petite ville non fortifiée sur la terre ferme, en face de l'île d'Anticosi, plus rapprochée de Québec, et qui commandait, non plus le golfe Saint-Laurent, mais l'embouchure même du fleuve ; de sorte que Louisbourg était bien, suivant l'expression du capitaine, « la *porte cochère* du Canada ; mais
« Gaspé en était le *guichet* et on l'avoit négligée
« très mal à propos, jusqu'à présent.

« Il est vray, ajoute-t-il, que nos ennemis
« paraissent assez dupes pour s'aheurter toujours
« à prendre Loüisbourg. S'ils se désilloient les
« yeux, en les jetant sur la carte, et qu'ils s'éta-
« blissent à Gaspé, ils le feroient sans obstacle et
« sans risque, en une campagne, avec un tiers des
« frais qu'ils font pour prendre Loüisbourg. Puis
« reprenez-le après, *ou faites passer un chat au*
« *Canada !* Heureusement, — et ici son chauvinisme français, son orgueil de soldat rend Desandroüins injuste à l'égard des Anglais, quoique cette campagne de 1758 lui donne à moitié raison, — « heureusement que l'esprit de vertige les

« domine sur mer, et la lâcheté sur terre. »

Quoiqu'il en soit, tous les regards sont tournés du côté de Louisbourg ; toutes les pensées s'y portent. Et nous verrons Français et Anglais s'entretenir des péripéties du siège, dans les courts armistices de la campagne de Carillon.

Louisbourg était défendu par 3.900 soldats et quelques centaines de Sauvages, par cinq vaisseaux et cinq frégates. Il était attaqué par 16.000 Anglais que soutenait une flotte de 24 vaisseaux de ligne et de 18 frégates (1).

La place était bien approvisionnée et armée de 100 pièces de canon. « Mais divisions parmi les « chefs ! Mauvais présage », dit Desandroüins.

« M. de Drucourt, homme faible, peut-être lâche, « de peu d'esprit, plein d'humeur et d'entêtement, « et brouillé avec les troupes de terre.

« M. Franquet, ingénieur, brigadier des armées « du Roy, homme de courage, du premier mérite, « et vraymt citoyen ; point écouté.

« M. Prévost, commissaire, faisant fonctions « d'intendant, *homme à pendre* ; conseil de M. de « Drucourt. »

On dit cependant que, durant le siège, Mme de

---

(1) Voici, d'après Desandroüins, la composition de la garnison française :

Artois et *Bourgogne*, environ........	900 hommes.
Volontaires étrangers, un bataillon...	800 hommes.
Troupes de la marine...............	800 hommes.
Milices bourgeoises, très bonnes.....	800 hommes.
Cambis, dont une partie est arrivée...	600 hommes.

Drucourt fut une héroïne, et racheta, par son énergie, la faiblesse de son mari.

La nouvelle du siège de Louisbourg précipita le départ de Montcalm. Il mit immédiatement à la voile, pour Carillon, au bruit de toute l'artillerie du fort Saint-Jean, à laquelle répondirent les canons de son bateau.

Desandroüins partit le lendemain, 27, à deux heures du matin, suivant de près son général. Le même bateau emportait le colonel de Bourlamaque. Le 30, ils relâchèrent à Saint-Frédéric, dont ils visitèrent les fortifications, et arrivèrent le jour même à Carillon.

Pendant cette navigation de trois jours sur le Champlain, ils avaient été accostés par divers bateaux et canots remplis de Français ou de Sauvages, qui revenaient de faire des courses sur le territoire ennemi, et qui ramenaient des prisonniers anglais. Or, tous ces prisonniers, aussi bien que les Sauvages et les Français, s'accordaient à dire que l'ennemi, qui s'était porté au nombre de 8.000 hommes sur les ruines du fort Georges, vivait dans la plus parfaite sécurité, persuadé que la disette de vivres nous avait mis hors d'état de réunir seulement un millier d'hommes !

Montcalm fut content de ces renseignements. Il pouvait en conclure que les Anglais ignoraient encore la concentration de sa petite armée sur Carillon, et sa présence à moins de quinze lieues de leur camp.

Mais, avant de raconter l'étonnante victoire de Carillon, étudions brièvement le terrain qui en fut le théâtre ; d'autant plus que nous y devons revenir dans la campagne prochaine.

Une pointe de terre qui s'avance, dans le lac Champlain, à droite en remontant le lac, et à son extrémité sud-ouest, porte le nom de Carillon.

Cette pointe ou cap, qui a la forme d'une presqu'île, est, d'un côté, baignée par le lac Champlain (1), et de l'autre, par la baie de la Chute.

La baie de la Chute et le lac Champlain se réunissent donc à la pointe de Carillon et resserrent les terres en forme de presqu'île. La presqu'île s'élargit à mesure qu'elle s'éloigne de sa pointe.

Du milieu de cette presqu'île et courant dans le sens de sa longueur, s'élève, pareille à une immense croupe, une montagne dont les deux pentes regardent les deux rivages, et sont coupées de ravins et de profondes vallées.

Cette montagne, « mesurée sur sa crête », depuis son extrémité à la pointe de Carillon, « jusqu'à la « gorge de la presqu'île », c'est-à-dire jusqu'au point où elle se rattache à la terre ferme, a 1.200 toises de long.

A 700 toises de la pointe de Carillon, la montagne se renfle tout à coup, et offre le point le plus élevé qui mesure en cet endroit, à son sommet, 200 toises de largeur. De chaque côté sont des

(1) Le lac Champlain est appelé, là, rivière Saint-Frédéric, à cause de son peu de largeur.

pentes bien plus escarpées qu'ailleurs ; et sur son plat, est une sombre forêt.

Ces pentes, sont séparées : à droite du lac Champlain, par une plaine couverte de grands bois, large de 300 toises ; à gauche, de la baie de la Chute, par une autre plaine plus petite, large seulement de 100 toises. « Toutes ces distances ont été mesurées ».

Maintenant, en face de la pointe de Carillon sont deux baies, desquelles le lac Champlain tire pour ainsi dire sa source.

La première et la plus grande s'appelle la baie des Deux Rochers. Elle court vers le Sud, et reçoit, à 7 ou 8 lieues de Carillon, la rivière aux Chicots.

La seconde, que nous connaissons déjà, est plus petite, n'ayant que trois ou quatre lieues de longueur, et court vers le Sud-Ouest. Elle reçoit dans son fond, nous le redisons, la *Chute* du Saint-Sacrement, et pour cette raison se nomme la baie de la Chute. Elle n'a qu'une portée de fusil, dans sa plus grande largeur. « La rivière de la
« Chute, par laquelle le Saint-Sacrement décharge
« ses eaux dans cette dernière baye, est un torrent
« qui oblige, ne l'oublions pas, à un *portage*
« pénible d'une demi-lieue, à cause des coteaux
« qui servent de barrière à ce lac (1) ».

(1) *Papiers* du général Desandroüins. — *Observations diverses sur Carillon, Saint-Frédéric et la frontière du lac Champlain*. Dix pages grand in-8° bien conservées.

« Donné l'original du présent mémoire à M. de Bougain-
« ville, le 28 octobre 1758 », a écrit Desandroüins à la fin de la copie.

Tel était donc le terrain sur lequel Montcalm allait manœuvrer avec sa petite armée de 3.600 hommes, contre les 20.000 soldats de lord Abercromby ; car il ne doutait point de les avoir bientôt sur les bras (1).

Cependant, il résolut de les prévenir. Les rapports de ses éclaireurs lui inspirèrent-ils la pensée « de profiter, et de l'erreur où se trouvoit « l'ennemy que nous ne pouvions être que très « faibles », et de la sécurité dans laquelle il vivait sur les ruines du fort Georges, « pour lui tomber « dessus, avant qu'il ne se fût retranché » ; ou bien voulait-il seulement « retarder la marche des « Anglois pour donner aux secours, qu'il attendoit, « le temps d'arriver ? » Nul ne sait.

Toujours est-il que dès le lendemain de son arrivée à Carillon, 1ᵉʳ juillet, il porta sa petite armée en avant.

« Le colonel de Bourlamaque reçut ordre de se « rendre, avec les trois bataillons, la *Reine*, « *Guyenne* et *Béarn*, à l'extrémité du lac Saint-« Sacrement qui nous avoisine, et de se porter sur « la rive droite de la rivière la Chute par laquelle « ce lac communique avec celuy de Champlain » ; c'est-à-dire à l'extrémité même du *portage*. Le camp de Bourlamaque s'appela le camp du *Portage*.

(1) Lord Loudon, qui avait laissé prendre le fort William-Henry, ou Georges, presque sous ses yeux, l'année précédente, avait été rappelé en Angleterre, et remplacé par le général Abercromby.

Quant à Montcalm, il prit lui-même position, avec *Royal-Roussillon* et le premier bataillon de *Berry,* aussi sur la droite, à l'endroit où la même rivière de la Chute tombe dans la baie de ce nom. Puis il plaça à la gauche, avec des ponts de communication qui les reliaient à lui, les deux bataillons, *Languedoc* et la *Sarre*.

« Ces deux derniers camps n'étaient qu'à une
« demy-lieue en arrière du premier, et éloignés
« de Carillon de trois quarts de lieue. Le 2ᵉ
« bataillon de *Berry* étoit resté à ce fort pour le
« garder, et en continuer les travaux.

« Des compagnies de volontaires furent tirées
« de nos bataillons, aux ordres du sieur de
« Bernard, capitaine de *Béarn*, et du Prat, capi-
« taine de la *Sarre,* pour suppléer aux Sauvages,
« et furent envoyées à la guerre, pour éclairer
« les mouvements des ennemis (1) ».

Pendant que ces mouvements de troupes s'opéraient, et ce fut l'affaire de quelques heures, le marquis de Montcalm, accompagné de Bougainville, Pont-le-Roy, Desandroüins et de quelques officiers, et escorté par la compagnie de grenadiers du 2ᵉ bataillon de *Berry*, alla reconnaître, dès sept heures du matin, un emplacement, indiqué par M. de Bourlamaque en-deçà de la Chute, dont la droite appuyée à un marais, la gauche à un

(1) *Papiers* du général Desandroüins. — *Relation de la victoire remportée par l'armée du Roy, en Canada, le 8 juillet 1758, avec les mouvements qui l'ont précédée.*

escarpement et le front protégé par un ravin, semblait propre à la défensive. On le trouva très bon pour harceler l'ennemi, mais trop étendu pour y faire des retranchements, et trop éloigné du fort pour pouvoir en tirer journellement les vivres ; il fut abandonné. On revint à dix heures et demie du matin. Dans l'intervalle, le colonel de Bourlamaque avait envoyé de tous côtés des patrouilles ; elles revinrent sans avoir rencontré l'ennemi.

« A midy et demy arrivèrent 20 batteaux et 100 « hommes. Ils portoient 144 mille livres de farine « et d'autres approvisionnements ».

La garnison de Carillon fut rationnée de la manière suivante : chaque soldat avait chaque jour une livre et demie de pain, une demi-livre de lard et une demi-livre de pois. L'officier avait une livre de pain ; et autant à son domestique. De plus une roquille d'eau-de-vie à l'officier. Les officiers avaient moins de pain, parcequ'ils avaient d'autres provisions que celles de la troupe. « Cela est fort « raisonnable, dit Desandroüins, et l'on doit le « supporter sans murmures, dans le cas où nous « sommes. »

L'après-midi, Pont-le-Roy et Desandroüins furent envoyés à la recherche d'une autre position, qui fût cette fois sous le feu de la place.

Ils la trouvèrent : c'était sur la hauteur qui domine le fort de Carillon. On pourrait embrasser la plaine de chaque côté de la montagne, et le sommet de la montagne elle-même. Les retranchements consisteraient en un fossé dont les terres seraient relevées pour former talus, et en des arbres coupés que l'on entasserait l'un sur l'autre. Mais on ne songeait encore qu'à protéger la retraite et à assurer le rembarquement des troupes.

Le lendemain, 2 juillet, les deux ingénieurs allèrent commencer le tracé et le piquetage des retranchements. Desandroüins « releva tout à la « boussole. »

Le jour même et les suivants arrivèrent à Carillon 400 Canadiens, ou volontaires, et une centaine de Sauvages. On les dirigea immédiatement vers le camp du Portage où ils pouvaient rendre de grands services pour les reconnaissances et les coups de main.

On commença aussi à construire, sur deux bateaux solidement liés ensemble, de hautes plates-formes capables de porter des canons, des pierriers et des tirailleurs : « c'étaient des espèces « de tours flottantes ». Sur d'autres grands bateaux, on plaça une pièce de canon à la proue. Des bastingages y mettaient à l'abri les artilleurs, les fusiliers et les rameurs. Ces vaisseaux de guerre improvisés étaient destinés à disputer le lac aux berges anglaises.

A Carillon donc et sur le lac on travaillait ferme ; car la nouvelle arrivait de tous côtés que les ennemis se concentraient au fort Georges, et qu'ils étaient, disait-on, près de 25.000.

Leurs coureurs avaient en effet paru, dans la

journée du 4, non loin du camp du Portage ; et l'on apprit bientôt qu'ils étaient partis du fort William-Henry, ou Georges, le 5, et qu'ils se dirigeaient sur Carillon.

Carillon pris : ils descendront sans résistance le lac Champlain ; les petits forts qui bordent ce lac ne sont pas capables de les arrêter ; ils pénétreront dans la rivière Richelieu qui débouche dans le Saint-Laûrent, un peu au-dessous de Montréal qui ne peut soutenir un siège ! Voilà le plan des Anglais.

Montcalm donc avait vu juste : c'était bien par Carillon qu'ils voulaient envahir le Canada.

A la nouvelle de la marche en avant des Anglais, nouvelle qu'il reçut le premier, le 5 au matin, Bourlamaque envoya 350 hommes, commandés par M. de Trépézé, capitaine de *Béarn*, et conduits par M. de Langis, officier de la Colonie, prendre position sur la *Montagne Pelée*, à 3 lieues de son camp, sur la rive gauche du Saint-Sacrement, avec ordre de l'informer de tous les mouvements de l'ennemi. Puis il disposa plusieurs grands-gardes des deux côtés sur les hauteurs qui dominent le lac, afin d'éviter toute surprise.

En même temps, le marquis de Montcalm, aussitôt prévenu, « donna l'ordre de renvoyer à « Carillon toutes espèces d'équipages ; et, à toutes « les troupes, de passer la nuit au bivouac et en « éveil ». Ordre fut aussi donné aux bataillons du Portage de signaler la présence de l'ennemi à ceux de la Chute, par trois décharges de coups de fusil. A ce signal, le 2ᵉ bataillon de *Berry*, qui se trouve à Carillon, marchera en avant ; et, de sa compagnie de grenadiers, d'un piquet (1) et de 150 Canadiens arrivés le même jour, tous déployés en tirailleurs, il couronnera les hauteurs qui dominent le fort, de manière à veiller d'abord à la sûreté du fort lui-même, et ensuite à protéger la retraite de nos gens, s'ils sont poussés de trop près. « Précautions « inutiles, mais très louables », dit Desandroüins. Inutiles, car les ennemis ne fournirent pas aux Français l'occasion de s'en servir.

En effet, le 6 juillet au matin, après une nuit pleine d'alertes, « on vit, sur le lac Saint-« Sacrement, un nombre innombré de berges, qui « allèrent faire leur descente à la côte de l'Est et « de l'Ouest, en même temps. Elles eurent quelques « décharges à essuyer de plusieurs piquets des « bataillons du Portage », qui se trouvaient détachés sur les rives du lac.

Les Anglais étaient passés au travers des détachements de Bourlamaque, comme le poisson au travers des mailles d'un filet.

Le colonel, furieux de voir les ennemis lui débarquer pour ainsi dire sous le nez, aurait bien voulu les jeter à l'eau. Mais la rapidité avec laquelle ils

(1) Le mot *piquet*, que nous avons déjà souvent employé et que nous emploierons encore, servait à désigner un nombre de fantassins inférieur à la *compagnie*, comme on dit à présent une *section*.

exécutèrent leur débarquement ne lui donna pas le temps de rappeler les 350 hommes de M. de Trépézé. Du reste, les Anglais étaient trop nombreux pour songer à leur disputer le terrain : c'eût été mener à la défaite ce qui lui restait de ses trois bataillons.

C'est pourquoi, après avoir brûlé son camp, il se replia sur la Chute où était le marquis de Montcalm avec *Royal-Roussillon* et le 2ᵉ de *Berry*. Puis, tous ensemble, ils passèrent sur la gauche de cette rivière, et se réunirent à la *Sarre* et *Languedoc* qui y campaient.

Les sept bataillons réunis, c'était une force. Montcalm aussitôt les rangea en bataille sur les hauteurs voisines, afin de donner le temps aux volontaires et aux piquets épars de se rallier.

Pendant ce temps, les Anglais, débarqués sur les bords du Saint-Sacrement, s'étaient mis en devoir de pousser en avant.

Sans s'embarrasser du gros matériel, dont le *Portage* se devait faire le lendemain, ils franchirent, aussi rapidement que le permirent les obstacles naturels, l'espace d'une petite lieue qui sépare le lac Saint-Sacrement du Champlain. Et vers cinq heures du soir, leurs têtes de colonne parurent sur la rivière Bernetz, laquelle descend des montagnes et se jette dans celle de la Chute, rive gauche, à 1/4 de lieue en avant de la position occupée par notre petite armée. Immédiatement, leurs pionniers se mirent à construire des ponts, à tracer et à déblayer des chemins.

Le Bernetz est guéable partout ; malgré cela, nos bataillons auraient pu leur disputer le passage. Mais l'immense supériorité numérique des ennemis pouvait leur permettre de nous tourner et de nous envelopper. C'est pourquoi, Montcalm ne balança pas à ordonner la retraite sur Carillon, où l'on arriva à sept heures du soir, sans être inquiété.

« Le jour même, l'ennemy fit avancer une partie « de ses troupes jusqu'à la Chute, et s'y retrancha. »

Dans la prévision de cette retraite, Pont-le-Roy et Desandroüins, dès sept heures du matin, étaient allés, escortés du 2ᵉ bataillon de *Berry,* « faire un « petit abattis » sur la hauteur qui domine le fort de Carillon. « Ils le commencèrent fort imparfai-« tement avec 100 travailleurs. Mais, ajoute « Desandroüins, j'ai employé utilement mon temps « à bien reconnaître le terrain pour y tracer les « retranchemens du lendemain » ; car ce n'était plus seulement afin de protéger le rembarquement qu'on les construisait : c'était pour s'y arrêter et s'y défendre.

Cette journée du 6 s'était donc passée sans incident fâcheux pour l'armée que commandait Montcalm ; mais elle avait été fatale à l'un de ses détachements.

Nous avons vu que le général français s'était arrêté dans sa retraite, sur les hauteurs avoisinant la rivière la Chute, pour donner aux petits corps détachés le temps de le rejoindre.

Le détachement de Trépézé et de Langis envoyé, la veille, à la *Montagne Pelée*, sur les bords du lac Saint-Sacrement, se mit en devoir de se rallier le 6. Mais en chemin, il fut abandonné par les Sauvages qui lui servaient de guides, s'égara dans les bois où il erra pendant sept à huit heures, et tomba au milieu d'une forte colonne anglaise en marche sur les bords de la Chute. Aussitôt enveloppés par des forces cinq fois supérieures, nos soldats ne songèrent qu'à vendre chèrement leur vie. Nous perdîmes 142 prisonniers et 55 tués ou noyés. Le reste se sauva comme il put, avec Trépézé et Langis qui furent l'un et l'autre blessés.

Cette affaire pourtant coûta cher aux Anglais. D'abord, ils perdirent beaucoup plus de monde que nous. Des Sauvages, exagérant sans doute cette perte, l'ont portée à 300 hommes tués dont ils auraient encore vu, quelques jours après, les cadavres disséminés dans les bois. Mais la mort qui mit surtout l'armée anglaise en deuil, fut celle du colonel Howe, frappé l'un des premiers à la tête de son régiment. « Ils avoient une telle idée de
« Milord Howe, dit Desandroüins, qu'à ce qu'on leur
« disoit que la journée du 6 nous avait été fatale,
« ils répondirent : — Elle ne vous a pas été moins
« favorable que celle du 8 ! — C'était principale-
« ment sur lui que se reposait la réussite de cette
« entreprise ».

Cependant, le général anglais, quoique privé de son conseiller, n'en poursuivit pas moins « cette « entreprise ». Les Français, de leur côté, se préparèrent à bien se défendre.

C'était donc sur ce petit coin de terre de Carillon que l'empire du Canada allait se disputer entre deux armées si inégales en nombre ; l'une de 20 à 25.000 soldats, l'autre de 3.600.

La retraite en bateaux nous eût été facile. Mais abandonner le fort de Carillon, « la clef des eaux « et par conséquent du pays », l'abandonner sans combattre ! il n'y fallait pas songer !

Il y a des circonstances où un général ne doit compter le nombre de ses ennemis qu'après la bataille. Montcalm le savait !

Le 7, dès trois heures du matin, Desandroüins, sur son ordre, alla, avec les officiers majors de chaque bataillon, reconnaître l'emplacement assigné à leur troupe respective. Cela fait, « l'ouvrage « fut distribué par bataillon ; et chacun travaillant « à la partie qu'il devoit défendre, le fit avec une « ardeur incroyable », à qui mieux mieux et le plus rapidement qu'il était possible.

Les soldats mettaient une espèce de rage à leur besogne. Tous ceux qui n'avaient pas le mousquet en mains, se servaient de la pelle, de la pioche, de la hache ; coupaient, charriaient, traînaient et plaçaient les arbres.

On fit d'abord sur la crête de la montagne un large « désert ». C'est-à-dire, on alla abattre les grands arbres plusieurs fois séculaires de la forêt voisine, et on les traîna à force de bras jusqu'au tracé fait la veille par Desandroüins. Mais on eut soin de laisser, dans ce désert, les souches et même quelques troncs pour gêner les approches de l'ennemi, jeter le désordre dans ses rangs par les difficultés de la marche, et l'arrêter de la sorte sous les coups de fusil. En même temps on construisait les retranchements sur le tracé.

Ces retranchements coupaient pour ainsi dire la montagne dans le sens de sa largeur : et, tracés en forme d'un demi-cercle s'ouvrant du côté de Carillon, ils joignaient, par la droite et par la gauche, les deux escarpements.

Ils étaient faits, comme nous l'avons indiqué, de troncs d'arbres posés les uns sur les autres parallèlement au tracé ou fossé. Les terres de ce fossé étaient relevées en parapet, et les arbres, posés dessus, étaient arrangés de telle façon que les coups de fusil passassent au travers.

Comme à toutes les fortifications, et surtout à celles de campagne qui, faites à la hâte ne sont que passagères, il y avait des angles, des saillants, des rentrants et des lignes droites, afin de pouvoir faire des feux de toutes façons. « Ce retranchement, « dit Desandroüins, se flanquoit en *crémaillère* (1) « et avoit 300 toises de développement. On y « ajouta un *retour* de 150 toises le long de l'escar-

(1) *Crémaillère*, fortification de campagne faite en forme de dents de scie, de crémaillère.

« pement de droite, et un autre de 60 toises le
« long de celuy de gauche.

« Les angles flanqués étoient en plusieurs
« endroits moins élevés que les *branches* (1) par la
« faute de temps et de vigilance de la part des
« officiers à qui pourtant on avoit recommandé d'y
« donner tous leurs soins. Mais, dans les plus
« pressantes occasions, *la pluspart des officiers*
« *sont d'une indolence inconcevable sur les tra-*
« *vaux.*

« J'avois eu soin, en traçant, de suivre, autant
« qu'il m'avoit été possible, les parties les plus
« élevées du terrain. Cependant on s'est plaint
« d'avoir été enfilé, c'est-à-dire, qu'en arrière des
« retranchemens, on a eu du monde tué ; et cela
« est vray, parce qu'ils étoient trop bas et sans
« banquette. »

En avant du retranchement, et à ses pieds, on avait semé quantité de grosses branches d'arbres aiguisées par le bout et entrelacées de manière à faire l'office de chevaux de frise. Ces branches devaient défendre l'accès du retranchement en cas d'assaut. Mais l'ennemi ne parvint jamais jusque-là.

Quoique la montagne fut le point capital de la situation, et que là dussent se porter tous les efforts des Anglais, il fallait aussi barrer les deux plaines qui se trouvaient à droite et à gauche.

Un ennemi très audacieux pouvait y pénétrer,

(1) *Branche*, ligne droite qui relie deux angles.

gravir, par un côté ou par l'autre, les ravins profonds et l'escarpement inaccessible qui protègent le sommet de la montagne, et venir nous prendre en flanc. Voilà pourquoi on avait fait le retranchement de la montagne en *retour*, le long de l'escarpement : voilà aussi pourquoi on songea à défendre ces deux plaines peu larges du reste.

« Les 450 Canadiens ou soldats de la Colonie, les
« seuls qui nous rejoignirent avant la retraite
« totale des ennemis, furent placés dans la plaine
« de droite, et s'y retranchèrent de la même
« manière, sous la protection du *retour* le long de
« l'escarpement, et du canon du fort. »

Dans la plaine de gauche, on porta les deux compagnies de volontaires, Bernard et du Prat. Cette position était facile à défendre, parce qu'elle était moins large encore que l'autre. « Une colonne
« ennemie, qui seroit venue l'attaquer, auroit eu à
« défiler sous le feu de toute notre gauche, en
« descendant une montagne roide et assez dénuée
« d'arbres pour ne pas être à couvert d'aucun
« coup de fusil, ny de la batterie de la gauche. »

Pont-le-Roy, en effet, avait fait établir à la hâte deux batteries : une de 4 pièces destinée à battre la plaine de droite au cas où les Canadiens, qui s'y trouvaient, fussent repoussés ; la seconde de 6 pièces, sur notre gauche, au bord de l'eau. Celle-ci devait couvrir de son feu les volontaires, ainsi que notre flanc gauche qu'elle prenait à revers le long de l'escarpement, et en même temps interdire la sortie de la baie de la Chute aux berges ennemies qui seraient venues par *portage*.

Avec les maçons et les autres ouvriers du fort, on commença encore la construction d'une petite redoute en pierres sèches, sur la droite, à peu près à moitié chemin de Carillon et de nos retranchements. Elle était destinée à recevoir des tirailleurs qui protégeassent la retraite et le rembarquement des troupes, si l'on était battu. Il faut tout prévoir.

« Pendant tout le jour, dit Desandroüins, je
« m'occupay à animer le soldat au travail, à luy
« expliquer la manière d'arranger les arbres et les
« branches, et surtout à faire sentir aux vieux
« soldats l'excellence de notre position appuyée
« aux deux ailes à deux escarpemens, et n'ayant
« pas 300 toises de front malgré le contour des
« retranchemens. Ils écoutoient fort attentivement
« ce dernier article, et prenoient confiance. »

Telles étaient donc les défenses de la petite armée française, dans cette fameuse journée du 8 juillet.

Comme les retranchements du sommet de la montagne en formaient le point capital, sur lequel naturellement les Anglais porteraient tous leurs efforts, Montcalm y plaça ses vieux bataillons français, assignant à chacun à l'avance leur poste de combat.

A l'extrême droite, la *Reine* ; près de la *Reine*, *Béarn* ; près de *Béarn*, *Guyenne* ; près de *Guyenne*, *Royal-Roussillon* ; près de *Royal-Roussillon*, le 1er de *Berry* ; près de *Berry*,

Languedoc; près de *Languedoc*, la *Sarre*, à l'extrême gauche.

Le 2ᵉ bataillon de *Berry* gardait le fort et devait, pendant le combat, charrier ou apporter les munitions.

Montcalm donna, au chevalier de Lévis, le commandement de la droite où étaient la *Reine*, *Béarn* et *Guyenne*. Le chevalier de Lévis était arrivé la nuit même du 7 au 8, avec quelques centaines d'hommes. Il avait été rappelé d'une lointaine expédition sur Carlar (1), assez follement entreprise, et était revenu en toute hâte cueillir, à Carillon, sa part de dangers et de gloire.

La gauche fut confiée au colonel de Bourlamaque, avec la *Sarre* et *Languedoc* sous ses ordres.

Montcalm se plaça au centre qui comprenait *Berry, Royal-Roussillon* et les piquets détachés arrivés la veille avec le chevalier de Lévis. Sous sa main étaient aussi les huit compagnies de grenadiers formant la réserve. Du centre, il pouvait diriger tous les mouvements et avoir l'œil partout.

Le 7 au soir, on lut aux troupes, réunies par compagnies, l'*ordre* du général français : il était simple et précis :

« Vive le Roy !

« Les troupes tenteront à portée de leurs retran-
« chements. Les compagnies étant faibles, elles
« camperont sous deux tentes par compagnies. Il

(1) *Carlar*, ville aujourd'hui abandonnée, au sud du lac Ontario.

« y en aura une 3e par compagnie pour les
« officiers.

« Chaque officier major verra à reconnaître les
« ruisseaux et fontaines qui peuvent être derrière
« le camp, et peuvent procurer de l'eau aux
« soldats.

« Les grenadiers rentreront dans leur camp à
« l'entrée de la nuit. Les grandes gardes se replie-
« ront et se tiendront sur le bord du retranchement,
« tenans de petits postes en avant...

« Les Canadiens et troupes de la Colonie seront
« fort attentifs sur ce qui se passe à droite, dans
« la trouée qu'ils doivent garder.

« Les officiers et soldats coucheront dans leurs
« tentes tout habillés...

« Comme les sept batalllons prendront les armes
« dés la pointe du jour, on donnera l'ordre pour
« le travail de demain. Il est nécessaire que les
« soldats qui travaillent aux ouvrages utiles, comme
« boulangers, armuriers, continuent. Ils sont néces-
« saires au service et servent également le Roy...

« Les troupes seront bien aises d'apprendre que
« M. le chevalier de Lévis sera icy demain matin,
« et que d'icy à 3 fois 24 heures, il y aura une
« augmentation de 3.000 hommes et de 300
« Sauvages. Ainsi, il n'est question que de
« confiance, courage et fermeté. Mr. le marquis
« de Montcalm attend cela de ses troupes, et il
« leur procurera toutes récompenses et avantages
« qu'on doit attendre d'une bonne manœuvre.

« On ne saurait trop prévenir les soldats que la
« *grande faute des troupes de terre, est de se*
« *presser de fusiller sans ajuster* : il en résulte
« que les munitions se consomment promptement ;
« et que l'ennemy continuant à tirer, le découra-
« gement prend le soldat. M^{rs} les officiers tiendront
« la main à un article aussi important et qu'on
« ne sauroit trop répéter. Ils verront de laisser
« tirer le soldat à son aise et de l'exhorter à bien
« ajuster....

« Les bataillons se mettront en bataille à la
« première alerte. Lorsqu'ils seront formés, on
« fera rester de pied ferme les compagnies de
« grenadiers et les piquets. Mais les bataillons
« marcheront en avant et borderont les retran-
« chemens. Ils mettront leurs soldats un peu plus
« épais aux angles flanqués des redans.

« Les volontaires se porteront aux issues ou
« sorties des retranchements, pour faire des sorties
« lorsqu'on leur en donnera l'ordre.

« Les compagnies de grenadiers se porteront, si
« le cas l'exige, à la défense des parties de leurs
« bataillons, où ils verront l'ennemy faire des
« progrès, et feront des sorties si on le leur
« ordonne.

« Les bataillons qui ne seront pas attaqués
« porteront secours, de leurs grenadiers et piquets,
« à ceux qui seront pressés trop vigoureusement.

« Les Canadiens, campés dans la trouée ou
« bas fond, marcheront en avant en s'éparpillant

« derrière les arbres pour soutenir cette partie ;
« et s'ils sont dans la nécessité de se retirer, ils
« se retireront en arrière, en s'appuyant cependant
« un peu sur la droite du régiment de la *Reine*.

« M^rs les commandans de bataillons feront usage
« de leurs talents et de leur expérience dans les
« circonstances qu'on ne peut prévoir.

« Il est de la dernière conséquence de soutenir,
« jusqu'à la dernière extrémité, les retranche-
« mens.

« Quand il y aura quelqu'ordre à faire passer
« pendant l'attaque, ou quelque demande à faire,
« elles ne seront portées que par un officier que
« chaque commandant de bataillon enverra pour
« cela.

« Il sera défendu de faire des demandes en
« faisant passer les paroles. Chaque commandant
« aura un officier près de luy. Chaque brigade
« enverra un officier d'ordonnance, au commence-
« ment de l'action, à M^r. le marquis de Montcalm.

« Il sera porté des munitions à chaque bataillon.

« M. de Bourlamaque se charge de la droite.

« Les gardes seront postées demain matin, en
« avant des retranchemens, à 150 pas des abatis.
« La nuit, elles feront faire des patrouilles très
« fréquentes, et donner des signaux muets.

« Les gardes du camp seront postées sur le bord
« des retranchemens, au centre de chaque bataillon.

« M. de Bourlamaque règlera le nombre des
« détachemens qui seront dehors. »

Le 8, à la pointe du jour, on battit la générale. Chacun se porta à son poste ; et, en attendant que les Anglais parussent, car on prévoyait être attaqué ce jour-là, on acheva « de perfectionner les retran- « chemens », la redoute et les batteries.

Maintenant que se passait-il au camp anglais, pendant cette journée du 7 ? Lord Abercromby y préparait son attaque avec le même soin que le marquis de Montcalm, du côté des Français, apportait à la défense.

Il avait, dans cette journée, réuni toutes ses troupes sur les bords de la Chute, et les y avait fait camper. Elles échangèrent quelques coups de fusil avec nos volontaires.

Dans cette journée aussi, il fit transporter, du lac Saint-Sacrement à la baie de la Chute, quelques berges et deux ou trois pontons armés d'une pièce de canon.

Le 8, au matin, il envoya plusieurs détachements sur une montagne qui domine la baie de la Chute, et fit tirailler, sans succès, d'un bord à l'autre sur nos travailleurs de la batterie de 6 pièces, qui n'y répondirent pas : les balles tombaient dans l'eau, « C'étoit sans doute pour reconnoître notre posi- « tion ». C'était aussi peut-être pour détourner notre attention de la marche en avant de son armée.

Tout à coup, en effet, vers midi et demi, on voit les colonnes anglaises se diriger en masses profondes, vers nos retranchements à peine achevés.

Ce dut être un quart d'heure solennel que celui où la poignée de soldats, que commandait Montcalm, sentit venir à elle les régiments anglais, six fois plus nombreux. Chacun prit sa place et prépara ses armes : point de précipitation, mais point de lenteur. Puis, un silence presqu'absolu, que troublaient seuls quelques brefs commandements des chefs, s'étendit, comme un voile, sur nos bataillons. Pourtant, on voyait à la mine de ces hommes, que ce silence n'était point celui de la peur, mais celui de gens qui se recueillent pour mieux mourir, résolus qu'ils sont à faire bravement leur devoir, et à vendre chèrement leur vie.

Que de cœurs alors battirent à de chers souvenirs ! Que de pensées et de regrets furent envoyés à la France !

D'abord nos grands-gardes et nos compagnies de grenadiers, qui se trouvaient hors des retranchements, furent ramenées vivement, à coup de fusil, par les avant-gardes ennemies. Elles rentrèrent néanmoins en bon ordre par les barrières qui furent aussitôt refermées. Une seule, la grand-garde de droite, qui s'était attardée à faire le coup de feu, fut obligée de sauter par-dessus le parapet.

C'était le prologue de la bataille.

Les Anglais dessinèrent leur attaque, et se divisèrent en quatre colonnes.

Deux appuyèrent d'abord sur notre gauche (droite des Anglais) : la première marcha à la

Sarre et *Languedoc*, la seconde à *Berry* et aux piquets arrivés la veille. Peu après parurent les deux autres qui, se portant un peu à droite, attaquèrent, l'une *Royal-Roussillon* et *Guyenne*, et l'autre *Béarn* et la *Reine*.

« Une très grande quantité de très bons tireurs, « Ecossois et Américains, cachés derrière les « souches et les troncs d'arbres, *farcissoient* « l'entre-deux et les ailes de ces colonnes. »

Toutes ces colonnes approchaient de nos retranchements au pas, fièrement, se tenant presque toujours à la même hauteur, malgré les obstacles de toutes sortes qui gênaient leur marche.

A une grande distance, elles ouvrirent le feu ; mais leurs balles arrivaient à peine ; pas une ne portait dans nos rangs.

Les retranchements français restaient silencieux. On les aurait pu croire abandonnés. Montcalm avait ordonné aux soldats de ne tirer qu'à coups sûrs, afin de faire plus de mal à l'ennemi, tout en ménageant les cartouches dont le transport était difficile. Mais, l'activité que le 2º bataillon de *Berry* mit à traîner sur des charrettes et à porter à bras les munitions de guerre sur toute la ligne, fit cesser la crainte d'en manquer.

Aussi, lorsque les Anglais furent à bonne portée, trois mille fusils s'abaissèrent tout à coup, comme à un commandement unique, et une terrible décharge fit rouler à terre les premiers rangs ennemis.

Sous cet ouragan de plomb, les têtes de colonnes vacillèrent un instant, puis elles reprirent leur marche en faisant feu. Mais elles étaient gênées par les arbres semés çà et là sous leurs pas, et par les souches restées debout dans le *désert*. A chaque instant, elles se rompaient pour se reformer ensuite.

La nuée de tirailleurs qui se trouvaient sur les ailes et dans les intervalles de chaque colonne, plus hardis ou plus adroits, avaient aussi ouvert sur nos soldats un feu très vif. Cachés derrière les arbres et les souches, ils nous tuaient beaucoup de monde. Cependant, cet avantage était loin de compenser, pour l'ennemi, les difficultés de la marche, et le désordre qui en résultait.

A ce feu des Anglais, les Français répondent victorieusement. Ils tirent comme s'ils étaient à la manœuvre, vivement et sûrement. « Impossible, « raconte le capitaine Desandroüins, de trouver « plus de sang-froid et de bravoure qu'on en vit « ce jour-là dans le soldat. J'ay été témoin qu'aucun « ne tiroit son coup sans viser son homme, et « que la pluspart attendoient, souvent un assez « longtemps, de voir paroître un tirailleur, posté « derrière une souche, pour ne pas le manquer, « quoique les balles pleuvassent dru comme grêle. »

La colonne anglaise de droite (gauche des Français), se détournant un peu de son point d'attaque, tenta plusieurs fois inutilement de pénétrer par la trouée, que gardaient les volontaires Bernard et du Prat, avec la compagnie de grenadiers qui avait été envoyée à leur secours. Mais les volontaires et les grenadiers se défendirent à merveille ; et le feu vif et bien conduit que la *Sarre* et *Guyenne* firent sur elle du haut de l'escarpement « en émoussa toujours la tête. »

Berry, et les piquets qui le joignirent, empêchent aussi, par leurs salves répétées, celle qui les attaquait, d'approcher de leurs retranchements.

Les deux colonnes de la gauche anglaise, opposées à notre droite, ne sont pas plus heureuses. Malgré leur opiniâtreté, elles n'avancent pas d'une semelle, et se contentent de renvoyer, sans leur faire beaucoup de dégâts, dix balles pour une, à *Royal-Roussillon*, *Guyenne*, *Béarn* et la *Reine* qui, eux, leur tuaient beaucoup de monde.

Il était à peu près deux heures, et l'attaque des Anglais n'avait encore réussi nulle part. Ils continuaient, avec une ténacité qui est dans leur caractère, à aller et à venir, devant nos retranchements, qu'ils couvraient de leurs feux, cherchant à droite, à gauche, partout à la fois, un point faible par où les entamer, pareils à des loups affamés qui veulent forcer l'entrée d'une bergerie.

Mais dans cette bergerie n'étaient pas des moutons : c'étaient des lions ! A la ténacité, à la hardiesse des Anglais dans l'attaque, répondait l'énergie indomptable de nos soldats.

Du reste, Montcalm était là ; et il leur avait dit

de défendre les retranchements jusqu'à la dernière extrémité !

Au plus fort de l'action, il fut admirable de calme et de sang-froid ; donnant ses ordres sous les balles comme s'il avait été à la parade, suivant de l'œil le combat, et se faisant à chaque minute rendre compte, par ses aides de camp, de ce qu'il ne pouvait voir. Derrière lui, à sa portée, étaient massées, avons-nous dit, les huit compagnies de grenadiers de réserve, qu'il envoyait, tantôt sur un point, tantôt sur un autre, suivant les besoins.

« J'avois demandé à M. de Montcalm, dès le
« commencement de l'affaire, la permission de
« luy servir d'aide de camp, — dit le capitaine Desandroüins qui, son œuvre d'ingénieur finie, voulait faire acte de soldat ; — et comme j'allay
« de la droite à la gauche continuellement, les
« soldats me demandoient des nouvelles de ce qui
« se passoit ; et lorsque j'étois dans une aile, je
« leur criois : — Dans l'autre aile, il y a plus de
« quinze cents Anglois le ventre en l'air : les autres
« sont en déroute et leur colonne n'ose plus s'y
« montrer. Il n'y reste que de méchans tirailleurs
« derrière les souches qu'on s'amuse à démonter.
« — J'avois le plaisir aussitôt de voir paroître les
« plus vifs transports de joye, et de les entendre
« s'animer au combat par les cris de : Vive le
« Roy !

« Arrivé dans une autre partie, je tenois de
« semblables propos, en appelant les vieux soldats

« par leur nom, et leur disant : — Nous en aurons
« bon marché ; vous êtes tous braves et bons
« tireurs ; ils n'osent plus se montrer nulle part.

« Cependant, le soldat sachant que dans les
« deux plaines, il n'y avoit que fort peu de retran-
« chemens, et qu'elles étaient mal gardées ;
« persuadé d'ailleurs qu'on ne le forceroit pas de
« front, n'eut plus d'inquiétude, vers le milieu de
« l'affaire, que pour ces deux plaines. Ceux de la
« droite faisoient passer la parole : — Prenez garde
« à la gauche — ; et ceux de la gauche : — Prenez
« garde à la droite ! — ce qui inquiétoit Mr. de
« Montcalm.

« Il m'envoya plusieurs fois voir si l'on avoit
« besoin de secours. Mais partout où j'arrivois, on
« me répondoit : — Nous n'avons pas besoin de
« secours icy ; mais qu'on prenne garde si l'on
« n'auroit pas besoin ailleurs. — Tant il est vray
« qu'on est plus occupé des autres endroits que du
« sien même ; et qu'on peut présumer que les plus
« braves n'eussent pas tenu leurs postes, s'ils
« eussent cru l'ennemy dans l'une des deux plaines,
« prêt à nous tourner. »

Mais l'ennemi n'avançait nulle part, ni à notre
centre où se trouvait Montcalm, ni sur notre droite,
ni sur notre gauche, ni dans les plaines.

Vers trois heures, il essaya une diversion sur le
lac. Une vingtaine de berges et deux pontons, avec
des tirailleurs et du canon, parurent à l'embouchure de la Chute, dans l'intention de prendre nos

soldats à revers. Du fort, on pointa dessus deux pièces de canon qui en coulèrent deux à fond.
« Le reste prit la fuite qu'on hâta par cinq ou six
« autres coups. »

« A peu près dans le même temps, une colonne,
« assez en désordre, s'avança sur *Guyenne*, en
« faisant signe du chapeau et en criant : — Bon
« quartier.

« Ils l'offroient sans doute puisqu'ils tenoient
« haut leurs armes. Nos soldats hésitèrent un
« instant, et répondirent : — Armes bas ! Armes
« bas ! — L'ennemy n'en faisant rien, et avançant
« toujours, une bordée de coups de fusil fut tirée
« par nos gens qui avoient la moitié du corps élevé
« au-dessus du retranchement, et luy tomba de
« tout côté, de manière que peu durent en
« échapper. »

Etait-ce, de la part des Anglais, un essai de trahison ? Je ne crois pas.

Plus tard, dans les courts intervalles de trêve, on parla de cet incident entre officiers français et anglais. « Les Anglois ont dit qu'ayant vu hausser
« et baisser des drapeaux, ils avoient cru que
« c'étoit un signal de reddition, et s'étoient appro-
« chés au nombre de 20 ou 30, en nous offrant
« quartier. Mais, qu'on avoit tiré sur eux impi-
« toyablement. Le signal en question étoit les
« drapeaux de *Guyenne*, que leurs enseignes
« faisoient voltiger chaque fois qu'on crioit : Vive
« le Roy ! »

Guyenne, dont les flammes vertes et isabelles attiraient ainsi les Anglais, fusilla de front, et *Royal-Roussillon* de flanc, « ces pauvres gens « qui s'imaginoient que les drapeaux flottans « étoient, de notre part, un signe qu'on se rendoit. »

Pendant que ceci se passait à notre droite, « *Berry*, qui était aux trois quarts composé de « jeunes soldats, faiblit au centre et abandonna « même le parapet : — Vite les compagnies de « grenadiers ! — Les officiers de ce bataillon les « ramenèrent si promptement que l'ennemy ne « s'en aperçut pas..... La gauche, de même que « notre droite et notre centre, se soutint avec la « dernière fermeté, malgré les attaques réitérées « et successives des ennemis. »

La chaleur était accablante, et l'on était aux plus longs jours de l'année. On rapporte que Montcalm, au commencement de l'action, entr'ouvrant son habit, avait dit à ses soldats : « Mes « amis, il fera chaud aujourd'hui ! »

Quatre heures d'une lutte acharnée et sans résultats heureux n'avaient point lassé l'ennemi. Et pourtant, il avait déjà semé de plus de 2.000 cadavres l'étroit champ de bataille où se jouaient les destinées du Canada !

Le général Abercromby, la rage au cœur, voyait ses soldats s'épuiser en vains efforts pour entamer les chétives et misérables défenses derrière lesquelles 3.000 Français tenaient sa nombreuse armée en échec.

De désespoir, il réunit en une les deux colonnes qui attaquaient notre droite ; et, pendant que les deux autres continuent le combat avec notre gauche, il les lance comme un bélier à l'assaut de nos positions. Lui-même commande cette attaque. Il était cinq heures du soir.

Le choc fut terrible. Elles allèrent d'abord heurter le *saillant* où *Guyenne* appuyait sa droite, et *Béarn* sa gauche.

Devant cette furieuse attaque, le chevalier de Lévis fit aussitôt renforcer le point attaqué par le bataillon de la *Reine*, et ordonna aux Canadiens de sortir de leurs retranchements, et de prendre les Anglais en flanc.

Mais les Canadiens, qui ne tenaient pas à s'exposer en plaine, mirent de la mauvaise volonté à exécuter cette sortie En vain, des officiers de la *Reine* se mirent à leur tête : il n'y en eut que quelques-uns qui fusillèrent les Anglais à travers les arbres (1).

Malgré cette espèce de défection, les trois bataillons, par leurs feux vifs et réguliers, n'en repoussèrent pas moins les Anglais, qui laissèrent encore quelques centaines de morts sur place.

(1) « Nigon, brave officier de la Colonie, dit Desandroüins,
« offrit au commencement de l'action de prendre 100
« hommes pour tomber sur la colonne qui attaquoit notre
« droite. Mais il fut abandonné en chemin par les Canadiens.
« Il s'avança seul dans le bois, fut blessé et eut bien de la
« peine à se tirer tout seul. »

C'était un curieux et terrible spectacle que celui de ces 20.000 hommes s'acharnant contre nos retranchements que protégeait un mur de feu et de plomb, et desquels ils ne purent approcher d'assez près pour y donner un assaut. Du reste fussent-ils montés à l'assaut, qu'ils auraient trouvé derrière 3.000 poitrines françaises qui les eussent repoussés (1).

Ce fut l'effort suprême des Anglais « leur dernier « coup de collier », comme dit le capitaine Desandroüins !

« Enfin la grande ardeur des ennemis se ralentit « tout-à-coup, vers six heures et demie du soir. »

Bientôt on les vit, ramassant leurs blessés, se retirer lentement et disparaître derrière les bois, comme se retire et disparaît le flot qui est venu se briser contre les rochers. Mais comme lui aussi, en se retirant, les Anglais semblaient encore être à craindre. On n'osa les poursuivre. Du reste ils laissaient, en arrière-garde, de nombreux tirailleurs dont le feu inquiéta nos soldats jusqu'à la nuit.

Cependant quinze à vingt soldats de *Béarn*, vers sept heures du soir, sautèrent, sans officiers, par-dessus le retranchement, et aux cris de : *Tue, tue !* attaquèrent des tirailleurs cachés derrière des arbres, les mirent en fuite, firent quelques prison-

---

(1) Il n'y eut pas d'assaut à nos retranchements. Les Anglais n'en approchèrent jamais.

niers, dépouillèrent quelques morts et rentrèrent aussitôt (1).

Les Français n'osaient croire à leur victoire. Une si nombreuse armée reculer devant une poignée de soldats ! C'est impossible ! La retraite des Anglais est une feinte. Ils reviendront le lendemain, la nuit même, après quelques heures de repos, rendus plus furieux par leur échec. Aussi notre petite et vaillante armée, ayant pris quelque nourriture, passa la nuit sous les armes et dans le rang bordant les retranchements, comme si l'ennemi eût été là.

Et pourtant, autour de ces retranchements, gisaient 4 ou 5.000 uniformes rouges. Au fracas de la fusillade, aux mille bruits de la bataille avait succédé, sur ce champ de carnage, comme un immense murmure sourd et confus, fait de cris faiblissants, de courtes vociférations, de paroles inachevées, de plaintes douloureuses, de gémissements étouffés, auxquels répondaient les appels lugubres des oiseaux de proie. Parfois, dans le crépuscule de cette magnifique nuit de juillet, des ombres se soulevaient de terre, faisaient quelques pas, puis retombaient, poussant un cri plaintif ! Oh ! c'était bien fini !

(1) « Il n'y eut pas de vrayes sorties, dit le capitaine
« Desandroüins. Le chevalier de Lévis a voulu se faire
« honneur d'une prétendue sortie qui n'a jamais eu lieu ; et
« l'ayant débité à tout le monde, a jeté en grande erreur
« tous ceux qui n'étoient pas précisément avec lui. »

Le 9, quand le soleil se leva radieux, nos soldats étaient déjà, depuis plus d'une heure, « occupés « à réparer l'abatis dans les endroits imparfaits ou « dérangés par le feu ». Ils étaient gais et de joyeuse humeur, et se montraient « impatients de « revoir l'ennemy ».

Mais l'ennemi ne revint pas.

Après quelques moments donnés à l'ivresse de la victoire, on songea aux nobles victimes qui l'avaient payée de leur sang.

Nous avions 14 officiers tués ou blessés à mort, et 19 blessés plus ou moins grièvement ; 92 soldats tués et 248 blessés.

Parmi les officiers blessés se trouvaient le colonel de Bourlamaque et de Bougainville nommé, trois jours auparavant, « aide-maréchal-des-logis de « l'armée aux ordres de Montcalm (1) ».

(1) Voici par bataillons les noms des officiers tués ou blessés et le nombre de soldats.

Etat-major : de Bourlamaque, de Bougainville.

La Reine : Dodin, lieutenant de grenadiers, tué ; d'Hébecourt, capitaine, Le Comte, capitaine, de Massia, lieutenant, blessés ; 7 hommes tués et 45 blessés.

La Sarre : de Moran, capitaine, Mineraye, aide-major, Champredon, capitaine, tués ; de Banclair, capitaine, de Forret, lieutenant, blessés ; 7 hommes tués et 31 blessés.

Royal-Roussillon : Ducoin, capitaine, tué ; chevalier d'Azenne, nommé officier, blessé ; 2 hommes tués et 18 blessés.

Languedoc : de Fréville, capitaine, Parsourut, lieutenant, tués ; de Marillac, capitaine, Duglas, capitaine, Basserode, capitaine, blessés ; 9 hommes tués et 35 blessés.

Guyenne : Patrice, capitaine, tué, et de Saint-Vincent,

Les Anglais avaient perdu 4 à 5.000 hommes et la fleur de leurs officiers. Chiffre énorme et qui fait pour eux, de cette affaire, une sanglante bataille. Et cependant, il n'y eut ni assaut, ni mêlée ; et nos soldats n'étaient pas 3.600 ! Mais de notre côté les feux étaient si bien ménagés et le tir si juste que presque chaque coup portait.

« Les François sont tout fusils ! » disaient les Sauvages le lendemain de la bataille, exprimant leur enthousiasme par ce mot pittoresque.

En effet, chaque soldat avait tiré de 70 à 80 coups, au dire de Desandroüins : et à cette époque on ne tirait pas 10 coups à la minute. « Aussi on a
« été obligé de changer quantité de fusils pendant
« l'action. »

capitaine, mort de ses blessures quelques jours après ; La Bretèche, capitaine, Restaurant, lieutenant, blessés ; 24 hommes tués et 36 blessés.

Berry : 1ᵉʳ bataillon : La Brême, capitaine, Emeric, sous-lieutenant, tués et Châteauneuf, mort de ses blessures ; Castan, aide-major, et Chermont, sous-lieutenant, blessés ; 16 hommes tués et 28 blessés. — 2ᵉ bataillon, portant les munitions : 6 hommes tués et 8 blessés.

Béarn : Pons, lieutenant, Douay, enseigne, tués ; de Mongay, capitaine, Malartic, capitaine, blessés ; 11 hommes tués et 36 blessés.

Canadiens et *Miliciens* : de Nigon, lieutenant, de Langis, lieutenant, tous deux blessés, le dernier à côté du chevalier de Lévis ; 10 hommes tués et 11 blessés.

« 22 août : Le pauvre Saint-Vincent, capitaine de
« *Guyenne*, est mort la nuit de ses blessures, en vray héros
« chrétien. »

Du reste, les Anglais étaient à découvert, et les Français abrités par leurs retranchements. Cinq ou six cents Ecossais, aux jambes nues, étaient tombés au pied du redan qu'ils avaient attaqué (1).

« Officiers et soldats ont montré une valeur
« semblable à celle des Romains aux plus beaux
« jours de la République. Les Anglois disent que
« c'est l'affaire de l'Assiette renouvelée » ; mais
à cette différence près, que cette fois ce sont les Français qui ont été vainqueurs (2).

Malgré ce terrible échec des Anglais, on n'osa cependant les poursuivre par une prudence qui fut approuvée de tous : on n'osa même pas se porter ce jour-là jusque sur la rivière la Chute, crainte de compromettre notre petite armée victorieuse.

Le soir même rentra au camp français un brave officier, appelé Wolf, envoyé quelques jours auparavant en mission chez les Anglais, et retenu par eux sous un prétexte quelconque. « Il rapporta

(1) Ces chiffres furent donnés par des déserteurs anglais, quatre ou cinq jours après la bataille. « L'un d'eux, dit
« Desandroüins, portoit le nombre des morts à 4 ou 5.000,
« et les blessés en proportion. » Les Anglais avouèrent 3.000 tués ou blessés. Mais, « par tous leurs discours, ajoute
« le capitaine, on pourroit présumer que leur perte a été
« plus considérable que nous le pensons. »

(2) « L'affaire de l'Assiette » avait eu lieu le 19 juillet 1747, il y avait vingt-et-un ans presque jour pour jour. Desandroüins, lieutenant au régiment de Beauce, s'y trouvait.

« que les officiers ennemis lui avoient dit : — Nous
« avons attaqué avec intrépidité. Vous vous êtes
« encore mieux défendus. Nous nous disposions à
« avoir pour vos troupes réglées toutes sortes
« d'égards. Mais point de quartier par représailles
« pour les autres. Nous nous souvenons du fort
« Georges, et nous avons les noms des officiers et
« interprètes canadiens qui nous ont fait massacrer
« par les Sauvages, malgré la capitulation. Rendez-
« nous justice ; nous vous la rendons. »

Le lendemain 10 juillet, les huit compagnies de grenadiers, les volontaires et 50 Canadiens, sous le commandement du chevalier de Lévis, allèrent en découverte à la Chute et jusqu'au Portage. Ils y trouvèrent une douzaine d'arbres abattus, que les Anglais avaient placés, les uns derrière les autres, en forme de retranchements, pour gêner la poursuite des Sauvages, si nous en avions eu : mais, pas un seul ennemi.

« Il y avoit aussi le long du chemin un grand
« nombre de quarts de farinne brisés, et 152 autres
« jetés à l'eau qui furent retirés et sauvés. La
« terreur des ennemis leur avoit fait laisser, dans
« un bourbier de terre glaise, plus de 40 paires de
« souliers avec leurs boucles, des haches, pelles,
« pioches et mantelets de cuir piqué pour la sappe. »

Cette journée du 10 fut, pour l'armée délivrée de toute crainte, un jour de repos complet.

Le 11, elle quitta ses retranchements, en y laissant seulement trois grands-gardes, et vint prendre, un peu en arrière près du fort, une position où elle était plus commodément installée.

« Le même jour, arrivée de MM. Rigaud, du
« Mas, Marin et de quelques autres officiers, avec
« une vingtaine de batteaux ou canots d'écorce
« chargés de Canadiens et Sauvages, à neuf heures
« du soir. *Moutarde après dîner.* »

Le 12, on chanta un *Te Deum* d'actions de grâces pour remercier Dieu de la victoire. Aux fracas de la bataille, au cliquetis des armes, aux crépitements de la fusillade, aux cris des combattants, aux plaintes des blessés, succédèrent, pour un instant, dans ces grandes solitudes, le bruit des chants religieux. Puis, les échos de Carillon se rendormirent. Je ne sais, si depuis, ils ont été réveillés par des batailles ou par des chants religieux.

Et vraiment, la victoire des Français semblait tellement extraordinaire, tellement impossible, qu'aux yeux du soldat elle tenait du prodige.

Le capitaine Desandroüins raconte, à ce sujet, le fait suivant d'un grenadier de *Béarn* : « Un
« grenadier de *Béarn* dit à son camarade : — S'il
« se trouvoit un Huguenot parmi nous, il faudroit
« le traiter comme un Anglois, après un miracle
« comme celui-là. — Et pourquoi cela ? dit l'autre :
« le miracle est au bout de nos fusils avec lesquels
« nous avons tué les Anglois ! — Comment, répliqua
« le premier : *mais je maniois des arbres dont je*
« *ne puis remuer les branches aujourd'hui !* — Il

« avoit raison, ajoute Desandroüins ; le doigt de
« Dieu s'y est fait sentir visiblement. Il nous a fait
« vaincre malgré toutes nos sottises. Et comme le
« disoit le bonhomme la Valterie : — Une petite
« armée combattoit sûrement là-haut pour les
« François ».

Un modeste monument, qui n'a pas bravé les années ou que n'ont pas respecté les hommes, fut élevé sur le champ de bataille de Carillon, par les soins de l'abbé Piquet, aumônier de l'armée, afin de rappeler le souvenir de cette victoire. Il consistait en deux poteaux, placés de chaque côté d'une croix portant les armes de France. Sur ces poteaux et sur cette croix étaient de belles inscriptions latines tirées de l'Ecriture Sainte, sauf celle-ci qui était des plus fières : — « NON PLUS ULTRA QUI JAM A
« GALLIS CŒSI VICTI FUGATIQUE FUISTIS ANGLI
« ANNO 1758 DIE VERO 8 JULII SEPTEM CONTRA
« UNUM. — Vous n'irez pas plus loin, Anglois qui,
« étant sept contre un, avez été battus, vaincus,
« mis en déroute, par les François, le 8 juillet de
« l'année 1758 ».

Hélas ! ils sont allés plus loin !

N'importe : nous n'avons guère de faits d'armes, pareils à celui de Carillon, dans notre histoire militaire, si riche pourtant en glorieuses actions.

CHAPITRE IX

Jalousie des Canadiens. — Tracasseries suscitées à Montcalm. — Desandroüins continue les travaux de Carillon. — Affaire du 4 août. — 1758.

L'impression produite par la victoire de Carillon fut immense en Europe, quand la nouvelle y arriva.

L'Angleterre crut, un moment, le succès de sa campagne au Canada compromis. Mais, réagissant aussitôt contre cette appréhension, elle n'en mit que plus de soin à se préparer une revanche prochaine, en y envoyant de nouvelles troupes et en faisant des levées dans ses possessions américaines.

En France, l'orgueil national fut flatté au suprême degré. On chanta un *Te Deum* à Notre-Dame de Paris : on tira, le 1er octobre 1758, un feu d'artifice à l'Hôtel de Ville ; mais on ne fit rien pour sauver la Colonie. On n'y envoya pas un vaisseau, pas un soldat ; et on abandonna Montcalm et sa petite armée.

Au Canada, la joie sans doute fut grande aussi. Mais, immédiatement parurent les envieux, les jaloux, les détracteurs de la gloire du général français et de ses soldats. Ils se manifestèrent d'abord par d'amères et d'injustes critiques desquelles Desandroüins se fait, dans son *Journal*, l'écho indigné.

A Québec, on disait hautement « que c'étoit un
« grand malheur que M. de Montcalm n'ait point
« empêché les Anglois de prendre position au fond
« du lac Saint-Sacrement... Tout Québec (excepté
« quelques gens qui à peine l'osent dire ouverte-
« ment) crie contre M. de Montcalm de ce qu'avec
« environ 12.000 hommes, que lui a envoyés M. de
« Vaudreuil, il est resté dans l'inaction ; qu'il ne
« tenoit qu'à lui de pousser les ennemis jusqu'au
« lac Saint-Sacrement, et de les défaire entière-
« ment...

« Ah ! il me semble, continue Desandroüins, les
« entendre dire : — Si nous eussions été là 3 ou 4
« mille Canadiens ou Sauvages, il n'en seroit pas
« échappé un seul ; et nous aurions profité de
« leurs vivres, de leur artillerie et de leurs muni-
« tions !... »

A Montréal, l'opinion publique se partageait :

Les uns, stratégistes de chambres, « soutenoient
« que les François avoient eu grand tort d'aban-
« donner, avant la bataille, le Portage et la
« Chute ; qu'avec 200 Canadiens ou Sauvages on
« les eût défendus ; et qu'enfin on ne pouvoit plus
« mal faire que de confier la défense de la Colonie
« à des troupes de France. Les autres, et princi-
« palement les femmes, répondoient qu'on avoit

« livré de pauvres bataillons aux ennemis. Les
« esprits étoient tellement échauffés qu'on se
« disputoit publiquement, jusqu'au sortir de
« l'Eglise...

« Mauvais propos tenus par les officiers colons,
« au sujet de l'affaire du 8. Ils contestent le
« nombre des ennemis, le nombre des morts qu'ils
« prétendent n'être que de 400, et l'utilité des
« troupes de France. — On s'en étoit bien
« passé jusqu'à présent, et jamais on n'avoit
« été vaincu ! Ils étaient retranchés, disent-ils
« encore ; et nous, l'étions-nous à la Belle-
« Rivière (1) ?...

« On voudrait, dit encore Desandroüins, que ce
« fut eux qui eussent tout fait... »

Le marquis de Vaudreuil lui-même, qui avait la faiblesse d'être jaloux de Montcalm, semblait le croire. Félicitant le commandant du bataillon de la *Reine* sur la belle conduite de sa troupe au combat de Carillon, « il lui marquoit qu'il savoit
« bien *que les François avoient eu bonne part*
« *au succès*, et en particulier le régiment de la
« *Reine* ! — Ceci est plaisant, ajoute Desandroüins,
« de donner à entendre qu'on puisse en citer
« d'autres que les François ! »

Ainsi ni Montcalm, ni l'armée française ne recueillaient même point de la part des Canadiens, au moins dans la haute société, la reconnaissance

(1) Bataille de la Belle-Rivière ou de l'Ohio, gagnée par les Canadiens sur les Anglais, le 9 juillet 1755.

qu'ils avaient si bien méritée par leur victoire.

Cette ingratitude, cette injustice et ces reproches exaspèrent et revoltent le cœur de l'honnête capitaine. Il devient à son tour presqu'injuste à l'endroit des Canadiens, ce peuple si éminemment français, dans lesquels il aurait dû reconnaître les qualités aussi bien que les défauts de sa race.

Il ne les aime pas et ne perd aucune occasion de leur marquer son antipathie. Il les montre aussi vantards qu'ingrats, et raille leur bravoure. Il pousse l'ironie jusqu'au sarcasme, et ne craint pas de dire d'eux : « Je les croyois fripons « d'argent, mais je ne savois pas *qu'ils le fussent* « *d'exploits guerriers !* » Enfin, il va jusqu'à douter de leur courage. Lisez plutôt :

« On mande de Montréal, que M. de Vaudreuil
« s'est donné la peine de faire additionner le
« nombre des Canadiens partis pour Carillon,
« avant le 8 juillet ; et il a trouvé qu'il y en avoit
« pour ce jour-là 1.800.

« Il est cependant notoire à toute l'armée qu'il
« n'y en avoit que 400 : encore de ces 400, en
« était-il arrivé plus de 100, avec le sieur Duplessis,
« deux heures après le commencement du combat.
« Aux premiers coups de feu, plusieurs prirent la
« fuite et gagnèrent les bateaux. Peu à peu les
« autres suivirent ; mais le commandant du fort
« fit tirer dessus sans ménagement, ce qui les
« retint....

« Ils firent une sortie à la fin de l'action : mais

« quelle sortie ! Encore ne sortit-il que les plus
« braves qui se sont contentés de fusiller de loin
« sur les Anglois, d'arbres en arbres. »

Ailleurs, il revient encore sur le même sujet, exagérant, sous l'inspiration de sa colère sans doute, ce manque de courage militaire de la part des Canadiens : il semble même en appeler à leur propre témoignage.

« Ignorent-ils donc, s'écrie-t-il, qu'aucun d'eux,
« quel qu'il puisse être, n'ose se présenter en face
« d'un fusil, s'il n'est caché par un arbre triple de
« sa grosseur ?

« Nous n'aurions pas songé à nous apercevoir
« de choses pareilles, s'ils ne nous eussent poussés
« à bout. Nous qui avons de l'honneur, qui en
« connaissons le prix, qui scavons le payer et le
« défendre de tout notre sang, nous n'examinons
« pas leur contenance dans ces retranchements
« qu'ils jugent si peu utiles ! Hors deux ou trois,
« le reste n'y trouverait pas son compte : et ces
« deux ou trois ne clabaudent pas contre les
« François ! »

Mais le devoir commande et l'emporte. Il se rappelle que lui et ses camarades sont là pour servir la France, et il ajoute avec une tristesse résignée : « Ces gens-là sont bien heureux que
« nous ne nous souvenons que de notre honneur,
« lorsque nous sommes en présence de l'ennemy,
« et ils nous font regretter le sang que nous
« prodiguons pour eux ! »

Ces regrets, Montcalm les partageait peut-être. Ecœuré des basses jalousies dont il était l'objet ; froissé des lettres insensées du marquis de Vaudreuil qui le blâmait et voulait lui apprendre la guerre ; découragé de l'abandon dans lequel le Gouvernement français le laissait, lui et son armée ; irrité enfin que des lettres, très importantes pour le salut de la Colonie, écrites par lui au ministre de la guerre, eussent été retenues plusieurs mois dans les bureaux de la marine ; il avait, après sa victoire de Carillon, demandé son rappel en France.

Desandroüins prend parti pour son général, et le défend avec la même énergie, la même rude franchise qu'il a tout à l'heure défendu ses compagnons d'armes.

Le marquis de Vaudreuil est à ses yeux — et il ne se trompait guère — aussi ignorant « que tous « ces gens-là », dans les choses de la guerre. « Il ne consulte Mr. de Montcalm que pour suivre « les avis des autres. Il ne fait que des sottises à « chaque instant ». Il donne des avis et des ordres avec une fatuité sans égale, et dit à tort et à travers ce qu'il faut faire et ce qu'il ne faut pas faire.

Comme tous les esprits bornés, de son cabinet il veut conduire la guerre, dresser des plans de campagne et diriger les opérations. Sa toquade, qu'on me permette cette expression, sa toquade, après Carillon, était de pousser en avant. Il gourmandait l'inactivité de Montcalm ; il l'accusait d'avoir peur ! Il aurait fallu couper les communications de l'ennemi ; intercepter ses convois ; occuper le lac Saint-Sacrement ; envoyer de gros détachements vers Lydius : à quoi le marquis de Montcalm répondait qu'il ne pouvait « intercepter « des convois qui n'existaient pas » ; et que ce serait folie d'abandonner la position de Carillon pour aller, sans soutien, se planter sur les ruines du fort William-Henry.

Cette prétention du Gouverneur de savoir faire la guerre, et de vouloir surtout l'apprendre à Montcalm, irrite au plus haut point le capitaine Desandroüins : « M^r. de Montcalm, dit-il, a écrit « la lettre la plus vive au marquis de Vaudreuil « au sujet des plates leçons qu'il lui donne comme « à un escolier !... Il bat en ruines tous ses « méchants raisonnements sur la guerre.... En « fin de compte, il le prie de venir prendre le « commandement de l'armée, pour luy donner des « ordres plus clairs et plus conformes aux circons- « tances ! »

Les envieux avaient recours à tous les moyens pour amoindrir la gloire de Montcalm. Revenant sur la campagne précédente, ils lui reprochaient de n'avoir point marché sur le fort Lydius, après la prise de William-Henry ; et Vaudreuil disait comme eux ! « Ce qui prouvait leur ignorance à « tous, dans le métier de la guerre ».

Ils lui reprochaient aussi de maltraiter les

Sauvages. Cette accusation était d'autant plus absurde que Montcalm en était aimé au-delà de toute expression ; pourtant Vaudreuil l'avait encore accueillie, et avait fait [remonter jusqu'à lui la cause de désertions qu'il fallait chercher ailleurs. L'accusation même parut si grave à Montcalm qu'il fut obligé d'envoyer, à Montréal, son fidèle Bougainville, afin de l'en disculper !

« Si les Sauvages se sont plaints, dit Desandroüins ;
« s'ils ont affirmé que sans cela, ils n'auroient pas
« quitté Carillon ; je ne sais ! Mais rien n'est plus
« faux que ces accusations. Les Sauvages parlent
« un langage qui n'est entendu que des seuls
« interprètes ; mais les faits en parlent un autre
« que tout le monde entend. »

Sur ce sujet pourtant, le marquis de Vaudreuil donna pleine et entière satisfaction à Montcalm. Le Gouverneur n'était pas du reste un méchant homme ; mais il était très faible de caractère, très peu intelligent pour sa haute position, et se laissait mener par son entourage. « Il a des confidents qui
« lui tournent la tête à leur gré. C'est un grand
« malheur, pour le bien de l'Etat, que de n'avoir
« pas un Gouverneur général aussi expérimenté,
« même dans les choses de la guerre, que le
« général de l'armée ».

Et Desandroüins ajoute cette réflexion attristée :
« Gémissons sur la désunion qui ruine les forts,
« et à plus forte raison les faibles ! »

Les officiers français et les soldats prirent

hautement, comme le capitaine Desandroüins, fait et cause, contre le marquis de Vaudreuil, pour celui qui les avait si souvent conduits à la victoire :

« Le 14 août, assemblée de tous les commandans
« chez notre Général pour leur recommander de
« tenir la main à ce que personne ne s'avise à
« l'avenir de tenir des propos indécens sur le
« compte de M. de Vaudreuil et de la Colonie. On
« dit que le gouverneur général s'en plaint très
« amèrement ; qu'il n'a tenu qu'à lui d'avoir
« l'original des lettres qui eussent pu perdre celui
« qui les avoit écrites. Imprudence de nous autres,
« jeunes gens, ajoute Desandroüins, faisant peut-être un retour sur lui-même, mais à coup sûr sans répentir, imprudence de nous autres jeunes
« gens, excités par la jalousie que nous témoignent
« ceux que nous sommes venus défendre. Il est
« vray que nous portons si loin cette fougueuse
« licence, naturelle aux Français, que, dans cette
« matinée même où M^r. de Montcalm a assemblé
« les chefs de corps à ce sujet, on a trouvé sur la
« table de la salle une chanson des plus *mordi-*
« *cantes*, contre le gouverneur général et tout ce
« qui est colon. »

Les Sauvages, comme soldats, partageaient avec les Canadiens le mépris du capitaine Desandroüins, pour qui la discipline était le premier devoir de l'homme de guerre. « Les Sauvages avoient promis
« de partir, pour une expédition, le matin ou au

« moins le soir, après avoir remis de jour en jour.
« Mais ils n'y ont pas songé ; et tout est dit. Ils
« aiment mieux faire la guerre à nos moutons, à
« nos poules, à notre eau-de-vie, à notre vin et à
« toutes nos provisions.... »

Ailleurs, il parle de plusieurs Sauvages qui ont refusé d'aller en reconnaissance, sous prétexte « qu'ils ne vouloient pas aller par le même
« endroit, où on a fait coup deux fois de suite.
« Leur sentiment général étoit d'aller par le lac
« Saint-Sacrement. Les plus entêtés ont tenu bon ;
« les autres se sont laissés gagner. Cette opinion
« des Sauvages prouve qu'ils cherchent bien moins
« à buttiner, en allant à la guerre, qu'à éviter les
« lieux où ils craignent les précautions de l'ennemy.
« Mr. de Montcalm n'a pas voulu les forcer à
« obéir dans la crainte qu'ils ne fussent tentés
« d'abandonner leurs canots ou de les briser, ce
« qui actuellement seroit une perte, attendu que
« nous en avons très peu.

« Aussi 23 Iroquois sont partis aussitôt pour
« leurs villages, refusant de rester parce qu'on
« vouloit qu'ils allassent sur le lac. »

Du reste, Desandroüins se plaint continuellement de leur indiscipline et de leur vantardise, de leur amour du pillage et de leur férocité, de leurs habitudes d'ivrognerie et de leur sot orgueil.

Cependant, malgré ces griefs, on continua à se servir des Sauvages tant qu'on les eut sous la main, et des Canadiens ; des Canadiens surtout qui, après tout, étaient Français d'origine et se battaient autant pour leur indépendance que pour la mère-patrie ; on continua, disons-nous, à se servir des Sauvages et des Canadiens ; tout comme Montcalm, malgré les tracasseries et les injustices dont il fut l'objet, continua à servir la France, au Canada.

Nous avons laissé notre petite armée de Carillon à peu près étrangère à ce qui se disait autour d'elle, et tout entière à la joie de son triomphe.

La position de Carillon, consacrée par une aussi éclatante victoire, sembla bonne à garder. Et l'armée tout entière se mit au travail, afin de continuer, perfectionner et augmenter encore des retranchements dont la défense avait été une première fois si glorieuse aux Français.

Chaque jour, pendant trois mois, les dimanches exceptés encore pas tous, et les jours de grande pluie, les bataillons en entiers, ou des fractions de bataillons, travaillèrent, soit aux anciennes fortifications, soit à en construire de nouvelles embrassant les deux plaines qui sont de chaque côté de la pointe de Carillon. Partout on creusa des fossés, on éleva des terrassements, on planta des pieux, on dressa des palissades, on construisit des redoutes, on creusa des casemates, on blinda des ouvrages, on établit plusieurs batteries, enfin on fit de Carillon une position à pouvoir parfaitement s'y défendre au cas d'un retour offensif de l'ennemi.

Pont-le-Roy et Desandroüins donnèrent tout leur

temps et tous leurs soins, au tracé et à l'exécution de ces travaux.

Mais il n'y avait que les Français qui sussent être ainsi à la fois ouvriers et soldats. Les Canadiens, ni surtout les Sauvages, ne se seraient jamais pliés à ce rude service. A eux il fallait la vie dans les grands bois, la vie d'aventures, la guerre de surprises et d'embuscades ; où l'ouïe et les yeux jouent un si grand rôle ; où on tend des pièges et on chasse à l'homme comme à la bête fauve ; où le succès appartient au plus patient, au plus rusé, au plus adroit, au plus leste à courir, au plus habile à se dissimuler, au plus intrépide à se montrer et à braver le péril, suivant les occasions.

Cependant on leur adjoignait presque toujours, outre des officiers français pour les commander, quelques piquets des deux compagnies de volontaires qui formaient pour ainsi dire le noyau de ces reconnaissances. Elles étaient parfois poussées très loin, non seulement sur les rives du Saint-Sacrement, mais jusqu'aux ruines du fort William-Henry, et même jusqu'autour du fort Lydius. Si on y perdait quelques hommes, on y *faisait* toujours quelques *chevelures*, et on en ramenait parfois un ou deux prisonniers que l'on faisait causer, et qui ne disaient rien de vrai.

Desandroüins nous donne quelques détails sur un engagement qui suivit une de ces reconnaissances.

« Marin, dit-il, partit le 4 août de Carillon,

« vers cinq heures du soir, avec M. de la
« Rochebeaucourt, Langis l'aîné, quelques autres
« officiers et quelques cadets, environ 130 Sau-
« vages, une quarantaine de soldats de la Colonie
« et 100 Canadiens. Il laissa ses canots à la rive
« droite du lac, à 3 lieues d'icy, et dirigea sa
« marche vers l'ancien fort la Reine des Anglois,
« tout au travers des terres. Il rencontra deux ou
« trois rivières qu'il passa, et cotoyant la rivière
« aux Chicots, qu'il laissa toujours au moins à
« trois quarts de lieue sur sa droite, il arriva le 8,
« vers une heure du matin, à 3 lieues du fort la
« Reine, ayant, entre le fort et lui, un vieux
« chemin qui conduit au fort Lydius.

« Arrivé là, il entendit quelques coups de fusil
« qu'il jugea être des ennemis. Les Sauvages ne
« doutèrent pas que les Anglois ne suivissent le
« vieux chemin, tournèrent aussitôt à droite, et
« allèrent s'embusquer le long de ce chemin, sur
« le flanc droit de la colonne angloise qui retournoit
« effectivement à Lydius.

« L'instant d'après, elle s'enfonça dans l'embus-
« cade. On luy fit une décharge qui fit fuire toute
« la tête qui étoit enfournée. Les Sauvages, suivant
« leur première ardeur, sautent dessus, le casse-
« tête à la main. Les Canadiens, au contraire,
« prennent la fuite, à toutes jambes, sans avoir
« encore essuyé aucun coup de fusil. Les officiers,
« les soldats et les Sauvages veulent les ranimer
« et les rappellent inutilement ; ce qui donne aux

« Anglois le temps de se reconnaître, de se rallier,
« et ôte aux Sauvages leur première ardeur.

« Cependant les officiers prennent à l'instant le
« parti de foncer avec les soldats qui les suivent,
« environ moitié des Sauvages et sept ou huit
« Canadiens.

« Ils trouvent à une portée de fusil les Anglois
« marchant à eux, qui dans le moment se saisissent
« de gros arbres. Nos gens en font autant, et l'on
« se fusille pendant deux heures, sans se faire,
« vraisemblablement, beaucoup de mal ni de part
« ni d'autre. Nous savons de gens, qui y étoient,
« que Marin et les officiers ne quittèrent plus cette
« position.

« Ils se trouvèrent plusieurs fois réduits à moins
« de 30 faisans tête à l'ennemy, et jamais plus de
« 80 ou 100, malgré les exhortations des Sauvages
« eux-mêmes, et entr'autres de quatre Micmacs
« qui, parlans très bon français, excitoient les
« autres à les suivre, et faisoient tout ce qu'on
« peut attendre des plus braves officiers.

« Sarégoa, fameux chef iroquois, dit alors à
« Marin : — Ganoron, — qui veut dire : — Cecy
« est de valeur. — Et pourquoi ? dit Marin. — Ah !
« mon père, dit le Sauvage, si seulement j'avois
« mes jeunes gens ! — Et il alla enlever dans le
« plus fort du combat un Anglois derrière un
« arbre.

« Marin s'y comporta, on peut dire, avec
« témérité, et fit la bravade de crier pendant la

« chaleur du combat : — Roger, viens icy ; c'est
« moi qui t'appelle et qui te défie ! — Roger étoit
« le chef des Anglois. Quelques-uns disent que
« Roger luy répondit sur le même ton. Mais des
« gens, qui ont entendu le propos de Marin, m'ont
« dit n'avoir point ouï celuy de Roger.

« Enfin l'ennemy n'avançant ni ne reculant, et
« se tenant avec précaution derrière les arbres ;
« et n'y ayant plus moyen de rallier les pleutres
« qui nous abandonnoient, Langis proposa à Marin
« de faire la retraite : ce qu'il n'approuva qu'après
« quelques difficultés.

« Alors il fit enlever ses blessés, et fit route par
« la droite pour regagner ses paquets. Il ne fut
« point du tout poursuivi par l'ennemy qui, de son
« côté, fila aussi par sa droite dès qu'il se fut
« assuré de notre retraite. Il ne jugea pas sans
« doute pouvoir atteindre les Sauvages dans les
« bois, ou se crut trop heureux d'en être débarassé.

« Je tiens tous ces faits de la Rochebeaucourt
« et de tous ceux qui étoient avec Marin.

« Les Sauvages ont eu 5 hommes tués et 3 de
« perdus ; 2 soldats de la Colonie et un sergent
« tués ; 2 Canadiens, dont un de Montréal nommé
« Trudau, tués ; avec une dizaine de Sauvages
« blessés, dont 2 de ces braves Micmacs ; deux
« cadets blessés, MM. de Cucy et Mouatte.

« Ils ont ramené 5 prisonniers, dont le major
« du 3ᵐᵉ régiment de la Milice de la Nouvelle-An-
« gleterre ; il avoit été pris à la première charge.

« Courtes réflexions, sur cette affaire :

« 1º — Le combat se seroit, peut-être (et même
« les gens qui y étoient en sont persuadés), tourné
« en notre faveur, si les Canadiens fussent
« seulement restés à leur place, lors de la première
« décharge. Car les soldats et les Sauvages,
« animés par le bon exemple de l'officier, eussent
« suffi pour mettre le désordre dans les rangs
« ennemis.

« 2º — L'ennemy, une fois posté, ne recule
« plus malgré les cris des Sauvages, et une
« longue fusillade. Il scoit trop qu'il n'y a point
« à fuire et qu'il luy faut vaincre ou périr. Il
« n'y a donc que la première terreur qu'il faut
« saisir, pour qu'un petit nombre en détruise un
« plus grand.

« 3º — Les Sauvages ont parmi eux quelques
« poltrons, ou gens prudens qui n'aiment pas
« hazarder leur vie : ou bien, de même que
« l'ennemy a une première terreur, ils ont une
« première ardeur ; passé le temps de laquelle,
« les choses rentrent dans l'état naturel. Ils en
« ont aussi de très braves qui ne quittent pas
« pas aisément parti ; et d'autres qui tiennent le
« milieu entre les braves et les poltrons, qui
« avancent et reculent pendant la durée d'un
« long combat. Je parle d'après les gens qui ont
« vu cette dernière affaire. Somme toute, ils se
« sont battus beaucoup mieux que je ne le croyois
« jusqu'à présent de toute Nation, sauf celle des

« Iroquois. Les Abenaquis, dont j'avois mauvaise
« idée, ont très bien fait.

« 4° — Les soldats de la Colonie se sont aussi
« fort bien comportés. L'esprit de ce corps est
« d'être braves et indisciplinés. Ils marchent mal
« dans le bois, à ce qu'on dit ; mais il faut les
« y accoutumer, et ils iront bien.

« 5° — Les *Canadiens ont perdu tout leur
« ancien esprit guerrier*. On a tellement soin
« de tryer les voyageurs et les bons hommes
« pour le commerce des pays d'En Haut, et pour
« les vat-et-vient du munitionnaire, qu'il ne se
« trouve plus dans nos armées que la vile racaille,
« sur laquelle on ne peut compter, pas même
« pour ramer, encore moins pour gouverner les
« batteaux. Dans ce dernier parti, où on disoit
« que Marin en avoit 100 de bonne volonté, il
« ne s'en est trouvé que douze qui soient venus
« aux coups de fusil. Ils ont fui à la première
« décharge des nôtres sur l'ennemy, ont traversé
« un mauvais marais qui se trouvoit derrière eux,
« et jamais il ne fut possible de les ramener.

« Aussi comment se pourroit-il faire que des
« gens, qui ne connoissent le feu que pour avoir
« ouï dire qu'on y étoit tué, y puissent avoir de
« la fermeté, s'ils n'y sont excités par la crainte
« d'être blâmés des voisins, parens, ou camarades
« braves qui sont témoins de leur manœuvre.
« Otez tous les gens d'élite d'une armée, le
« reste ne vaudra pas mieux que des femmes.

« Remettez-les, tout le monde ira son train.

« 6° — Les Sauvages disent hautement que
« les Canadiens sont des pleutres ; qu'ils n'iront
« plus à la guerre avec eux. Ils ont heureusement
« une bonne idée de nos soldats de marinne, et
« encore meilleure peut-être de ceux de terre.
« Mais il ne faut pas risquer d'énerver nos
« bataillons par des partis qui peuvent être
« détruits sans nécessité. C'est un grand mal
« qu'une pareille aventure ôte, à l'armée, la
« confiance qu'elle pouvoit avoir aux Canadiens,
« et à ceux-ci l'opinion qu'ils seront soutenus
« par leurs camarades. Il *n'y a point de braves*
« *dans une armée qui se méfie d'elle-même.*

« Presque personne des Sauvages n'osa se tenir
« à découvert sous le feu de l'ennemy. Si un
« intrépide s'y est parfois exposé, c'est qu'il
« *abandonne son corps*, et qu'il veut donner des
« marques d'une valeur surprenante : mais ces
« exemples sont rares. Bonne méthode à connaître
« dans leur manière de faire la guerre, quand on
« la fait avec eux ou contre eux. Réservez votre
« feu et soyez fermes, ils ne marcheront point à
« vous ; ils fusilleront comme vous derrière de
« bons arbres. Marchez à eux avec ardeur, et le
« coup dans le fusil, ils fuiront indubitablement. »

Pour écrire cela et d'une manière aussi précise
sur le compte des Sauvages, il fallait que le
capitaine Desandroüins le connut bien.

CHAPITRE X.

Les Sauvages nous abandonnent. — Bougainville chez les Anglais. — On craint une nouvelle attaque de leur part. — Perte de Louisbourg et de Frontenac. — Desandroüins continue les travaux du camp. — L'armée quitte Carillon. — 1758.

On était au mois d'Août. L'époque des moissons était arrivée, et les Canadiens demandaient à retourner chez eux. Montcalm renvoya les plus vieux, ainsi que les chefs de famille, et garda les plus jeunes avec les hommes de bonne volonté. Ils partirent du 12 au 15. Il n'en resta que 600.

Les Sauvages voulurent aussi quitter Carillon. On fit tout ce que l'on pût pour les retenir : on usa même de flatteries à leur égard. « On tint
« Conseil pour féliciter les Nations de leur
« bravoure, et les consoler de ne point avoir
« détruit entièrement l'ennemy. On leur dit qu'on
« en avoit tué beaucoup, et que leur grand
« nombre les avoit empêché d'être défaits com-
« plètement. Puis on ajouta, afin de les engager
« à rester, qu'ils ne feroient plus de courses sur

« le chemin de Lydius, mais seulement des
« découvertes autour de l'armée. Et chose essen-
« tielle, on leur promit d'avoir bien soin d'eux,
« et que leur Père leur donneroit tout ce qui étoit
« en magazin. On leur donna à boire un coup
« d'eau-de-vie, à l'ordinaire...

« Ils se plaignent que leur Père les a maltraités ;
« qu'enflé de sa victoire, il a cru pouvoir se
« passer d'eux. Certes, il ne devoit rester, à ces
« hommes, si vains et si glorieux naturellement,
« que le regret de ne s'être pas trouvés à la
« bataille du 8. Point du tout. Ils volent notre
« vin, nos prévisions, et se fâchent si on les en
« empêche ; vont faire une course dans les bois,
« et veulent partir sous prétexte de reproches.

« Les chefs les mieux intentionnés ont cepen-
« dant été gagnés à force de caresses, par M. de
« Montcalm, et ont promis de faire leur possible
« pour engager une soixantaine de leurs jeunes
« gens à rester. Ce sont les Abénaquis, suivant
« l'opinion commune, qui ont été la cause de ces
« désordres...

« Nouveaux Conseils pour engager les Sauvages
« à rester, et à retenir ceux qui doivent partir...

« Ils partent la plus part fort insolemment... »

Du reste, l'opinion générale était que les Interprètes, gagnés par les Anglais, engageaient eux-mêmes les Sauvages à nous abandonner. Non seulement ils ne faisaient rien pour réprimer leur indiscipline, mais ils les excitaient sous mains.

« On a tout lieu de croire, ajoute Desandroüins,
« que tous ces désordres pourroient être arrêtés par
« les Interprètes et par les officiers attachés aux
« Sauvages... »

D'ailleurs, « on ne sauroit douter que les
« Interprètes n'entrent pour beaucoup en tout
« cela... »

Aussi, il en est presqu'à regretter qu'on ne les traite pas comme autrefois. « Autrefois les officiers
« dans un poste donnoient du bâton à l'Interprète,
« quand les Sauvages du district ne faisoient
« point à leur volonté : et dans ce temps là, on
« jouissoit des Sauvages... Du reste, Marin prétend
« hautement qu'avec la fermeté et de l'intelli-
« gence, on peut faire tout ce qu'on veut de ces
« gens là. » Marin avait vécu longtemps au milieu d'eux, dans les pays d'En Haut.

Cependant, à cette époque (13 août), on fit un exemple qui du reste ne servit peut-être qu'à hâter leur départ.

Sept Sauvages, Sauteurs ou Folles-Avoines, avaient été livrés par leurs Nations, et condamnés à mort, pour avoir assassiné deux Français. On en fusilla trois à Montréal. Les quatre autres subirent la même peine à Carillon, où on les avait amenés afin qu'ils « livrassent leurs corps
« à la mort pour expier leur crime. Cette acte
« d'autorité, ajoute Desandroüins, prouve qu'on
« peut la pousser aussi loin qu'on veut vis-à-vis

« des Sauvages. Ces sortes d'exemples sont bons
« quelque fois ; mais qu'ils soient rares. »

Toujours est-il que 60 à 80 Sauvages seulement restèrent à Carillon. Cependant deux peuplades nous furent fidèles, celle des Algonquins et celle des Nipissings. « Le bruit ayant couru qu'une
« armée prodigieuse d'Anglois devoit venir nous
« attaquer et s'emparer du Canada ; ils avoient
« tenu Conseil, et avoient résolu, si elle réusissoit,
« de faire leurs paquets, de les mettre dans leurs
« canots d'écorce, et de gagner la Louisiane (1) par
« les pays d'En Haut, tant ces deux Nations nous
« sont attachées. »

Rien du reste dans cette défection des Sauvages ne doit nous étonner. L'étoile de la France pâlissait, et ces peuples enfants, qu'elle ne guidait plus, s'en allaient vers d'autres plus brillantes. Nous l'avons déjà dit, depuis 15 ans, notre administration civile était malhonnête avec eux. D'autre part, le bruit de nos revers en Europe, exagérés et exploités par les Anglais, était parvenu à leurs oreilles ; et puis, ils voyaient que nous ne nous soutenions au milieu d'eux qu'à force de courage, et que nos soldats étaient pour ainsi dire abandonnés de la mère-Patrie en ces lointains pays. Chaque jour donc, nous perdions sur eux notre influence ; nous perdions même

(1) Magnifique Colonie Française, au Sud-Ouest du Canada, sur les bords du Missisipi, et allant jusqu'au golfe Mexique. Elle fut encore perdue pour la France en 1768.

notre prestige militaire ; tandisque chaque jour grandissaient le prestige et l'influence de l'Angleterre.

Vers la même époque, Bougainville fut envoyé par Montcalm au camp Anglais du fort William-Henry, porteur de lettres à lord Abercromby, relativement à un échange de prisonniers. Il revint le 16 Août, vers cinq heures du soir, avec la réponse du général Anglais. Desandroüins donne quelques détails, qu'il tenait de Bougainville même, sur son court séjour parmi les Anglais.

« Les Anglois, dont il connaissoit les principaux,
« l'ont accablé de politesses. Ils prétendoient que
« Loüisbourg doit être pris. Bougainville a parié
« avec eux deux paniers de vin de Champagne,
« contre deux de bière de Londres qu'il ne le
« seroit pas pour le 15 de ce mois inclusivement.
« Ils l'ont retenu un jour de plus, non pas par
« force, mais pour lui faire fête, et l'on reconduit
« jusqu'à une île, vers le milieu du lac St-Sacre-
« ment, où on lui a fait une halte superbe...

« Lord Abercromby lui a dit : — Attendez-
« vous à entendre demain le canon de mon camp :
« ce sera pour la prise de Loüisbourg. Je n'en
« feroi point tirer avant la nouvelle. »

Du reste, la prise de Louisbourg amènerait peut-être entre les deux gouvernements, la paix si désirée de part et d'autre. On en parlait entre ces hommes qui devaient se couper la gorge le lendemain ; on s'en réjouissait à l'avance, et l'on faisait des projets de fête !

« Ils ont convenu de nous avertir sur le champ
« si la paix se signoit ; ils ont demandé que nous
« en fissions autant, si nous étions les premiers
« instruits. Ils *souhaitent que les officiers des
« deux armées se traitent mutuellement* dans
« une des isles du lac St-Sacrement, si tôt la
« nouvelle reçue de la paix !

« Bougainville les a assurés qu'ils pouvoient
« s'amuser à la pêche, toute la journée d'aujour-
« d'hui (16 août), le long du lac St-Sacrement, et
« qu'il n'y avoit point de partis à la guerre... »

Revenant sur la bataille du 8 Juillet, ils ont avoué y avoir perdu une foule de gens de distinction et des meilleurs officiers surtout dans le régiment de lord Howe qui sembla vouloir venger la mort de son colonel. « Le lieutenant-colonel,
« le major, le capitaine de grenadiers et un
« enseigne furent tués sur place. Un jeune officier
« Ecossois, de la plus haute naissance, parent des
« Stuarts, ayant été blessé dangereusement fut
« abandonné, avec quatre grenadiers pour le
« secourir. Vers la fin du combat, ayant fait
« signe du chapeau de derrière une souche pour
« qu'on vint le chercher, il fut pris sans doute
« pour un homme qui vouloit rallier ses troupes,
« et on luy tira un coup de fusil à travers la tête.
« Les grenadiers emportèrent son corps qu'on
« retrouva sous quelques feuillages et qu'on fit
« enterrer. »

Desandroüins rappelle à ce propos qu'il vint au

camp Français, quelques jours après la bataille, un officier de grenadiers Ecossais, chargés de ramener deux officiers Français prisonniers, et qu'il demanda des nouvelles de ses camarades tués dans l'affaire du 8. « Il a paru, dit-il, touché
« de leur disgrâce jusqu'aux larmes ; et n'a point
« voulu s'expliquer nettement sur le nombre de
« leurs morts et de leurs blessés. Il avoit ordre
« aussi de faire embaumer le corps de ce jeune
« lord pour le transporter dans le tombeau de ses
« ancêtres ; mais il étoit trop corrompu. Milord
« Howe fut embaumé dans la même intention ;
« mais les peuples vinrent audevant de son corps
« et il fut enterré à Albany. »

Nous eûmes encore d'autres nouvelles des Anglais, cette fois par un déserteur qui nous vint le 26 Août.

« Ce déserteur nous a rapporté que les ennemis
« étoient retranchés jusques aux dents ; que leur
« armée étoit de 8 mille hommes de troupes
« réglées, plus les compagnies franches de Roger
« et 200 Morahigans ou Sauvages ; qu'ils avoient
« gardé toutes leurs berges au nombre de 14 ou
« 1500 ; qu'il pouvoit y avoir 18 pièces de canon
« et une douzaine de mortiers ; qu'ils avoient un
« poste dans une isle du St-Sacrement ; qu'on leur
« construisoit une barque de 18 canons ; que le
« colonel Bréadstreak étoit avec 5 mille hommes
« sur la rivière de Chouaguen ; que les milices
« étoient dégoûtées, et s'en iront si on ne marchoit

« pas au mois de Septembre. Ils doivent venir nous
« revoir dans le même temps.....

« L'armée de Loüisbourg, quand elle se sera
« emparée de la ville, doit remonter le fleuve et
« entreprendre sur Québec. Le colonel Bréadstreak
« doit diriger sa marche vers le fleuve St-Laurent,
« et tomber sur Montréal. Il dit encore qu'il ne
« croit pas que Loüisbourg soit pris. Il a cependant
« entendu tirer le canon depuis son départ : ce
« pourroit être pour la prise de cette place. »

Les dires de ce déserteur furent confirmés par un rapport de Marin. « Il avoit entendu, dans
« une découverte le 28 Août, calfater des berges
« au camp Anglois.... Et la nouvelle de ce calfatage
« des batteaux nous met la puce à l'oreille », dit Desandroüins.

Pourtant, il n'était pas bien éloigné le temps où nos officiers disaient aux Anglais, « que les François
« étoient trop polis pour ne pas leur rendre la
« visite qu'ils nous avoient faite le 8 Juillet ! »

On se préoccupait donc au camp Français d'un retour offensif de l'ennemi autant que du siège de Loüisbourg.

Le 31 Août, Bougainville accompagné des volontaires et de quelques officiers Canadiens, fut chargé d'aller reconnaître, en face de Carillon, un lieu propre au débarquement, d'où, avec une colonne de troupes légères, on put tourner les Anglais et tomber sur les derrières du camp de la Chute, supposé qu'ils vinsent attaquer nos retranchements.

Il n'y avait pas de temps à perdre : « on dit
« que l'ennemy reviendra avant huit jours. »

Aussi, on redouble au camp d'activité et de
travail. Le 2 Septembre, tous les soldats des huit
bataillons furent employés aux retranchements
« excepté un homme par chambrée pour faire la
« soupe. » Mais pour un si grand nombre de
travailleurs, on n'avait pas d'outils. « On a pu
« distribuer que 25 haches, 16 pelles, 16 pioches
« et 23 cerpes par bataillon. On fournira demain
« 125 pelles, 50 pioches, 50 langues de bœuf (1). »

Nous l'avons déjà dit : chaque bataillon garait
de son mieux le poste qu'il devait occuper pendant
le combat, et y accumulait, d'après les instructions
de l'ingénieur, défenses sur défenses.

« Le fossé a été commencé vis-à-vis *Guyenne*
« et vis-à-vis *Berry*. Ce dernier régiment a si bien
« travaillé qu'il l'a approfondi de plus de trois pieds,
« dans certaines parties.

« Tous les soldats se portoient à ce travail avec
« un zèle infatigable. Seulement, quelques officiers
« ont cru que les terres, dont on formoit le parapet,
« offriroient une rampe plus douce et plus aisée que
« les bois dont étoient faits les retranchemens.
« Mais, jamais, on peut l'affirmer, l'ennemy ne
« parviendra de vive force à profiter de cette
« rampe. Ont-ils été, le 8 Juillet, jamais à moins

(1) *Langue de bœuf*, outil de maçon, en fer et en forme
de cœur auquel s'adapte un manche en bois.

« de 20 pas des *fraises* mises en avant (1). J'ose
« croire que s'ils fussent parvenus en bon ordre à
« les déranger, ils se fussent rendus maîtres de
« nos très mauvais parapets. Donc ils ne tenteront
« pas une seconde fois, avec une armée rebutée, de
« passer le fossé et de monter à l'assaut d'emblée.
« Ils y viendront pied-à-pied, avec des gros
« canons. Prenez donc des précautions en consé-
« quence de ce raisonnement. »

Quant au siège de Louisbourg, le dénouement prévu s'était accompli. On n'avait pas su d'abord s'opposer au débarquement des Anglais, le 8 Juin ; et l'ingénieur, brigadier Franquet, écrivait dès cette époque : « Triste et fatale journée pour « l'Etat ! — On devoit s'attendre à autre chose, « dit Desandroüins. Division parmi les chefs : « Mauvais présage ! »

Cependant, on se défendit vaillamment, et l'espérance revint au cœur, à Carillon : nos soldats victorieux applaudissaient de loin à l'énergique défense de leurs camarades de Louisbourg. Le 3 Août, on avait des nouvelles du 7 Juillet. « L'ennemy « n'a pu encore ouvrir la tranchée... Nous nous « défendons avec science et valeur, et l'ennemy

(1) La *fraise*, en terme de guerre, est une espèce de fortification faite de pieux pointus qu'on fiche en terre, pour empêcher l'approche du retranchement et l'escalade. On se sert particulièrement des *fraises* pour les ouvrages en terre. Les *fraises* se placent au-dessous du parapet du rempart.

« attaque très mal ; ce qui nous donné lieu de
« bien augurer. »

Quelques jours après « M. de Drucourt écrivait
« à M. de Vaudreuil, et luy mandoit qu'il seroit
« aussi en sureté à Loüisbourg qu'à Montréal.
« Avant qu'il soit quatre jours, il espère lui
« apprendre la levée du siège, attendu que les
« ennemis paraissent faire tous les mouvemens et
« les dispositions pour se rembarquer. Il croit
« pouvoir assurer que les ennemis ont au moins
« quatre mille malades. Ainsi, de 17 mille hommes
« qu'ils étoient débarqués, savoir 15 mille de
« troupes de terre et deux mille Bostonois, reste
« un bien petit nombre pour peu qu'ils en aient
« perdu, depuis leur descente. »

Hélas ! la désillusion fut cruelle.

Le 3 Septembre, Bougainville, qui avait parié avec les officiers Anglais qu'ils n'auraient pas de sitôt la place, reçut d'un neveu du général Abercromby « une gazette rapportant la capitu-
« lation de Loüisbourg, le 26 Juillet. »

Louisbourg avait en effet capitulé le 26 Juillet,
« anéantie par la nombreuse artillerie de l'ennemy ;
« et comme il étoit près de donner l'assaut, la
« garnison, réduite, dit-on, à 1.500 hommes, a
« capitulé et subi des conditions très dures. »

D'une autre extrémité du Canada, arriva aussi le même jour une mauvaise nouvelle : les malheurs ne marchent pas isolés. Frontenac avait été pris par les Anglais, le 27 Juillet.

Le fort de Frontenac, on se le rappelle, commandait la source du Saint-Laurent, au sortir du lac Ontario et barrait aux ennemis l'entrée du fleuve ; comme Louisbourg, commandant son embouchure dans le golfe, leur en interdisait l'accès.

Les Anglais l'avaient attaqué avec 4.000 hommes. Outre que le fort par lui-même ne valait pas grand chose, malgré les travaux qui y avait exécutés deux années au paravant, le capitaine Desandroüins, on avait négligé d'y mettre une garnison : 75 à 80 hommes le défendaient !

« M. de Noyan s'est rendu au bout de deux « jours et demi. La petite garnison a été bien « traitée de la part de l'ennemy qui la renvoya « sur parole, à condition qu'on renverroit pareil « nombre de prisonniers Anglois.

« Deux barques armées se sont rendues ; mais « après avoir été dématées et avoir coulé à fond « cinq ou six berges ennemies. La garnison a « perdu sept hommes. La faute impardonnable « qu'a faite le commandant, est de n'avoir pas « brûlé et razé le fort à la première nouvelle de « l'arrivée de 4.000 Anglois, et de n'avoir pas « pris le large avec les barques qu'il auroit pu « armer, mettant le feu aux autres. L'ennemy, « dit-on, a trouvé dans Frontenac plus de cent « pièces d'artillerie, et douze barques dont une « de 20 canons, avec 6 ou 7 mille quarts de « farinne. »

Ainsi, désormais les Anglais, maîtres de la source du St-Laurent, par la prise de Frontenac ; maîtres de son embouchure par celle de Louisbourg, pouvaient entrer à leur aise au Canada. Ils en avaient la *porte cochère* ; ils tenaient les deux bouts de la grande artère qui le traversait de part en part. Il n'y avait plus d'obstacle que Québec sur le cours du fleuve, et Carillon en tête du lac Champlain.

Ces terribles nouvelles frappèrent, en plein cœur, Montcalm sans toutefois l'ébranler. Il était de ces hommes dont parle le poëte latin :

Justum ac tenacem propositi virum,
....

Si fractus illabatur orbis,
Impavidum ferient ruinæ (1).

Mandé immédiatement à Montréal, par le marquis de Vaudreuil, qui dans le péril ne cherchait plus à lui donner des conseils, mais bien à en recevoir de lui, il partit le 6, à 9 heures 1/2 du soir, accompagné de Pont-le-Roy, de Bougainville et de cinq ou six officiers de la colonie que l'on devait mettre à la tête des miliciens et soldats, si l'on jugeait à propos de les faire marcher.

« M. de Montcalm va conférer, sur la situation
« présente du Canada, avec le marquis de
« Vaudreuil. *Dieu sur tout!* » s'écrie le capitaine Desandroüins dans un élan de foi chrétienne, et

---

(1) *Horac :* Ode III. Liv. III.

pourtant avec le sentiment de l'inutilité de tous les efforts humains pour sauver la Colonie.

Le chevalier de Lévis prit le commandement du camp de Carillon.

Avec le départ de Montcalm, coïncida un mouvement des Anglais au fort William-Henry. Le 10 Septembre, près de 400 berges ennemies parurent sur le lac Saint-Sacrement. Les Anglais allaient-ils tenir la promesse qu'ils avaient faite de venir nous revoir vers la mi-Septembre ?

« On fit aussitôt replier, sur la Chute, le poste
« de 200 hommes qui étoit au Portage. Mais nulle
« nouvelle précaution, nul nouvel ordre n'est
« donné en conséquence de l'arrivée des enne-
« mis, » dit le capitaine Desandroüins.

Heureusement que la confiance et parconséquent le courage étaient restés à l'armée qui, voyant moins clair que les officiers, croyait la situation meilleure qu'elle ne l'était en réalité.

« Bonne disposition du soldat. Il doute bien
« moins de la victoire et de la bonté du poste
« que nos généraux ? Nous avons autant et plus
« besoin de l'aide de Dieu pour repousser l'ennemy
« que la première fois, » ajoute Desandroüins.

Aussi, les hommes continuent à travailler avec entrain. Six bataillons sont employés. Mais les chefs ne s'entendent pas.

« Hyer, pendant la plus vive allarme, on proposa
« à M. de Lévis de faire conduire du canon à la
« redoute de droite où les plattes-formes sont

« achevées, de faire des batteries aux endroits
« du retranchement qu'on jugeroit les plus
« favorables, et de faire distribuer des caisses de
« cartouches à chaque bataillon.

« Il répondit à Montbeillard qui le lui proposoit :
« — Nous aurons toujours le temps de pourvoir
« à tout cela. — Puis se retournant du côté de
« M. de Roquemaure : — Mais ils peuvent venir
« par le fond de la baye : il nous faudroit du
« canon de ce côté là. — Ce qui fit une telle
« impression parmy certains assistans qu'on
« commença à craindre pour la première fois du
« côté de la baye, par la seule raison que les
« ennemis paraissoient du côté du lac Saint-
« Sacrement.

« Que ne se trouvoit-il un crieur assez obligeant
« pour les tirer de peines, en disant : — Hé !
« tant mieux, s'ils viennent par le fond de la baye ;
« ils ne pourront vous approcher de demi-
« lieue ! — Enfin après longue et scavante
« discussion sur la prochaine et dangereuse
« attaque des ennemis, quelqu'un dit : — Allons
« nous coucher ; — et son avis fut suivi !

« Ah ! Montcalm ! Montcalm ! »

Montcalm, rappelé, pour ainsi dire, par ce cri de détresse du brave capitaine, revint le 16 Septembre.

A son arrivée, on lui rendit compte des alertes que l'on avait eues. La peur avait grossi le danger. L'ennemi ne fit aucune tentative. Peut-être sut-il

Montcalm de retour. Cependant les travaux ne furent pas abandonnés.

Desandroüins qui n'avait cessé de les diriger depuis qu'on était à Carillon, avec un zèle et une activité qui ne se démentirent pas un moment, note jour par jour ce qui a été fait, et le nombre d'hommes qui ont travaillé. Mais nous ne reproduisons pas ces notes quotidiennes qui seraient des redites, dans le genre de celles-ci :

« Le 18, 200 hommes ont travaillé à la courtine
« entre la redoute en pierres sèches et la redoute
« en terre, 200 autres hommes ont travaillé à
« rouler des planches et à commencer les glacis
« du chemin couvert, 70 grenadiers ont travaillé
« à la trouée et au désert, 25 Canadiens ont été
« chercher des pièces équarries. »

Ou bien encore : « Le 19, le même nombre
« d'hommes a travaillé à la courtine ; ils l'ont
« achevée tant bien que mal, 200 hommes ont
« travaillé au glacis, et 70 grenadiers au désert.
« Les 23 charpentiers du fort ont été employés.

« Le 20, 32 ateliers, de 15 à 20 hommes chacun,
« ont travaillé au glacis, 72 hommes ont travaillé
« à rouler des pièces, des troncs d'arbres, 70
« grenadiers ont continué à faire le désert.

« Le 21, les travaux comme hyer, à l'exception
« des grenadiers qui n'ont pas travaillé. »

Et ainsi chaque jour. Chaque jour on travaille, même « le 1er Novembre, quoique fête de tous les

« Saints et malgré un brouillard mêlé de pluye,
« on travaille. »

Quelque chose qu'on fit vers cette époque, fut de placer de l'artillerie sur les retranchements, « à quoi on n'avoit pas songé, ou ce qu'on n'avoit « pas eu le temps de faire avant la bataille du « 8 Juillet.

« Le 28, M. de Montcalm, le chevalier de Lévis, « les officiers d'artillerie, les aides-majors et moi, « nous nous sommes transportés le matin aux « retranchemens, où on a eu beaucoup de peines « à emporter la décision d'y établir du canon. « Cela n'étoit pas du goût des officiers majors sous « prétexte qu'on a le temps. »

Dès le lendemain, 160 hommes y travaillèrent ; et quelques jours après, les embrasures étaient faites entre les arbres au moyen de gabions ; et on avait une vingtaine de canons qui ouvraient leur gueule sur la campagne.

Le 2 Octobre, vers 3 heures après midi, est arrivé au camp un officier Anglais, porteur de lettres du général Abercromby pour le marquis de Vaudreuil, redemandant la garnison de Frontenac, puisqu'en échange on n'avait encore renvoyé aucun prisonnier Anglais.

« Bougainville est allé aussitôt porter à l'Anglois « quelques rafraichissemens, un panier de vin de « *Cherès*, et lui a tenu compagnie toute la nuit. « Il a rapporté un panier de bière de Bristol et « les nouvelles suivantes : Nous avons été battus

« à Ruremonde et les Autrichiens ont été battus
« par le roi de Prusse ; le Danemarck s'est déclaré
« contre la Suède ; la Hollande pour nous ; le
« Turc contre les Russes ; les autres puissances
« neutres. »

Ainsi les revers de la France venaient troubler nos soldats jusqu'au fond du Canada.

Peu de jours après vers le 18, Bougainville quitta Carillon et s'embarqua pour la France malgré les dangers de la traversée. Il y était envoyé par le marquis de Vaudreuil mais il y allait surtout pour y défendre Montcalm, son général et son ami, contre les insinuations calomnieuses auxquelles il était en but.

Desandroüins résume en quelques mots l'objet de sa mission.

« Bougainville, dit-il, passe en France, selon
« l'aveu et même selon le désir du marquis de
« Vaudreuil qui ne croit pas pouvoir confier en
« meilleures mains l'exposé au Ministre de la
« situation de la Colonie et la justification de ses
« fautes.

« 1º Les dépenses ne regardent, depuis M. de
« Machaut, que l'Intendant. 2º La grande société
« est protégée de l'Intendant seul : il n'a d'autres
« avantages que le transport gratis de ses provi-
« sions. 3º La prise de Frontenac ne doit être
« imputée qu'aux Sauvages qui luy ont répondu
« de cette partie, et qui auroient pu se formaliser,

« s'ils eussent vu un gros corps de troupes sans
« nécessité sur cette frontière.

« Ainsi l'Intendant et les Sauvages sont les seuls
« responsables de tout le mal : qu'ils se tirent
« d'affaire !

« *Faire son avocat d'un homme dévoué à un
« concurrent, est-ce une saine maxime en
« politique?* Oui, si le concurrent est homme
« d'honneur ». Et nous ajouterons : Oui, si l'avocat
est aussi un homme d'honneur. Or, tel était
Bougainville ; pour ses ennemis comme pour ses
amis, il était la franchise, la droiture, la loyauté
personnifiées.

Il devait défendre à la Cour de France son
général ; il le défendit avec toute l'ardeur d'un
ami, et toute l'habileté d'un diplomate, sans
attaquer le marquis de Vaudreuil, dont les rapports
n'avaient pas toujours été favorables à Montcalm.
Il devait réclamer des secours pour le Canada : il
les réclama avec l'éloquence d'un homme qui
connaissait sa situation déplorable, et la faiblesse
numérique de l'armée chargée de le défendre.
Mais ce fut peine perdue : le gouvernement
français, tout entier au projet d'une descente en
Angleterre que devait commander Chevert,
abandonnait à eux-mêmes le Canada, Montcalm
et ses quelques soldats !

Pendant que Bougainville plaidait, en France,
leur cause avec tant d'énergie et si peu de succès,
voici venir à grands pas le rigoureux hiver du

Canada. Déjà les bandes d'outardes, et autres oiseaux voyageurs, ont passé au-dessus de Carillon, pour aller chercher, aux Florides, un climat plus chaud.

Il faut quitter ces champs consacrés par la victoire. On n'y pourrait jamais nourrir 4.000 hommes, pendant les longs mois de l'hiver. On est à plus de 65 lieues de Montréal seul centre habité ; et le Champlain ne sera bientôt plus qu'une glace que la neige le plus souvent couvrira. Du reste les fortifications sont à peu près achevées. Nous l'avons dit, on y a travaillé même le jour de la Toussaint.

Ce jour là, commence la dislocation du camp.

Le matin, un bataillon de la Colonie s'est embarqué, et vers 11 heures, le 2e bataillon de *Berry* l'a suivi :

Montcalm constitue la garnison du fort. Elle est composée ainsi qu'il suit :

M. d'Hébecourt, commandant.

De la *Reine* et de *Béarn*, 72 hommes, 3 sergents et 1 tambour.

De la *Sarre* et de *Languedoc*, 72 hommes, 3 sergents et 1 tambour.

De *Royal-Roussillon* et de *Guyenne*, 72 hommes 3 sergents et 1 tambour.

De *Berry*, 72 hommes, 3 sergents et 1 tambour.

De la *Marine*, 96 hommes, 4 sergents et 2 tambours :

Formant un total de 384 hommes, 12 sergents

et 6 tambours, commandés par 12 officiers de troupes. Il restait en outre, 3 officiers d'état-major et 5 cadets.

Le 2 novembre, départ du 2ᵉ bataillon de la Colonie, et du 1ᵉʳ de *Berry*.

Le même jour, les Anglais avaient aussi reporté leur camp en arrière, et s'étaient retirés dans leurs forts et vers Albany.

Un parti Français alla s'assurer de leur départ ; il rapporta de leur camp « 28 quarts de très bon lard » qu'ils y avaient abandonnés, et ramena aussi quelques berges.

« Le major de *Royal-Américain* avoit laissé
« une fort jolie barraque, avec une inscription par
« laquelle il prioit les François de ne pas la
« détruire. On eut la politesse de la conserver
« avec une autre inscription datée et signée. »

« Le 3, assez beau temps : la *Reine* est parti.

« Le 4, beau temps. Départ de M. de Montcalm
« et du chevalier de Lévis, avec *Languedoc*.

« Le 5, mauvais temps. Départ de la *Sarre* et
« *Béarn*.

« Le 6, temps passable. Départ de *Royal-*
« *Roussillon* et *Guyenne*.

« Le 7, nous avons eu une fausse allarme
« pendant la nuit. Les sentinelles ont entendu
« trois grands cris, vers 2 heures, et les chiens
« ont aboyé. On a cru qu'on enmenoit quelques-
« uns de ceux qui couchent dans les barraques
« des anciens camps. On a réveillé le commandant

« d'Hébecourt qui ne s'est pas recouché de toute
« la nuit.

« Il est tombé deux pouces de neige.

« Le 9, grande gelée. Je suis parti à 9 heures
« du matin, avec 25 soldats des bataillons qui
« hyvernent dans le gouvernement de Montréal.
« Nous avions deux batteaux. J'ai rencontré, vers
« 11 heures, 5 batteaux chargés de prisonniers
« Anglois pour échanger avec ceux de Frontenac...
« A midy, arrivé à Saint-Frédéric. Reparti à
« 2 heures ; je relâche à 10 heures à l'isle aux
« Chapons, pour en repartir à 1 heure après
« minuit, le 10...

« On arrive vers 5 heures du soir, vis-à-vis le
« Moulin-Foucaut, avec vent contraire, ayant
« perdu l'autre batteau peu après être parti de
« Saint-Frédéric.

« Le 11, parti à minuit du Moulin-Foucaut.
« Grand froid. On arrive à Saint-Jean à 11 heures
« du matin. Avant d'arriver à Saint-Jean, à deux
« lieues au-dessus, nous trouvons des glaces très
« fortes; elles ont failly ouvrir entièrement mon
« batteau des deux bords. Heureusement M. Jacau
« avait frayé une partie du chemin avec son
« batteau qui à la fin s'étoit ouvert de manière à
« faire eau, jusqu'à être prêt de couler bas. Je
« suis arrivé avec six pouces d'eau, et vuidant
« continuellement !...

« Le 12, arrivé à 11 heures du matin à
Montréal. »

L'armée tout entière avait aussi « prodigieusement souffert » du mauvais temps et du froid, pendant cette navigation de quelques jours. Les bateaux ont été pris dans les glaces qu'il a fallu rompre à coups de hache. Plusieurs ont coulé bas, brisés par le choc des glaçons que le lac chariait : mais heureusement les hommes ont pu se sauver.

Berry et la *Reine*, allant à Québec, ont dû abandonner leurs bateaux à Trois-Rivières, et achever la marche par terre, tant la navigation du Saint-Laurent était devenue difficile.

Les autres bataillons prirent leurs quartiers d'hiver à Montréal et à Trois-Rivières.

Officiers et soldats méritaient bien quelques mois de repos, après la rude campagne de 1758.

Hélas ! c'était le dernier que leur laissait l'Angleterre, sur la terre du Canada !

Desandroüins resta à Montréal où, avons-nous dit, il était arrivé le 12 novembre.

Il y termine la première partie de son *Journal* par cette note :

« Le 22 décembre. Départ de M. de Montcalm
« pour Québec. »

CHAPITRE XI

Séjour de Desandroüins à Montréal. — Intrigues des Anglais près des Sauvages. — Desandroüins rédige des rapports sur la défense du Canada. — 1759.

Plus sombre que les jours d'hiver, s'annonçait, pour le Canada, l'année nouvelle, 1759.

La disette qui avait un moment cessé, grâce aux arrivages de blés et de farines venant de France, sévissait actuellement, presqu'aussi dure qu'elle l'était l'hiver précédent. Faute de semences et de bras, la moitié des terres était restée inculte, et la moisson de 1758 avait été relativement peu abondante.

La population des villes surtout en souffrait cruellement. « A Québec, une armée, de femmes
« alla, le 2 janvier, crier misère chez l'Intendant
« qui, touché de leurs plaintes, leur accorda la
« la demi-livre de pain, au lieu d'un quart, ce à
« quoi on avoit réduit le public, pour la nouvelle
« année. (1) »

(1) Deuxième et dernière partie du *Journal* de Desandroüins qui comprend l'année 1759.

A ces misères, ajoutez les graves et terribles préoccupations d'un prochain avenir !

Le marquis de Vaudreuil les cachait au gouvernement Français, qui du reste avait cent autres moyens de les connaitre. « Il jugeoit « inutiles les avis qu'on vouloit qu'il donnât au « ministre sur la faiblesse de la Colonie, disant « qu'il prendroit, pour l'année prochaine, les « mêmes mesures qui l'avoient sauvée cette année... et mille *platitudes de cette énergie !* »

Mais, les officiers, les soldats, la population tout entière n'avaient pas la présomption de M. de Vaudreuil, et ne partageaient point ses espérances.

On se savait abandonné du gouvernement et réduit à ses seules ressources : on comptait les pertes éprouvées dans la dernière campagne, et l'on se disait que nul ne viendrait combler les vides faits dans les rangs : on apprenait de tous côtés, par les rapports des déserteurs et des Sauvages, qu'autour de la frontière s'amoncelaient les forces ennemies, comme en un jour d'orage s'amoncèlent à l'horizon les noires nuées ; et cet orage, on ne pouvait ni le prévenir, ni le détourner ?

Les Anglais allaient en effet, au printemps prochain, nous enserrer dans un cercle de fer qu'il serait impossible de briser.

Une armée de 50.000 hommes, dont au moins 20.000 soldats aguerris de la Vieille-Angleterre, et le reste Anglo-Américains qui les valaient presque, se préparait à attaquer huit bataillons Français faisant tout au plus 3.000 hommes, un bataillon de la Marine, et 12 à 13 mille Miliciens ou Canadiens dont l'héroïsme cette fois devait racheter l'indiscipline passée !

Au commencement de Décembre, Desandroüins avait dit déjà : « Vingt mille doivent nous attaquer « au printemps par Carillon, et vingt mille par la « Rivière, » c'est-à-dire par Québec.

Les Sauvages ne comptaient plus guère.

Nous étaient restées fidèles quelques peuplades de la rive nord du Saint-Sacrement. Mais toutes celles qui habitaient les bords des lacs Ontario, Erié, Michigan, Huron, ou la riche vallée de l'Ohio ; toutes celles qui étaient voisines des Anglais, nous étaient hostiles, ou gardaient une neutralité suspecte. Les Anglais les travaillaient sans relache par leurs émissaires.

« Le 11 Février, nouvelles de la Belle-Rivière « (l'Ohio). Les Anglois ont construit un fort de « pierre à la place du fort Du Quesne (1). Ils

(1) Le fort Du Quesne avait été évacué, le 23 Novembre 1758, à l'approche de 5.000 Anglais commandés par le général Forbe. La garnison, qui n'était que de 200 hommes, emmenant son artillerie et ses munitions de guerre et de bouche, s'était retirée, partie au petit fort Machant, partie chez les Illinois, Sauvages restés nos amis.

La ville de Pitsburg s'élève aujourd'hui sur l'emplacement du fort Du Quesne.

« commercent avec les Sauvages de ces quartiers
« qui les fournissent de gibiers.

« Ils assurent leur Père de leur fidélité. L'évé-
« nement prouvera s'ils sont sincères...

« Le 24, arrivée d'un courrier de la Belle-Rivière
« annonçant de grandes négociations des Anglois
« avec les nations Sauvages de ces cantons. Celles-
« cy ont demandé que nos ennemis se retirassent
« du pays ; ce qu'ils ont promis, ou fait semblant
« de promettre, à condition que les François n'y
« retourneroient pas. Les Sauvages ont acquiescé,
« pourvu qu'il fut également libre aux deux nations
« d'y faire la traite...

« Les Sauvages demandent des secours puissants
« et prompts, autrement ils menacent de traiter
« avec nos ennemis...

« On donne avis à M. le général que les
« Amalécites, Mic-Macs et d'autres Sauvages se
« plaignent hautement qu'on ne leur donne que
« du cheval et autres mauvais vivres, ce qui
« produit des maladies parmi eux. Ils menacent
« de faire leur paix avec l'Anglois...

« Il courut dans la ville copie d'un discours tenu
« par un Onnèyout, venant des Cinq-Nations, dans
« un Conseil, à M. Benoit, commandant françois
« du poste de la Présentation, le 13 Février 1759,
« dont voici la teneur :

« — Mon Père, nous te saluons par trois
« branches de porcelaine. »

« Il y a longtemps que tes enfants les Onnèyouts

« n'ont eu le plaisir de te parler. Nous ne voulons
« rien te cacher des nouvelles que nous scavons.
« Nous sommes partis de notre village dans ce
« dessein. Prête toute ton attention pour ne rien
« perdre des choses importantes que nous allons
« t'apprendre.

« Le colonel Jonhson a porté des paroles dans
« les villages des Cinq-Nations. Voici de quelle
« manière il s'explique :

« — Mes Frères, c'est aujourd'hui que je veux
« vous ouvrir mon cœur, comme j'ay toujours
« fait, et vous dire mes plus secrètes pensées.

« Le temps est venu où votre frère, veut tuer
« Ononthio (Montcalm). Il fait des préparatifs
« considérables pour exécuter ce projet. Il ne fait
« que de se réveiller. Vous serez témoins des
« grands exploits qu'il va faire. J'espère que vous,
« nos frères des Cinq-Nations, vous voudrez bien
« l'assister de votre secours.

« Je vais vous communiquer comme nous voulons
« nous y prendre pour percer jusqu'à Montréal.
« Soyez certains, Mes Frères, que ce ne sont pas
« des contes fanfarons. Nous descendrons, pour nous
« y rendre, par la rivière Chouaguen, avec une
« grande armée, laissant le fort Niagara derrière
« nous, persuadé que la famine l'obligera à se
« rendre lorsque nous le voudrons. Nous nous
« arrêterons à Frontenac en passant, pour voir si
« Ononthio y a fait quelques ouvrages, comme
« nous en avons eu avis. Nous les détruirons sans

« peine, et nous nous rendrons ensuite au grand
« village d'Ononthio (Montréal) —.

« Mon Père, ce sont toutes les nouvelles que
« nous scavons de Jonhson. Prends courage, Mon
« Père, tu es guerrier. Je te donne la main. Nous
« allons te dire à présent ce que nous avons
« remarqué chez les Anglois.

« Ils sont 1.000 au fort de Bull. On y fait
« beaucoup de berges. Ils ont un retranchement ;
« ils y craignent les François. Ils avoient très peu
« de monde : sur l'avis que les Sauvages venoient
« te joindre, Mon Père, pour aller frapper chez
« eux, ils en ont fait venir. Ils avoient très peu
« de vivres.

« Je ne te cacheray pas la pensée de tes enfants,
« les Cinq-Nations. Ils souhaiteroient qu'Ononthio
« mit des guerriers sur pied pour aller détruire
« l'Anglois. Il ne sera peut-être plus temps, s'il
« tarde encore.

« Il y a aussi beaucoup d'Anglois entre Corlar
« et le fort Bull, dans un grand chemin. Ils sont
« campés là pour y passer l'hiver et suivre les
« glaces pour venir chez Ononthio. Il y en a
« autant que de mouches dans les grandes cha-
« leurs. Ce que je dis là, Mon Père, n'est pas un
« *dictum* ; c'est ce que j'ay vu de mes propres
« yeux. Ils ont aussi à Corlar quantité de
« berges. »

Un autre écrit analogue circula vers le même temps à Montréal.

Des Sauvages des Cinq-Nations avaient tué un domestique du colonel Jonhson. Un de leurs jeunes gens alla au fort de Bull, sur la rivière des Onnontagués ou de Chouagen, porter un quartier de bison. Il vit le commandant.

« La première parole que l'Anglois lui a dite :
« — Mon Frère, il faut que tu m'ailles chercher à
« la Présentation la tête d'un François. Je suis
« peiné de l'insulte qu'on m'a faite. On est venu
« tuer icy le domestique du colonel Jonhson. Il
« faut que tu m'apportes une chevelure Françoise.
« Cela me raccomodera l'esprit : je seray content
« après — ...

« Nous sommes donc menacés de notre frère
« l'Anglois, comme s'il avoit envie de nous
« détruire. Il nous a dit qu'il venoit des gens des
« Cinq-Nations pour le trahir comme ont fait ceux
« qui ont tué le domestique du colonel Jodhson.
« — Si pareille chose arrive encore, c'en est fait,
« a-t-il dit : je présente une hache aux guerriers
« de vos villages. — C'est pourquoi, nous sommes
« menacés tous les jours de nos frères les
« Anglois...

« Il est aussi passé ces jours derniers des paroles
« de notre frère l'Anglois qui vont de village en
« village par toutes les Nations, et qui disent :
« — Mes Frères, je viens vous dire que ce
« printemps je suivray les glaces avec une armée
« considérable pour aller tuer votre père Ononthio.
« Je sortiray par la rivière de Chouaguen. Je

« laisseray derrière moi Niagara étant sûr de le
« prendre par la faim. Avant que d'arriver à la
« Présentation, je feray avertir vos frères qui sont
« les miens et que j'aime beaucoup. S'ils s'opposent
« à mon passage : tant pis pour eux! Je passeray
« près de l'isle des Chevreuils. J'enverray quelques
« canots à Cataracoüi, parcequ'on m'a dit
« qu'Ononthio faisait rétablir ce fort (Frontenac).
« Les canots qui y passeront, razeront ce qui aura
« été fait, et j'iray tout de suite prendre Montréal.

« Une autre armée considérable que j'enverray
« par le lac Saint-Sacrement, évitera le fort de
« Carillon, en passant à côté; et, le laissant
« derrière, elle s'en ira en droiture à Montréal.
« J'enverray une troisième armée considérable
« pour prendre Québec. Et les trois armées frap-
« peront le même jour —.

« Un Onnontagués, qui se nomme Nonagarayon,
« doit venir avec sa compagnie de 400 hommes
« en raquettes prendre la Présentation.

« Notre frère l'Anglois nous a dit qu'il était
« arrivé 600 vaisseaux de guerre montés par des
« guerriers. Ils sont en hyvernement où il n'y a
« point de villes. Mais pas éloigné d'une tour. Ils
« nous ont dit qu'ils avoient 4,000 guerriers dans
« la ville d'Albany ; 4,000 dans celle de Corlar ;
« et dans une plaine au-delà de Corlar, qu'ils n'en
« scavaient par le nombre tant il y en avoit de
« campés. Ils ont quantité de berges à Corlar...

Après avoir raconté le plan d'attaque du Canada,

tel que nous l'avons déjà indiqué, les Sauvages ajoutent toujours d'après les Anglais :

« La perte d'Ononthia est certaine. Les François
« se défendront bien d'abord, c'est sûr ; mais ils
« ne sauroient résister à la multitude...

« Et quand nous perdrions, ajoute notre frère
« l'Anglois, 15 ou 20,000 hommes, ce n'est rien
« pour nous. Il ne nous sera pas difficile d'écraser
« une poignée de François qui pourraient encore
« subsister.

« Ainsi, Mes Frères des Cinq-Nations réflé-
« chissez là-dessus. Ce n'est plus un discours
« caché qui marche sous la terre. Nous nous
« battons à force ouverte. Je ne vous demande
« pas même le secret là-dessus. Je connois toutes
« nos forces, et celles d'Ononthio. Je n'ay qu'un
« avis à vous donner touchant vos neveux de la
« Présentation. Avertissez-les promptement et sans
« délay, de ne pas se trouver sur mon chemin en
« la compagnie d'Ononthio, parce qu'ils auront
« le même sort que luy. Encore une fois, sa perte
« est certaine...

« Je ne vous dis point comme tous les jours
« vous dit Ononthio : Aidez-moi ! Mais je vous
« invite seulement à me regarder faire ; et
« comptez que j'auray pour vous les mêmes bontés
« que j'ay eues pour ceux de Cataracoüi, (Fron-
« tenac) (1). Je vous enrichiray des dépouilles de

(1) On se rappelle que la garnison de Frontenac fut renvoyée, par les Anglais, prisonnière sur parole.

« mes ennemis, bien éloignés de la conduite
« d'Ononthio qui, après avoir pris Chouagen, ne
« vous a pas seulement donné une brayette, ni
« une livre de pain, quoi qu'ils aient pris tant de
« biens dans ce fort comme vous savez.

« Je le répète : ma marche n'est pas secrète.
« La perte d'Ononthio est certaine : faites bien
« vos réflexions là-dessus... »

Ainsi, les Anglais employaient tour-à-tour les menaces pour intimider les Sauvages, et les promesses pour les gagner à leur cause. Et ces promesses et ces menaces produisirent leur effet. Les mieux intentionnés parmi les Nations du Sud, firent comme le grand chef Onontaguès :

« — Mon Père, disait-il à un officier François,
« je vais rester sur ma natte en attendant mon
« sort... Nous sommes si troublés icy, que nous
« ne pouvons plus tenir aucun Conseil. Et je n'ay
« pas même pu encore rassembler nos Nations
« pour leur faire part de ce que notre Père,
« Ononthio, nous a dit l'automne dernier. »

Cependant on trouve encore un reste d'amitié et de fidélité chez quelques peuplades des environs de Carillon. Deux hommes de *Berry* qui avaient déserté furent rattrapés le lendemain par des Sauvages. Ils tuèrent le plus âgé, et obligèrent l'autre à lui couper la tête et à la rapporter au camp au bout d'une perche. Kissensig, grand chef Nipissing, harangua la garde du fort et le reste de la garnison qui formaient le cercle antour du malheureux déserteur. Et s'adressant d'abord à celui-ci, il lui dit : « — Je t'avois averti que si « tu trahissois ton Père et ta Patrie, je t'aurois « mort ou vif, fut-ce même au milieu des Anglois. « Pourquoi n'as tu pas voulu suivre mon conseil? « — Puis s'adressant à la garnison : — Vous « autres, ajouta-t-il, qui m'écoutez, que cela vous « serve d'exemple. Je vous le dis, et pour la « dernière fois : Je vous trouveray partout, et « ne vous feray point de quartier. »

C'était dur pour des soldats Français de recevoir cette leçon d'un Sauvage ! Cependant, les Sauvages s'étaient proposés de demander grâce pour le déserteur. Mais il fallait un exemple. Le conseil de guerre se tint la nuit suivante ; « et au point « du jour on lui cassa la tête, la garnison sous les « armes. Cela se passa avec toute la tranquillité « possible, malgré nombre de *cabalistes* dont la « garnison fourmille, » ajoute le capitaine Desandroüins.

Ici nous devons un instant abandonner son *Journal*. Le modeste capitaine ne nous y dit pas qu'il employait les loisirs que lui laissait la vie de garnison à rédiger des plans de défense du Canada, en vue de la prochaine attaque des Anglais.

Le 10 Février, il achevait un long *Mémoire sur la défense de Carillon,* où il devait bientôt retourner. Dans ce *Mémoire*, il étudie les différentes manières dont Carillon peut être attaqué, soit par surprise, soit par une brusque attaque, soit par un bombardement, soit enfin par un siège en forme.

Il écarte les trois premières manières comme offrant peu de chances à l'ennemi, et ne s'occupe que de la dernière, ou du siège en forme.

Il indique d'abord les précautions à prendre avant le siège, et les travaux qui restent à exécuter autour du fort ; puis il dit ce qu'il faut faire au moment de l'ouverture de la tranchée par l'ennemi ; comment il faut défendre le chemin couvert ; comment il faut placer la garnison ; et le rôle réservé à chacun ; et la sortie à exécuter « par cent hommes déterminés » au moment ou l'ennemi se loge sur la crête.

« La perte du chemin couvert, dit-il avec raison, « est regardée, dans tous les sièges, comme le « prélude de celle de la place : à Carillon, où il « est sans contredit la meilleure défense du fort, « on ne pourra plus douter d'une prochaine « reddition ; il ne s'agira plus que de montrer « de la valeur et de la conduite jusqu'au bout. »

A ce moment, dit-il, on fait une sortie désespérée ; on se sert des mines et des caponnières. L'ennemi rapproché fait des batteries de brèches ; il bat le corps de la place, et use de la sape. La brèche de la demi-lune et celle du bastion sont praticables ; la garnison a fait des pertes considérables et des efforts héroïques ; son feu aussi a tué beaucoup de monde à l'ennemi ; elle s'est défendue pied à pied, et elle tient encore bon.

« Je ne doute pas malheureusement, ajoute le
« capitaine Desandroüins, que la plus grande
« partie des conseils que je donne icy, ne soit
« impraticable si le siège est poussé vivement;
« mais je n'ay voulu omettre rien de ce qu'il
« était possible de faire. C'est au commandant à
« juger sainement de son état et des dispositions
« de l'ennemy. L'essentiel est qu'il tienne assez
« longtemps pour qu'on puisse rassembler toutes
« les forces de la Colonie, afin de venir à son
« secours. Après quoi, si elles sont battues, le
« surplus de la résistance, qui ne doit pas diminuer
« de vivacité, *causera bien moins de dommages*
« *à l'ennemy, qu'elle ne comblera de gloire les*
« *assiégés.* »

Ce *Mémoire* fut envoyé à l'officier qui commandait Carillon pendant l'hiver, avec ordre de l'étudier et de suivre ses recommandations en cas d'attaque (1).

Un second *Mémoire*, qui fut achevé le 22 mars, embrassait la défense du Canada tout entier.

Les premières lignes de ce *Mémoire* révèlent les tristesses patriotiques et l'espèce de découragement résigné, en même temps que le froid désespoir et la sombre résolution qui, en ce moment où ils voyaient tout perdu, s'étaient emparés des cœurs les plus virils; de celui d'un humble capitaine comme Desandroüins, aussi bien

(1) *Papiers* du général Desandroüins. — *Mémoire sur la défense du fort de Carillon.* Dix pages en mauvais état.

que de celui d'un grand général comme Montcalm.

« Il ne peut y avoir de contestation sur le
« résultat de la guerre et sur la situation présente
« de la Colonie. Son état de faiblesse ne lui permet
« que la défensive la plus circonspecte. Ses ennemis
« ont tant de forces et par conséquent tant de
« moyens de l'attaquer supérieurement et de
« tous les côtés, qu'il ne serait pas surprenant
« qu'on mit en question s'il y a lieu à la
« plus faible résistance.

« Pourtant ne nous rebutons pas ; et s'il faut
« succomber, que ce ne soit qu'après avoir fait
« les efforts dont nous sommes capables et épuisé
« toutes les ressources que la prudence humaine
« peut nous dicter. Si nous ne pouvons sauver
« nos biens ou notre vie, nous sauverons au moins
« notre honneur, le plus précieux de tous les
« biens. Et que sait-on ? Peut-être un heureux
« hazard peut nous servir dans cette campagne
« comme il nous a servi dans la précédente, et
« retarder notre perte jusqu'à ce que la paix vienne
« nous délivrer. Mais, songeons que le *hazard ne*
« *favorise jamais à la guerre que la valeur gui-*
« *dée par la sagesse et la prévoyance* » (1).

(1) A la même époque Montcalm exprimait les mêmes sentiments. Il écrivait à sa mère le 12 avril : « — Nous
« avons sauvé la Colonie, l'année dernière, par un succès
« qui tient du prodige. Faut-il en espérer le pareil ? Il
« faudra au moins le tenter ! »

Au ministre, même date : « Si la guerre dure, le Canada
« sera aux Anglois, dès cette campagne, ou la prochaine. »

Axiôme que tous les chefs d'armée feront bien de méditer !

« On ne parvient, ajoute Desandroüins, dans
« une défensive, à empêcher l'effet des forces de
« de l'ennemy, qu'autant : 1º qu'on juge sainement
« tous les mouvemens qu'il peut faire : 2º qu'on
« oppose à ces mouvemens tout ce qu'il est en
« notre pouvoir d'y opposer : 3º qu'on distingue
« tous les points d'attaque les plus essentiels,
« d'avec ceux qui n'entraînent pas sur le champ
« la ruine du pays, pour faire les plus grands
« efforts en conséquence, *sans craindre de perdre*
« *un membre pour sauver le reste du corps* :
« 4º que lorsqu'on est obligé d'abandonner
« quelques parties à la fortune, on choisit celles
« où l'on a le plus lieu d'espérer du hazard et
« des obstacles naturels.

« Voilà à peu près les principes sur lesquels il
« faut se régler pour la disposition des forces de
« la Colonie à l'entrée de la campagne. Ainsi en
« partant des différents points d'attaque que la
« nature du pays offre à l'ennemy, nous distri-
« buerons dans chacun d'eux une partie de nos
« forces en conséquence de ces principes ; puis
« nous discuterons les moyens de les soutenir, et
« la conduite à tenir dans le cours de la
« campagne. »

Ces conseils, si simples à première vue qu'ils semblent inspirés par le seul bon sens, ont-ils toujours été suivis dans les guerres défensives ?

Après cette espèce d'entrée en matière ; il aborde la question.

Les Anglais peuvent attaquer le Canada :

1º Par Québec : 2º par la Belle-Rivière, le lac Erié, ce qu'on appelle les pays d'En-Haut : 3º par le lac Ontario et le haut du fleuve Saint-Laurent : 4º par Carillon et le lac Champlain. Ils peuvent même l'attaquer par tous ces endroits à la fois.

De la défense de Québec :

« Québec, dit-il, est le point de nos frontières
« où on peut accourir le plus promptement tant
« de l'intérieur de la Colonie que des autres points ;
« c'est le seul où les vents, les hazards de la mer
« et le manque de bons pilotes puisse faire échouer
« et même détruire l'ennemy. C'est presqu'aussi
« le seul où une escadre de France puisse nous
« être de quelque utilité. Or, *s'il reste encore à la*
« *Cour quelques bonnes intentions pour nous,*
« et que la conservation de ce pays-cy entre pour
« quelque chose dans ses projets, il ne faut pas
« douter qu'elle n'envoye, pour la fonte des
« glaces, une forte escadre en rivière, ou qu'elle
« ne tente une diversion sur les côtes de la
« Nouvelle-Angleterre, ce qui peut produire le
« même effet. »

Pour ces raisons, on ne doit pas d'abord garnir Québec d'une masse de troupes. Les vaisseaux ennemis mettront un mois pour remonter en flotte le Saint-Laurent. Qu'on envoie cinq ou six goëlettes, fines voilières, croiser à l'entrée du fleuve, et qu'elles préviennent de l'approche. Des signaux sont aussi placés le long du fleuve.

L'ennemi entre *en rivière*. Alors qu'on réunisse toutes les troupes de la Colonie et qu'on fasse tenir prête l'armée de Carillon. On aura le temps de la faire descendre : il ne faut à la rigueur que six jours pour venir de Carillon à Québec ; et quatre jours en naviguant jours et nuits, sans arrêt. Pendant ce temps, l'escadre française ; on conservait toujours l'espérance de voir une escadre française ! l'escadre française disputera le fleuve aux Anglais.

« Cepentant, malgré toute la valeur et la bonne
« conduite possibles, les Anglois arrivent à mettre
« le siège devant Québec, place trop mauvaise
« pour être laissée à ses propres forces. »

Alors sur le champ, *il faut abandonner Carillon qu'on ferait sauter*, le Champlain et l'Ontario ; il faut réunir tous les hommes capables de porter un fusil ; tous « jusqu'aux enfants de 14
« ans, pour hazarder tout ce que le courage et
« l'intrépidité, ou pour mieux dire le désespoir
« pourront suggérer de plus hardi. *Ce n'est que*
« *par des remèdes violents, qui souvent feroient*
« *périr un homme sain, qu'on parvient parfois à*
« *se délivrer d'une maladie mortelle.* »

Toutes nos forces sont rassemblées ; l'armée de secours est proche. On se préparera alors à une attaque de nuit, en se concertant avec le commandant de Québec, afin qu'il fasse à la même heure, une furieuse sortie par toutes les portes de la ville « au hazard d'y périr et d'être emporté, « si on ne réussit pas. »

Cette attaque de nuit, Desandroüins la veut impétueuse, terrible et uniquement à la baïonnette. On fera préparer aux Trois-Rivières une masse « de bayonnettes, piques, pertuisanes, hallebardes « pour en distribuer aux Canadiens et aux « Sauvages. Il ne faut pas croire qu'ils manquent « d'impétuosité dans le choc : on peut les « comparer aux Turcs qui, quoique sans ordre, « sans discipline et mal armés, ne laissent pas « d'être terribles dans les coups de main. »

Le brave capitaine est partisan des attaques de nuit, qui du reste sont le plus à craindre à la guerre. « Nous profiterons, dit-il, du moment où « l'ennemy n'aura encore fait aucune disposition « définitive ; il sera surpris par cette brusque « attaque. Alors le trouble, l'effroy, la terreur « s'emparent souvent des esprits, et font fuire « les armées les plus nombreuses. Il n'est que le « temps de la nuit qui fournisse de pareils « événements. Il faut donc laisser le soldat se « jetter à corps perdu sur l'ennemy et le pousser « partout la bayonnette dans les reins, sans luy « laisser le temps de se former, ni d'accourir d'un « côté au secours de l'autre. »

Après cela, si on ne réussit pas, et que Québec soit pris, c'est la ruine entière du Canada : « il

« n'y a plus qu'à régler une capitulation géné-
« rale. »

De la défense des Pays d'En-Haut.

Il faut retenir les Sauvages par tous moyens ; abandonner les petits forts ; maintenir à Niagara 300 hommes, et même au besoin savoir sacrifier ce fort ; et ne laisser partir pour le trafic que le moins de voyageurs possible. On perdra les Sauvages, le commerce et la richesse du pays ; mais cette perte est moindre que celle de la Colonie.

Au cas où le siège serait mis devant Niagara, le commandant, après une défense raisonnable, car le fort n'est pas assez bon pour pouvoir résister très longtemps, s'échappera par le lac Ontario pendant la nuit et se repliera sur la source du Saint-Laurent. Pour cela il doit être muni d'un nombre suffisant de canots d'écorce.

De la défense du lac Ontario et du haut Saint-Laurent.

L'ennemi fait, dit-on, de grands préparatifs au fort de Bull qui ont pour objectif ou Niagara, ou la Galette sur le Saint-Laurent, et Montréal.

La première chose à faire, c'est d'envoyer deux grandes barques nouvellement construites, avec chacune 50 hommes d'équipage, croiser à l'embouchure de la rivière Chouaguen, avec ordre de faire feu sur toutes les berges qui voudront en sortir.

Si les berges passent ; il faut les poursuivre et

gêner par tous les moyens leur entrée dans le Saint-Laurent.

Mais l'ennemi est sur ce fleuve. Alors on occupera toutes les îles ; on défendra l'un après l'autre chacun des nombreux *Rapides* qui font obstacle à la navigation ; on s'embusquera derrière les arbres, dans le creux d'un rocher ; on sèmera la route d'abatis ; enfin on ne cèdera le terrain que pied à pied. Un millier de Canadiens, qui excellent dans ce genre de guerre, suffiront amplement à la besogne.

« On peut juger de l'embarras où se trouvera
« l'ennemy, si l'on fait attention qu'il ne peut
« sauter les *Rapides* que de jour, autrement il
« court risque d'être submergé.

« Si au contraire, il prend le parti de faire *partage* de toutes ses berges à chaque *Sault* ou *Rapide*, toute la Colonie aura le temps d'accourir
« au secours, et de l'attendre aux Cèdres, aux
« Buisons, ou au Trou, et de s'y retrancher (1). »

En résumé, les obstacles matériels que la nature des lieux présente à chaque pas aux Anglais ; ceux non moins grands que leur opposeront nos soldats, soit sur le fleuve, soit à terre ; les difficultés qu'ils auront de communiquer entre eux ; l'impossibilité de se servir du canon ; et la prodigieuse quantité de vivres et de munitions de toutes sortes dont il faudra charger chacune de leurs berges, font douter qu'ils aient réellement

(1) Nom de divers *Rapides* du haut Saint-Laurent.

dessein de nous attaquer par là. S'ils sont battus, ils n'ont plus de retraite à espérer.

Cependant il faut tout prévoir. Si l'ennemi se présente en forces considérables ; si nos bateaux et nos soldats ne peuvent lui barrer le passage ; s'il franchit les *Rapides* les uns après les autres; alors il faut appeler 3.000 hommes de Carillon, les porter vivement sur un *Rapide* non encore occupé, et les y retrancher. Il faudra du canon pour les déloger. Cela fera perdre aux Anglais du temps, et usera leurs vivres et leurs munitions.

Si enfin, malgré ces mesures et toute la résistance possible, les ennemis atteignent Montréal, alors il faudra faire un appel aux armes de tous les Canadiens, dévaster le pays, les poursuivre, les harceler sans relâche, et s'inspirer du désespoir !

De la défense de Carillon.

Carillon est le point où les Anglais arrivent le plus rapidement, dès la fonte de neiges, et pour lequel leurs communications peuvent être le moins interrompues ; c'est celui d'où ils peuvent, une fois qu'ils y seront établis, le plus aisément se rendre maîtres du Champlain, en nous en repoussant peu à peu, et en établissant sur ses rives, au fur et à mesure qu'ils avanceront, une chaîne de forts dont nous ne pourrons les déloger.

On a discuté la position de Carillon ; mais à la guerre, on n'a que le choix entre des positions plus ou moins bonnes. Si l'on en trouvait une inexpugnable naturellement, ou rendue telle par l'art, il faudrait s'en saisir et la garder... Mais il n'y en a pas... Carillon est la meilleure entre toutes quoiqu'elle ne soit pas parfaite... Restons-y...

Et Desandroüins indique les travaux qui restent à faire pour rendre Carillon une place de résistance. Il veut aussi des barques sur le lac Champlain, au pied du fort... Puis il ajoute :

« Quel regret n'aurions-nous pas, d'être forcés
« d'abandonner à l'ennemy, sans nulle défense,
« un terrain consacré par une victoire éclatante,
« dont le seul souvenir doit le décourager, autant
« qu'il doit faire renaitre en nous la confiance. —
« Quoy ! dira-t-il en frémissant d'horreur, est-ce
« parcequ'ils nous y ont exterminés l'année dernière, que les François nous l'abandonnent
« aujourd'hui ? — Puis, se félicitant de se trouver
« maître, contre son attente, d'un poste si
« redoutable pour luy, il ne mettra plus de bornes
« à ses desseins ambitieux ; et (ce que sans doute
« il n'eut osé faire), il se promettra de pénétrer
« par là, en une seule campagne, dans l'intérieur
« de la Colonie, et de la soumettre entièrement... »

C'est qu'en réalité les conséquences de la prise de Carillon sont très graves, quoique Carillon soit un point extrême du Canada.

« Partout ailleurs, les progrès de l'ennemy ne
« sont rien, s'ils ne sont décisifs. » En effet s'il échoue dans son entreprise soit sur Québec, soit

sur Montréal, il aura beau avoir conquis tout le plat pays ; l'hiver venu, il devra le quitter tout-à-fait, et rentrer chez lui sans garder un pouce de terre. Dès lors, au printemps de l'année suivante, tout sera à recommencer ; et il retrouvera la même résistance chez les habitants, les mêmes obstacles encore agrandis par la main des hommes, et les mêmes difficultés pour transporter ses vivres et ses munitions.

Mais à Carillon, les plus médiocres succès des Anglais sont d'une très grande importance pour l'avenir.

« Sans doute la prise de ce fort n'entraîne pas
« immédiatement la ruine du pays. Mais une fois
« qu'il sera abandonné, plus moyen d'y retourner,
« L'armée Angloise, conduite avec une prudence
« ordinaire et, même si on veut timide, s'empar-
« rera du Canada pied-à-pied ; et l'ennemy, qui
« en est sûr, ne fera la paix en aucun temps, que
« comme s'en étant déjà emparé. Bientôt chassés
« du lac Champlain, nous n'aurons plus de partis
« à envoyer, plus de communication à inter-
« cepter... »

« C'est d'après ce raisonnement, dit en
« terminant le capitaine Desandroüins, que je me
« suis décidé à faire passer de grandes forces à
« Carillon, afin que s'il arrivoit que l'ennemy ne
« fît que menacer les autres parties, ou que les
« obstacles l'empêchassent de s'y porter, il
« rencontrât à Carillon toutes difficultés possibles

« à prendre avantage sur nous ; et que j'ay
« ensuite conseillé de tout abandonner sur le lac
« Champlain pour voler au secours des frontières
« s'il s'y présentoit en force (1). »

« Ce *Mémoire* de M. Desandroüins est très bon
« et militaire », a écrit, au bas, le colonel de
Pont-le-Roy, auquel il fut présenté le deuxième
jour d'avril. Cependant il a ajouté quelques notes
rectificatives, quelques observations et quelques
remarques. Desandroüins y répond et en reconnaît
en partie la vérité. « Mais jamais, ajoute-t-il, mes
« remarques n'ont été communiquées à personne,
« car elles n'eussent servi qu'à interrompre la
« bonne harmonie qui régnoit entre nous tous. »
C'est le fait d'un bon camarade.

(1) *Papiers* du général Desandroüins. — *Mémoire sur l'état actuel de la Colonie, avec un plan d'opérations relatives à la campagne prochaine.*

Dix pages assez bien écrites et en bon état.

CHAPITRE XII

Desandrouïns retourne à Carillon. — En y allant, il visite les bords du lac Champlain. — Il aide à l'expédition de Louviou. — Il est nommé chevalier de Saint-Louis. - 1759.

———

Avril est arrivé. La terre, jusqu'alors endormie, a secoué son blanc linceul de neige. La végétation, qui n'attendait que ce moment, éclate de toute part. En trois jours le Canada passe, de l'hiver le plus rigoureux, au printemps le plus riche.

C'est l'heure, pour les troupes, de se remettre aux champs, comme pour les abeilles de sortir de leurs ruches.

On songea d'abord, comme la prudence et le *Mémoire* de Desandrouïns l'indiquaient, à renfoncer les deux points les plus éloignés par où les Anglais devaient nous attaquer : Niagara et Carillon.

Niagara situé sur l'Ontario, à la rive Sud-Ouest, non loin de la vallée de l'Ohio ou Belle-Rivière, était le centre de nos possessions, de ce côté.

Dès le 27 mars, avant même que les glaces fussent fondues, on commença à y envoyer 150

Canadiens et plusieurs détachements de *Royal-Roussillon*, de *Guyenne,* la *Sarre* et *Béarn*, sous les ordres de Pouchot. « Ils s'en vont sur les « glaces » dit Desandroüins.

« Les instructions de Pouchot portent qu'il
« reconnaîtra tous les postes qu'on peut défendre
« le long des *Rapides* du Saint-Laurent ; qu'il
« pressera la construction des barques pour être
« en état de transporter au plus tôt des vivres et
« des munitions à Niagara ; qu'il se rendra à
« Niagara où il prendra le commandement du
« fort ; que si l'ennemy marche sur luy, il sera
« le maître de faire replier les postes de Soronto,
« du fort Machaut, des forts de la Rivière-aux-
« Bœufs et de la Presqu'isle ; qu'il gardera les
« barques à Niagara pour les envoyer prendre
« l'ennemy par derrière s'il vient s'enfourner dans
« le fleuve; qu'il luy viendra des vivres du Détroit
« et des Illinois ; que quand tous les hommes qui
« lui viendront de ces deux endroits, et les Sau-
« vages d'En Haut seront rassemblés, il aura plus
« de 3.000 hommes avec lesquels il pourra
« s'opposer à un débarquement si l'ennemy vient
« à luy par le lac ; ou si non, il l'inquiètera dans
« les *portages* de la Rivière-aux-Bœufs et de la
« *Chute* du Niagara ; qu'il travaillera à mettre le
« fort dans le meilleur état de deffense ; qu'il
« s'occupera de se concilier l'amitié des Cinq-
« Nations, etc.

« Ces instructions luy ont été données à 4 heures

« du soir : elles n'avoient point été communiquées
« à M. le marquis de Montcalm ! »

Nous avons déjà vu que M. de Vaudreuil avait la prétention de savoir faire la guerre !

Pourtant ce ne fut point lui qui donna l'ordre à Desandroüins de retourner à Carillon, ni qui le chargea d'une mission analogue à celle de Pouchot; c'est-à-dire d'étudier les rives du Champlain, comme Pouchot avait étudié celles du Saint-Laurent. Une retraite des deux côtés était probable !

Il partit de Montréal, le 23 avril, à 6 heures du soir, et arriva le lendemain au fort Saint-Jean où il remarqua avec plaisir qu'on y construisait de forts bateaux armés de canons, destinés à disputer la navigation du lac aux Anglais.

Il quitta Saint-Jean le 25, à 9 heures du matin. A quatre lieues, au-delà de Saint-Jean, « je
« reconnus, dit-il, suivant les ordres que
« j'en avois reçu de M. de Montcalm, la grande
« Isle-aux-Noix qui est belle et bien boisée,
« et qui peut avoir de 7 à 800 toises de long
« sur 150 de large. Elle est éloignée de 100
« toises de la côte Est du lac, et de 150 toises de
« celle de l'Ouest. Les bords de cette isle sont
« noyés actuellement ; mais jamais l'eau n'arrive
« au milieu qui est beaucoup plus élevé.

« A une lieue et demie environ au-dessus de
« l'Isle-aux-Noix, je vis la grande Isle-aux-Têtes
« presqu'entièrement noyée. Elle est assez bien

« boisée ; longue d'environ 400 toises sur une
« petite largeur ; éloignée de 40 à 60 toises de la
« côte de l'Est, et de plus de 200 toises de celle
« de l'Ouest (1). Un petit quart de lieue au-dessus
« est la petite Isle-aux-Têtes, au milieu du
« courant, pas plus grande qu'une barque : c'est
« la vraye Isle-aux-Têtes.

« A 8 lieues de Saint-Jean, est la pointe à
« l'Algonquin, presqu'isle bien boisée. Elle a 300
« toises de longueur et 150 de largeur à la
« gorge (2). Le lac, a plus de 400 toises de largeur
« à cet endroit.

« J'ai vu, le 26 au matin, une pointe, vis-à-vis
« et à une lieue environ au-dessus du Rocher-
« Fendu, dont j'ignore le nom, très favorable
« pour un camp retranché. A 150 toises environ
« de son extrémité, elle est fermée presqu'entière-
« ment en demi-cercle par un rocher escarpé au
« pied duquel est une très belle vallée.

« Du reste la pluspart des points au-dessus
« paraissent très propres à des camps retranchés,
« et les anses adjacentes sont belles et profondes.
« Mais, le lac est partout beaucoup plus large que
« la portée du canon, et je n'ay pas vu une seule
« isle aux environs de laquelle on puisse battre
« la côte de l'Ouest.

(1) *La côte de l'Est* est la rive droite du lac en descendant de Carillon : *Celle de l'Ouest* est parconséquent la rive gauche.

(2) *A la gorge*, c'est-à-dire à l'endroit où elle se rattache à la terre ferme.

« J'arrivay le soir à Saint-Frédéric, à 7
« heures 1/2.

« Le 27, à 5 heures du matin, parti de Saint-
« Frédéric, et arrivé à la pointe à la Chevelure
« en 5 minutes. »

Cette pointe est précisément à la rive de l'Est
vis-à-vis Saint-Frédéric.

C'est une presqu'île qui a de sept à 800 toises
de largeur, et un peu plus de longueur. L'entrée
du côté de la terre est fermée par un marais. Un
autre marais est aussi dans l'intérieur. Ces deux
marais ne sont séparés par places que de 2 et 300
toises. Il faudrait occuper cet espace et une hauteur
qui commande les marais et toute la position.

« Il m'a paru, dit le capitaine, qu'il y avoit
« plusieurs endroits favorables à établir des
« batteries qui couvriraient de leur feu toute la
« presqu'isle, de sorte qu'on peut en faire un bon
« camp propre à livrer une bataille d'un petit
« nombre contre un grand nombre. Mais non un
« camp propre à soutenir un siège ; d'autant plus
« que la pointe, dite de Montréal, qui est la
« première qu'on rencontre en descendant, rendroit
« la retraite difficile si l'ennemy avoit du canon.
« Le lac n'a que 200 toises de largeur depuis la
« pointe à la Chevelure jusqu'à la côte de l'Ouest
« où est situé Saint-Frédéric.....

« Cependant cette pointe avoit un avantage
« considérable, ajoute ailleurs, Desandroüins ; elle
« avoit un terrein plus susceptible d'un retran-

« chement de prompte exécution, le bois étant
« commun et la terre facile à remuer. Mais on y
« seroit hors de portée d'empêcher la prise de
« Saint-Frédéric qu'il faudroit faire sauter. »

A une lieue et demie au-dessus de Saint-Frédéric et cette fois sur la rive Ouest du lac qui en cet endroit s'élargit brusquement, est la rivière à la Barbue ayant son embouchure dans le lac.

« A la rive gauche de la rivière règne tout du
« long une hauteur très roide et de difficile accès.
« A une petite demi-lieue de l'embouchure, cette
« hauteur est coupée par un large et profond
« ravin au fond duquel est une *cédrière*. Il va
« du côté de Saint-Frédéric ; et l'espace entre les
« racines de ce ravin et le fond de la grande baye
« de Saint-Frédéric doit être fort petit, à ce que
« je crois, dit Desandroüins. Il faut s'en assurer
« par une reconnaissance plus exacte....

« A 4 heures du soir arrivé à Carillon, où j'ay
« trouvé M. Outelas revenu depuis peu d'un parti
« sur le fort de Lydius où il a pris deux prisonniers
« qui rapportent que l'on avoit donné ordre à
« quelques troupes de s'approcher de cette fron-
« tière, mais qu'elles avoient reçu contre-ordre
« pour demeurer encore dans leurs quartiers. Ils
« disent aussi qu'il y a à Lydius un tourneur
« toujours occupé à faire des bois de fusées à
« bombes.....

« Le 1er May, retour de Kissinsig avec son
« parti. Il ramène deux prisonniers faits au-delà

« d'Orange (Albany), dont l'un gardoit des vaches
« et l'autre un jeune homme de 13 à 14 ans.
« Kissinsig, quoique vieux, étoit depuis quinze
« jours dehors. C'est le Sauvage le plus sensible
« à la vanité, et qui cherche le plus à s'attirer du
« crédit et de la réputation chez les François, et
« de l'autorité parmi les Nations.....

« Le 7, arrivée de M. de Langis et du jeune
« Fabrevois, avec 110 Sauvages presque tous
« Iroquois et quelques Canadiens.

« Il a ordre de M. de Vaudreuil de couvrir les
« les travailleurs qu'on doit envoyer, sous la
« conduite de M. de Louvion, pour tirer du fond
« du lac Saint-Sacrement, ou des marais des
« environs du fort Georges, les berges et batteaux
« qu'on assure que l'ennemy y a laissés en grand
« nombre, et de briser les plus mauvais en
« ramenant tous ceux qu'il pourra sauver. »

Desandroüins devait l'aider à organiser cette expédition.

« Le 10, à 11 heures du matin, départ de M. de
« Louviou avec quatre-vingt-quinze soldats et trois
« canonniers, les calefats, environ 120 Sauvages
« et 15 Canadiens volontaires. Les officiers, qui
« sont à ses ordres sont, pour les soldats
« MM. Denau du régiment de la *Reine*, Sabournin
« de la *Sarre*, Leclerc de *Berry*; et pour les
« Sauvages et Canadiens MM. de Langis et
« Fabrevois. Ses instructions sont qu'il employera
« tous les soldats, avec la plus grande activité,

« à tirer du fond des eaux et des marais les berges
« qu'on suppose y avoir été jetées par les Anglois
« après leur défaite du 8 Juillet dernier ; qu'il
« les bisera ou les ramènera s'il est possible ; et
« qu'il fera faire des recherches partout où il
« pourra avoir des *caches* d'artillerie, outils,
« munitions que l'ennemy peut avoir faites.

« Au reste, il n'y a personne qui ait aucune
« connaissance de toutes ces choses. Les Nipis-
« sings, les seuls qui ayent assuré au Général les
« avoir vues, ne sont point arrivés.

« Les Sauvages de M. de Langis doivent se
« porter sur le fort Lydius, et faire la découverte
« de tous côtés dans les bois pour couvrir M. de
« Louvion.

« M. de Louvion est parti muni de toutes espèces
« d'instruments, outils, agrès, cordages, etc.
« nécessaires pour ses opérations....

« On a eu des nouvelles le soir même de M. de
« Louvion : il avoit fini son *partage* vers 5 heures
« du soir.

« Les Sauvages sont partis dans la journée
« après M. de Louvion. »

Mais pendant que les Français marchaient en avant, les Sauvages s'amusèrent, toute la journée du 11, à tenir conseils sur conseils, et « à tuer
« des loutres » sur la rivière de la Chute. Enfin, le lendemain 12, vers une heure de l'après-midi, ils se décidèrent à se remettre en route.

Les soldats qui les avaient attendu 24 heures,

avec une impatience qu'on peut comprendre, arrivèrent sur les bords du Saint-Sacrement le 13 au soir, et se mirent dès lendemain au travail qu'ils poussèrent avec activé. En même temps, les Sauvages s'éparpillaient dans les bois.

Ils y rencontrèrent 30 ou 40 soldats Anglais, mais ils n'osèrent les attaquer malgré les prières et les menaces de M. de Langis qui avertit aussitôt Louvion. Louvion prit avec lui quelques soldats, courut sur les Anglais et les fit prisonniers, sauf trois qui furent tués après le combat par les Sauvages, malgré la protection et sauvegarde des Français.

Les Sauvages, comme honteux de leur lâcheté, revinrent à Carillon, et nos soldats furent obligés d'en faire autant.

Cependant, en trois ou quatre heures, on avait pu couler à fond et au large une grande barque ; on avait brûlé quantité de rames et d'affuts ; pris 50 berges, 20 pierriers, beaucoup de fer et d'acier ; brisé les tourillons d'un canon de 12 ; enfin causé du dommage aux Anglais pour plus de 40 mille livres.

Mais, les nouvelles que les prisonniers donnèrent n'étaient nullement rassurantes, pour le sort futur de Carillon et de la Colonie.

« Les prisonniers faits par Louvion rapportent
« que les levées sont cette année de 40,000 hommes
« dans la Nouvelle-Angleterre ; que de 7,000
« hommes qu'a fournis la province de la baie de
« Massachusset, on en a pris que 1,500 pour les

« destiner à venir de ce côté-cy ; le reste a été
« envoyé pour s'embarquer pour Loüisbourg. Il
« est arrivé dix vaisseaux de ligne depuis peu,
« outre ceux qui ont hyverné dans leurs ports : ils
« ont apporté des troupes réglées d'Europe. Il
« n'est repassé personne dans la Vieille-Angle-
« terre depuis l'année dernière ; au contraire à
« la fin de la campagne, il est encore arrivé
« quelques troupes réglées. Toute la province
« d'Orange est pleine de soldats et de miliciens
« prêts à marcher : on dit qu'ils ont dû se mettre
« en marche le 13 de ce mois. Il y a deux mille
« bateaux prêts à être montés à Lydius. Il y a
« beaucoup d'artillerie de toute espèce, et de
« vivres pour plus de 10,000 hommes pendant un
« an, sans ceux qu'on va faire monter. Il n'y a
« que le régiment de lord How (1), partie de celuy
« de Royal-Ecossois, et cinq compagnies de Roger,
« à Lydius, ce qui ne forme guère de 1,500
« hommes. On dit qu'Hammerst est à Albany, et
« doit venir à Carillon, avec la plus grande partie
« des forces. Breadstreac va par la rivière de
« Chouaguen, avec 5,000 hommes. Point de nou-
« velles d'Europe. »

Avec quelle rage et quel désespoir, nos soldats
devaient entendre ces prisonniers parler des
secours qui leur venaient chaque jour d'Angleterre, et faire étalage de leurs forces : tandis que

(1) On avait sans doute conservé au régiment le nom de
son ancien colonel, *mylord How*, tué l'an dernier.

eux, n'ayant, depuis trois ans, reçu de France ni un vaisseau de guerre, ni un soldat, voyaient chaque jour leur nombre diminuer !

Pendant cette expédition de Louvion, était arrivé le colonel de Bourlamaque qui prit immédiatement le commandement de Carillon. Il fut suivi peu de jours après par le bataillon de la *Reine*, les deux bataillons de *Berry*, 200 soldats de la Colonie et Canadiens, et par quelques marins et ouvriers du génie.

Sa présence donna une nouvelle activité aux travaux. Dès le lendemain de son arrivée, il alla, avec le capitaine Desandroüins, visiter les retranchements exécutés l'année précédente, et les trouva détériorés par l'hiver, et fort incomplets.

C'est pourquoi, dès le 17, les ateliers furent organisés, et tous les bataillons même les miliciens fournirent des travailleurs.

Alors recommença la vie du fort ; vie monotone et laborieuse pour le présent, vie pleine d'appréhensions et de périls pour l'avenir.

L'une des plus cruelles souffrances de nos soldats était l'isolement et le manque de nouvelles de France, ce qui doublait pour eux les douleurs de l'exile.

Depuis trois mois, en effet, on n'en avait reçu aucune, sauf les plus mauvaises qui arrivaient, on ne sait comment ; sur l'aile des vents sans doute ; rien ! « Rien de nouveau », dit, avec découragement, le capitaine Desandroüins !

Enfin un courrier de Montréal a débarqué à Carillon : il rapporte que Bougainville est revenu de France où il avait été envoyé par Montcalm et qu'il a « des lettres pour tout le monde. »

Cette nouvelle court la garnison comme une traînée de poudre ; et le lendemain, 22 mai, à 11 heures 1/2 du matin, les lettres arrivent.

Que d'espérances, et que de craintes ; que de joies et, que d'angoisses avant de les recevoir ! Que de surprises heureuses ; que de cruelles déceptions elles enveloppent dans leurs plis ! Que de doux souvenirs qui se fortifient, que de réalités poignantes qui s'affirment ! Un ami annonce à Montcalm la mort de l'une de ses deux filles ; et Montcalm se demande la quelle.... L'infortuné, il ne le saura jamais !

Désandroüins n'a que trois lignes pour raconter cet évènement : « M. de Bougainville est arrivé à
« Montréal chargé des lettres de France et des
« grâces de la Cour pour les troupes de terre et
« de la Colonie. M᷊ le marquis de Montcalm est
« nommé lieutenant-général, M᷊ le chevalier de
« Lévis maréchal de camp, M᷊ de Bourlamaque
« brigadier, etc. Mille et mille éloges donnés de
« France à nos braves bataillons. Un *Te Deum*
« a été chanté à Paris pour notre victoire du
« 8 Juillet. La défense de Loüisbourg est blâmée :
« les principaux officiers au conseil de guerre. »

Mais le brave et modeste capitaine s'oublie cette fois encore ! Il oublie de nous dire que Montcalm a chargé Bougainville de faire son éloge à la Cour de France ; que sa belle conduite à la bataille de Carillon y a été fort appréciée ; et que le même Bougainville lui a rapporté la croix de chevalier de Saint-Louis.

Voici la lettre d'avis qu'il en reçut de M. de Crémille, par le courrier du 22 mai :

Versailles, le 22 Février 1759.

« D'après les témoignages qui ont été donnés,
« Monsieur, par M. de Montcalm, de la distinction
« avec laquelle vous vous êtes comporté à l'affaire
« du 8 Juillet dernier, le Roy vous a accordé la
« croix de Saint-Louis. Je vous annonce cette
« grâce avec d'autant plus de plaisir que je suis
« persuadé qu'elle vous excitera à redoubler de
« zèle pour le service.

Le brevet de chevalier, donné par le Roi, accompagnait cette lettre :

« Mons. Jean-Nicolas Desandroüins, la satis-
« faction que j'ay de vos services m'ayant convié
« à vous associer à l'ordre militaire de Saint-
« Louis, je vous écris cette lettre pour dire que
« j'ay commis le S. Mis de Montcalm, lieutenant-
« général en mes armées, commandant mes
« trouppes en Canada et commandeur dudit ordre,
« pour, en mon nom, vous recevoir et admettre à
« la dignité de chevalier de Saint-Louis ; et mon
« intention est que vous vous adressiez à lui pour
« prêter en ses mains le serment que vous êtes
« tenu de faire en ladite qualité de chevalier

« dudit ordre, et recevoir de lui l'accollade et la
« croix que vous devés doresnavant porter sur
« l'estomac attachée d'un petit ruban couleur de
« feu ; voulant, qu'après cette réception faite,
« vous teniés rang entre les autres chevaliers
« dudit ordre, et jouissiés des honoraires qui y
« sont attachés.

« Et la présente n'étant pour autre fin. Je prie
« Dieu qu'il vous ait Mons. Jean-Nicolas Desan-
« droüins en sa sainte garde. Ecrit à Versailles,
« le 17 Février 1759.

Loüis.

Desandroüins fût heureux de cette récompense qu'il avait si vaillamment gagnée. La croix de Saint-Louis était d'un grand prix aux yeux de tous. Il fallait l'avoir méritée pour l'obtenir (1).

Il y eut encore quelques promotions parmi les troupes de Carillon, car « M. de la Colombière
« apporta, trois jours après, les nouvelles croix
« pour les nouveaux chevaliers. »

C'étaient, depuis trois années, les seules récompenses données à ces héroïques bataillons !

« Qu'ai-je fait, dit Desandroüins, pour être plus
« heureux que les autres ? »

(1) Ordre *purement militaire* de Saint-Louis, institué par édit de Louis XIV au mois d'Avril 1693.

Fut supprimé en 1790 ; rétabli en 1815 ; puis supprimé en 1830.

CHAPITRE XIII

Les Anglais menacent Québec. — Préparatifs de défense. — Vie à Carillon. — Les reconnaissances. — Encore les Sauvages. — 1759.

———

Mais, qu'étaient-ce pour nos exilés que ces joies isolées? Un rayon de soleil dans un ciel obscur, Et voici que l'horizon s'assombrit chaque jour davantage.

« Le 27 mai, on nous dit que le général
« Hammerst est à Albany, avec 15,000 hommes ;
« qu'il doit venir attaquer Carillon, vers le 20
« Juin ; qu'il aura 50 pièces de canon, sans
« compter les mortiers ; que 25,000 hommes d'un
« autre côté doivent faire une descente à
« Québec...

« Le 29, un bateau nous apporte la nouvelle
« que la flotte Angloise avait paru à l'entrée du
« fleuve Saint-Laurent ; que tous les bataillons du
« gouvernement de Montréal et des Trois-Rivières,
« avec les milices, étoient partis au plus vite ;
« que le chevalier de Lévis, M. de Vaudreuil et
« M. de Montcalm s'étoient aussi rendus à
« Québec....

« On annonce du 1er Juin à Québec qu'il y a
« 14 vaisseaux Anglois mouillés à l'Isle-aux-
« Coudres (1), scavoir : un de 90 canons, 5 de
« 60 à 64, une frégate de 30 canons, et le reste
« brigantins... »

Mais, quelques jours après, arrivèrent, de Québec à Carillon, de moins mauvaises nouvelles.

On disait : que 22 vaisseaux, première division d'un grand convoi envoyé de France, étaient arrivés à Québec; que ces vaisseaux pouvaient fournir à la place 5,000 défenseurs; qu'avec le reste des troupes et les Canadiens nous en avions 20,000; que tous les habitants, depuis l'âge de 10 ans jusqu'à 80, les ont aidés, volontairement et tour-à-tour, à débarquer leurs cargaisons; que la flotte Anglaise n'était pas aussi forte, qu'on le croyait d'abord, à l'entrée du fleuve Saint-Laurent; que 5,000 Anglais doivent bien encore venir par la rivière Saint-Jean, près de Québec, mais qu'il suffit des seuls habitants du pays pour les détruire tous dans les bois; que le chef d'escadre français leur a pris trois vaisseaux, trois frégates et 32 transports destinés aux Colonies de la Nouvelle-Angleterre; qu'on a à Boston une frayeur énorme de cette escadre; et qu'enfin on ne devait être attaqué, à Carillon, que par des Morahigans, des Nègres et des miliciens, tous fort mauvais

(1) *L'Ile-aux-Coudres*, à une trentaine de lieues de Québec.

soldats, mais au nombre de 15,000, ce qui était loin d'effrayer les soldats de Bourlamaque.

« Dieu semble donc nous continuer son secours ! » s'écrie Desandroüins, dans la joie que lui causent ces nouvelles dont presque toutes étaient fausses !

Ainsi, il était faux qu'une flotte française eut apporté à Québec un renfort de 5.000 hommes, et qu'on eut fait une telle prise sur les Anglais. Mais, l'on est si heureux, dans certaines circonstances. d'accueillir tous les *on dit*, même les plus invraisemblables !... On espère, alors qu'on désespère : nous en savons quelque chose !

Ces décevantes nouvelles avaient donc jeté comme une lueur d'espoir dans les âmes attristées si non découragées des défenseurs de Carillon ; car là, si l'on songeait à sa propre situation, on se préoccupait non moins vivement de ce qui allait advenir à Québec.

Mais, bientôt tombèrent les illusions devant la marche en avant des Anglais, remontant le Saint-Laurent. Alors il ne fut plus possible de douter du siège prochain de cette place.

Jusqu'à l'arrivée de la flotte ennemie en rivière, le marquis de Vaudreuil en avait douté ; et nuls préparatifs de défense n'avaient été faits. Depuis une année Montcalm n'avait cessé de les réclamer ; et Vaudreuil n'avait cessé de répondre : « Nous avons le temps ! » Mais, à présent que le péril menaçait, le Gouverneur laissa faire le Général !

Sous l'œil donc de Montcalm, la population tout

entière, soldats et bourgeois rivalisant de zèle, se mit à la besogne avec une fiévreuse activité.

On construisit des batteries, à la Ville-Haute, à la Ville-Basse, partout, sur des bateaux, sur des pontons, sur des vaisseaux coulés et *épontillés* (1) ; dans la rivière Saint-Charles où on en plaça une flottante de 18 pièces de 12, et une de 6 pièces de 18. On posa des palissades aux portes, des pieux devant les remparts, et on éleva des retranchements sur tous les points où la ville était ouverte.

Vers Beauport, petite ville située au-delà de la rivière Saint-Charles en aval de Québec, on bâtit des redoutes auxquelles on fit travailler les cinq compagnies de grenadiers que commandait Bougainville. On arma 3 ou 400 cavaliers sous les ordres de Rochebeaucourt. On réunit, des pays environnants, quelques centaines de Sauvages qui paraissaient bien disposés à faire leur devoir. On fit remonter à Trois-Rivières, après avoir pris leurs équipages, les vaisseaux marchands qui se trouvaient à Québec. Enfin, on tenta l'impossible pour mettre la ville en état de se défendre.

Et comme le sentiment du danger, mêlé à

---

(1) *Épontillé* terme de marine. Les *épontilles* sont des madriers longs de trois pieds qu'on met le long des bords du vaisseau, en dedans du pont. Ces madriers servent à différentes choses. Mais ils peuvent aussi servir à garantir les artilleurs qui sont sur le pont. Ils servent alors à *pavier*, à mettre à couvert.

l'exaltation patriotique, surexcite toujours quelques imaginations, il y eut à Québec, comme dans toutes les places assiégées, des inventeurs d'engins qui devaient anéantir l'ennemi ! On fit dans la ville jusqu'à 200 brûlots, c'est vrai. Mais on y disait qu'un marin avait répondu sur sa tête de brûler, par un secret à lui, toute l'escadre Anglaise ! Déjà quatre marins s'étaient offerts, moyennant 10,000 francs, de faire sauter le vaisseau amiral Anglais de 110 canons. On leur en avait promis 30,000 s'ils réussissaient !

N'importe, ce spectacle de la population tout entière se levant, comme un seul homme, pour défendre ses foyers contre l'envahisseur, est admirable !

Mais il fallait que l'intendant Bigot vint jeter sa note discordante dans cet unanime concert de patriotique enthousiasme, Desandroüins, à qui nous avons emprunté tous ces détails, ajoute : « Cependant l'intendant Bigot ne prie plus aucun « officier des troupes de terre chez luy, sur ce « qu'on luy a mandé de France que quelques « uns d'entre eux ont écrit qu'il s'entendoit mieux « à faire ses affaires, que celles du Roy et de la « Colonie ? »

En attendant, et quoi qu'il advienne de Québec, on continue à travailler aussi chaque jour, les jours de pluie battante excepté, aux retranchements de Carillon, sous la direction du capitaine Desandroüins.

« Le 10 Juin, arrivée du vieux Delorme, notre
« charpentier, pris l'hyver dernier par des Sau-
« vages. Il avait été conduit chez le colonel
« Jonhson, à la terre duquel il a travaillé. Dès
« qu'il a pu, cet homme, âgé de 53 ans, et ayant
« l'air d'en avoir 60, de peu de ressources, étant
« encore très incommodé des pieds qu'il avait eu
« gelés pendant qu'il fut pris, et ayant été
« tourmenté de fièvre pendant sa captivité, prit
« la résolution et l'exécuta de s'enfuir à travers
« les bois, sans vivres, sans fusil, n'ayant que sa
« hache et deux chemises. Il partit le 27 May, à
« 7 heures du matin ; gagna aussitôt les bois ;
« fit beaucoup de chemin la 1re et la 2e journée ;
« vécut de cerfeuil, d'ails sauvages en petite
« quantité, et de feuilles de bois blanc qu'il eut
« peine encore à trouver dans les montagnes ; et
« enfin le 13e jour, s'étant toujours conduit par
« le soleil, il atteignit les premières habitations
« de Saint-Frédéric, tellement exténué que si
« quelqu'un ne l'avoit rencontré, il eut couru
« grand risque de périr, pendant la nuit suivante,
« n'ayant pas la force de se traîner. Il a été
« accueilli de tout le monde en arrivant. »

Je ne sais qu'elle a été l'intention de Desandroüins en racontant l'évasion de ce pauvre vieux charpentier. Mais, toujours est-il que c'est là un magnifique exemple des privations et des souffrances que peut endurer un homme qui porte au cœur la nostalgie des siens et l'amour de son pays !

« Le 10, beau temps. Tout le monde était bien
« en train de travailler, lorsqu'il arriva, vers
« 2 heures 1/2, un malheur qui troubla tout, et
« me toucha aussi sensiblement que jamais je
« l'aye été, continue Desandroüins.

« Six canonniers faisaient des balles à feu (1),
« dans une casemate de la grande demi-lune : un
« officier, M. d'Arlens, capitaine de *Berry*, les
« regardoit. Tout-à-coup, le feu prit à l'artifice
« par un accident qu'on ne scait pas, mais qu'on
« soupçonne avoir été occasionné par un poinçon
« de fer avec lequel ils battoient le pulverin dans
« les balles.

« Quatre canonniers furent tués et brûlés, et les
« autres estropiés et à demi brûlés, de même que
« M. d'Arlens.

« Je venois de leur parler de mon pays, il y
« avoit un 1/4 d'heure ! »

Peut-être quelques uns de ces malheureux artilleurs étoient-ils Lorrains ou Verdunois.

A cette époque le service des reconnaissances devint plus actif, si c'est possible, que par le passé, car on voulait avoir des nouvelles des Anglais qui se trouvaient à Lydius et aux environs.

Pour cela le colonel de Bourlamaque avait organisé des bandes de 20 et parfois de 100 Canadiens ou Sauvages, mêlés à quelques volontaires français qui partaient chaque jour en course.

Les Canadiens et les Sauvages surtout, très

(1) Probablement des balles explosibles.

mauvais soldats en ligne, nous l'avons déjà dit, étaient éminemment propres à ce genre de guerre, où chacun y est pour soi. Mais il fallait des officiers français qui leur donnassent l'exemple du courage, et les maintinssent dans les circonstances difficiles, car alors ils avaient plus de confiance en l'*homme pâle* qu'en eux-mêmes.

Il n'en manquait pas à Carillon de ces hardis aventuriers : Wolf, de Langis, du Faye, du Prat, Bernard, Fabrevois, etc.

Certes, il y avait quelque chose qui devait sourire aux cœurs jeunes, braves, amoureux du péril, dans ces courses lointaines, sous ces grands bois solitaires ; en compagnie des Sauvages. De ces affreux Sauvages qui, le tomahawk ou le casse-tête à la main et le fusil sur l'épaule, s'en allaient, cherchant la *piste* sous la feuillée ; sondant de l'œil les fourrés ; saisissant, dans le silence général de la nature, des bruits imperceptibles aux autres ; franchissant les cours d'eau sur de légers canots d'écorce qu'on emportait avec soi ; épiant et attaquant les habitations isolées qu'on rencontrait par hasard ; couchant à la belle étoile, ou sous un arbre de la forêt ; vivant d'un morceau de pain et d'un quartier de viande boucanée ; parfois se heurtant à un parti ennemi, recevant des coups de fusil, en rendant ; et revenant presque toujours au fort avec quelques prisonniers, quelques *chevelures*, et des nouvelles vraies ou fausses.

Mais que d'actes de barbarie ont dû se commettre dans ces reconnaissances, quand l'officier qui commandait n'avait pas le pouvoir ou la volonté de les empêcher. Voici un fait raconté et flétri par Desandroüins :

« Un parti de Sauvages commandé par M. Hertel,
« officier de la Colonie, courant les bois et rôdant
« autour d'habitations qu'ils se gardèrent bien
« d'attaquer, aperçoit un paysan, passant tran-
« quillement avec sa femme qui tenoit un enfant
« à la mamelle. Les Sauvages tirent sur le paysan,
« lui labourent l'omoplate d'une balle, et le font
« prisonnier, lui, sa femme et son enfant, et
« l'enmènent vers Carillon, les Sauvages portant
« l'enfant. A un jour de marche, la pauvre femme
« tomboit de fatigues, et ne pouvoit suivre ses
« ravisseurs au travers des bois. Alors, on s'arrêta
« un instant, et on la tua d'un coup de fusil !
« Trait barbare et inhumain, digne couronnement
« d'une si belle course !

« M. Hertel a rapporté que cette femme étoit
« jeune et jolie.

« On croit, en ce pays-cy, s'être immortalisé
« quand on a fait 200 lieues pour assassiner une
« femme ! »

Les Sauvages, dont nous venons de parler, étaient revenus très nombreux, cette année, au camp de Carillon. Ils étaient près de 400 qui parurent d'abord remplis de bonne volonté, assurant M. de Bourlamaque qu'ils ne l'abandonneraient pas de toute la campagne. « Ils seront

« à tout moment sur l'Anglois comme les marin-
« guoins (1) bien affamés qui reviennent inquiéter
« et sucer le sang de celuy qui leur est exposé.

« Il est vray qu'ils s'enyvrent avec tout ce qu'ils
« veulent : on ne leur refuse rien. Une troupe de
« Sauvages yvres est venue présenter un *Collier*
« au Général pour avoir de l'eau-de-vie, ce qui ne
« s'étoit jamais fait : le *Collier* fut rejeté et
« l'eau-de-vie refusée. On n'auroit pû leur en
« donner, sans vouloir les tuer, ou les rendre
« malades pour longtemps. Ils sont tous enrhumés.
« L'on prétend que la dernière reconnaissance a
« manqué à cause de la toux qu'ils avoient tous,
« et qu'ils n'ont contractée qu'à force de *chanter*
« *la guerre* continuellement pour avoir de l'eau-
« de-vie. »

Grands enfants, qui avaient naïvemeut tous les défauts de l'enfance, même la duplicité !

Ainsi un Sauvage appelé Flounontouan, faisant partie d'une expédition de M. de Langis, l'abandonna en route, et on le crut passé aux Anglais, tellement que ses compagnons en furent consternés et firent des excuses à leur Père.

Mais, huit jours après, Flounontouan reparut et raconta qu'il avait voulu faire un prisonnier chez les Anglais ; qu'il avait vécu d'un ours qu'il avait tué à la chasse, et dont il rapportait des quartiers boucanés ; qu'il était resté plusieurs jours embusqué

(1) *Maringouin*, moucheron d'Amérique semblable au *cousin*, mais plus gros.

sur la rivière d'Orange, et avait vu des soldats et des berges en quantité. Il ajouta qu'il avait fait prisonnier un homme et une femme ; mais, qu'étant poursuivi par les Agniers, il n'avait eu que le temps de leur donner à chacun un coup de casse-tête, sans avoir celui de lever leur chevelure.

« Il ne faut pas croire un seul mot de ce
« misérable, dit Desandroüins..... Il y a grande
« apparence que ce Flounontouan est un espion
« Anglois. »

Du reste, à la fin les autres Sauvages ne valaient guère mieux. A mesure qu'ils sentaient le besoin que nous avions d'eux, leur indiscipline grandissait ; et il fallut plus d'une fois que le colonel de Bourlamaque employât toute l'énergie, je dirai presque toute la dûreté de son caractère, pour les faire obéir.

Voici en effet ce qui arriva à cette époque. Un après midi les Outaouais, Folles-Avoines, et Saulteurs, etc., ayant bu beaucoup d'eau-de-vie qu'ils avaient volée, et étant ivres, se mirent à faire un vacarme infernal dans le camp, « tirant
« des coups de fusil sur les chiens et les poules :
« heureusement que les balles n'ont attrapé que
« les animaux.

« M. de Bourlamaque a couru pour les retenir,
« et leur a parlé fort dûrement, comme ils le
« méritoient : — Nous scaurons faire la guerre
« sans vous, leur a-t-il dit ; à quoy nous avez-vous
« été bons jusqu'à présent ? Nous avons battu

« l'Anglois l'année dernière sans aucuns de vous :
« nous le ferons encore cette année. S'il arrive le
« moindre accident à aucuns de nos officiers, je
« feray tirer sur tous vos chefs, et je feray tuer
« dix de vos jeunes gens pour un soldat blessé. »

On savait que Bourlamaque était homme à leur tenir parole.

« Les interprètes se sont joints à luy pour faire
« de vifs reproches aux Sauvages. Les chefs ont
« jeté leurs *médailles* (1), et ont paru fort fâchés
« contre leur Père. Lorsqu'ils seront de sang
« froid, on ne doute pas qu'ils ne sentent leurs
« torts. »

En effet, un de ces chefs, qui avait jeté sa *médaille* au pied de Bourlamaque, vint le lendemain demander à son Père la permission de la reprendre. Bourlamaque la lui rendit, en lui faisant présent d'un beau ruban bleu pour l'attacher à sa poitrine. Mais un autre grand chef Outaouais ne voulut pas la reprendre ; « et il dit
« que les François sont des chiens. »

Avec de telles dispositions de la part des Sauvages, il n'y avait plus rien de bon à en attendre.

(1) Les chefs Sauvages portaient, en signe de distinction, sur leur poitrine, un portrait du Roi de France.

CHAPITRE XIV.

On décide qu'on abandonnera Carillon. — Les travaux y continuent. — Approche des Anglais. — Bourlamaque quitte Carillon qu'on fait sauter. — L'armée se retire à l'Ile-aux-Noix. — 1759.

Il y a cent ans, les grands chemins du Canada étaient les lacs, les fleuves et les rivières. Il n'y en avait pas d'autres. Une armée étrangère ne pouvait envahir le pays que par là ; et tous, ils aboutissaient à Montréal, capitale du Canada.

Le lac Champlain était un de ces chemins, comme l'Ontario, comme le Saint-Laurent.

Desandroüins, nous l'avons dit, allant à Carillon, avait reconnu le Champlain et cherché, sur ses bords ou dans ses îles, une position qui barrât ce chemin aux Anglais, en cas où il fallut abandonner Carillon, tête du lac.

Cette éventualité de l'abandon de Carillon se faisait menaçante.

Il était certain en effet que la petite armée de Bourlamaque, 2.500 hommes à peine, allait être attaquée par des forces dix fois supérieures, 20 ou 25.000 Anglais.

Fallait-il les attendre à Carillon ? Fallait-ils les attendre ailleurs ? Là était la question.

Les attendre à Carillon :

S'ils marchent droit sur cette position, et qu'ils l'assiègent ; pourra-t-on résister ? Plus prudents et non moins audacieux que l'an dernier, ils auront cette fois des berges sur le lac Champlain, et du canon contre nos retranchements ! Et si l'on est vaincu : la retraite sera coupée du côté du lac ; le tiers des forces du Canada anéanti ; et le chemin de Montréal large ouvert !

Mais attaqueront-ils même Carillon ?

Il peut se faire, qu'instruits par leur précédente défaite, les Anglais tournent le fort en profitant d'un ravin profond qui les cache à sa vue ; fassent par la même voie le *portage* de leurs berges jusqu'à l'embouchure de la Barbue, *portage*, qui n'étant long que de cinq à six lieues, leur est facile vu leur grand nombre ; et tombent ainsi sur Saint-Frédéric qui ne peut résister. Alors que deviendra la petite armée de Carillon, isolée du Canada ? Qui arrêtera l'armée Anglaise, maîtresse du lac Champlain, dans sa marche sur Montréal ?

Après tout c'était moins la forteresse de Carillon qu'il s'agissait de garder, que la route de Montréal. Si on empêchait les Anglais de passer, peu importe que ce fut à Carillon, à la Barbue ou ailleurs. Pourvu qu'on les arrêtât sur le lac Champlain, cela suffisait !

Alors, ne fallait-il pas mieux abandonner la

position de Carillon où l'on risquait d'être pris ou tourné ? On y laisserait une faible garnison, suffisante seulement pour la mettre à l'abri d'un coup de main, et on irait se retrancher dans une position déjà reconnue par Desandroüins. Là, on attendrait que l'ennemi accentuât son mouvement. La garnison de Carillon ferait son possible pour le retarder. Puis, quand elle se sentirait à bout, et avant qu'elle fût tout-à-fait bloquée, elle quitterait le fort pendant la nuit *en le faisant sauter*, et rejoindrait Bourlamaque par terre ou par eau.

Desandroüins, dans un de ses précédents *Mémoires*, avait prévu le moment où il faudrait *faire sauter le fort de Carillon*.

Cette résolution prise sans doute en conseil de guerre, l'exécution en fut remise à Bourlamaque. On pouvait être sûr qu'il ne devancerait pas d'une minute l'heure de la retraite !

D'abord il voulut voir par lui-même les positions de Saint-Frédéric et de la Barbue, et s'y rendit le 1er Juin, accompagné des deux compagnies de la *Reine* et de *Berry*.

Saint-Frédéric n'était pas tenable, dominé qu'il était par une hauteur semblable à celle qui se trouve près de Carillon. Seulement la hauteur de Carillon est fortifiée, tandis que celle de Saint-Frédéric ne l'est pas ; et l'on n'a pas le temps d'y faire des retranchements susceptibles de défense.

Quant à l'embouchure de la Barbue, la position

fut trouvée trop étendue pour une petite armée. Bourlamaque décida qu'il s'y arrêterait seulement quelques jours en se retranchant sur la pointe, pour donner à la garnison de Carillon le temps de le rallier ; puis qu'il ferait sauter Saint-Frédéric à son tour, et se retirerait à l'Ile-aux-Noix.

On ne voulait laisser derrière soi, aux Anglais, que des ruines.

Mais tous ces projets de retraite, encore inconnus à l'armée, n'avaient pas d'un instant interrompu les travaux de Carillon.

La victoire du 8 Juillet avait fait de Carillon presqu'un objet de terreur pour les Anglais, en même temps qu'elle donnait à nos soldats une extrême confiance dans la bonté de ce poste. Confiance peu méritée pourtant suivant le capitaine Desandroüins : « Deux années de travaux conti-« nuels faits à Carillon, pourraient faire soupçonner « que ce poste est *soutenable*, dit-il, et il n'en est « rien. »

Il est vrai que depuis lors la montagne tout entière, à la pointe de laquelle se trouve Carillon, et les deux petites plaines de chaque côté avaient été garnies de bons retranchements qui pouvaient défier pendant quelque temps un retour offensif de l'ennemi. Mais il y restait encore beaucoup à faire. Du reste, à la guerre, il n'y a pas de position complètement inexpugnable : toujours il y manque quelque chose : toujours il faut améliorer, compléter, augmenter : toujours il faut travailler.

Nos soldats travaillaient donc à Carillon cette année, comme ils avaient travaillé l'an dernier ; comme s'ils avaient dû définitivement s'y établir, et y attendre les Anglais. On y creusa même un puits profond pour donner de l'eau potable en cas de blocus.

Pourtant quelques jours avant le voyage de Bourlamaque à Saint-Frédéric, « le bruit avait « couru qu'on devoit abandonner le fort de « Carillon à ses propres forces, que M. d'Hébe- « court y commandera et que toute la garnison « est déjà nommée. »

En effet, le 26 Juin, on commença à déblayer le fort. « Ce déblayement, quoique fait le plus se- « crettement possible, n'en est que plus remarqué « du soldat qui est surpris qu'on attend la nuit « pour embarquer des effets.

« Le 30 : les malades sont envoyés à Saint- « Frédéric : on déblaye à force depuis plusieurs « jours tous les effets du fort.

« Le 5 : on a fait embarquer tous les gros « équipages de l'armée de Carillon sur la gabarre « la *Facile*, et tout est préparé pour une retraite. »

C'est qu'en effet chaque jour les nouvelles devenaient de plus en plus alarmantes. Le bruit de l'arrivée des Anglais, jusqu'alors éloigné, se rapprochait petit à petit, comme les grondements du tonnerre qui, sourds au début, vont sans cesse grandissant ; et leurs reconnaissances commençaient à se montrer autour de Carillon, pareilles aux éclairs avant-coureurs de l'orage. Ils s'étaient fait précéder par le feu.

« Deux ou trois fois par semaines, dit Desan-
« droüins, il sort de Lydius des partis qui ont
« ordre de faire courir le feu dans les bois : c'est
« vraysemblablement pour voir mieux les pistes. »
Mais n'était-ce pas aussi pour essayer de brûler nos retranchements construits partie en bois?

Quoiqu'il en soit, « le feu a pris dans la Réserve,
« en avant des retranchemens de la plaine à
« droite, très violemment parceque les gens de
« corvée, qui y été allés bûcher les jours derniers,
« y avoient laissé des feux allumés ». Le feu dura trois jours et fut éteint avec peine.

Le 12 Juillet, presqu'immédiatement après, un nouvel incendie fut allumé, et cette fois à nos retranchements eux-mêmes : « Le feu a pris avec
« force aux retranchemens ; on y a envoyé les
« piquets et les Canadiens ; on y a fait des
« coupures ; mais il y a eu environ 40 toises de
« détruits.

« Le 13 : le feu continue en avant et en arrière
« des retranchemens... On bouche la brèche faite
« hyer. On s'est occupé à écarter du retran-
« chement tout ce qui est combustible ; on a fait
« ce qu'on a pu pour éteindre les feux », qui duraient encore le 16.

Cependant les déserteurs Anglais cherchent à nous tromper. D'après eux, les troupes qui doivent nous attaquer sont en grande partie composées de recrues françaises qui nous venaient, et qui sont tombées aux mains de l'ennemi. On les a incorporées de force dans les régiments, et elles ne cherchent qu'à déserter. Du reste, ces troupes ont tellement peur des Sauvages, qu'elles refusent de marcher, « et qu'elles sont restées deux ou « trois jours en bataille, croyant toujours que « notre armée aller leur tomber dessus. Aussi les « Anglois ne viendront pas nous attaquer. »

Tous ses racontars étaient des mensonges. Si les Anglais étaient effrayés, l'effroi ne les paralysait nullement.

Ils étaient 12 à 15.000 réunis sur les ruines du fort William-Henry, et nos coureurs « avaient « entendu aboyer leurs chiens. » Ils avaient près de 300 berges à l'ancre sur les bords du Saint-Sacrement, ainsi que plusieurs bateaux armés de canons. Quelques-unes de leurs berges étaient occupées à fouiller les îles du lac; et une de ces légères embarcations, apportée à dos d'hommes, avait été vue rôdant jusque dans le Champlain, aux abords de la baie des Deux-Rochers.

Aussi, ne s'endormait-on point à Carillon dans une trompeuse sécurité. Les fausses alertes même qu'ils eurent, tenaient nos soldats en éveil.

Le 15 Juillet, vers le soir, un de nos chefs de partis, « avec les Sauvages, vint à toute course « annoncer qu'il avoit entendu marcher, tousser, « faire le hibou dans les environs de l'ancien camp « du Portage, et qu'on y avoit répondu. »

Sur le champ, Bourlamaque ordonne, aux trois compagnies de grenadiers, aux volontaires, aux Sauvages, aux piquets de garde, et à quelques ouvriers du génie, de marcher aux retranchements ; et au reste de l'armée de se tenir prête à prendre les armes.

Bientôt « les Sauvages arrivent les uns après « les autres. Ceux-ci disent avoir entendu comme « des quantités de berges et de batteaux aborder « la rive du lac, puis le bruit des rames qui se « choquent en abordant, et le tumulte indispen-« sable d'une armée qui débarque; ceux là ont « ouï parler, casser des branches d'arbres et « remuer la terre comme pour se retrancher... »

Sur ces rapports répétés, Bourlamaque, qui fut sur pied toute la nuit, fait sortir les volontaires, les Canadiens et les Sauvages, à peu près 600 hommes, soutenus en arrière par les grenadiers, avec ordre de ne point s'engager. Ils avancèrent jusqu'à la rivière Bernetz « en bonne contenance. « Les Sauvages se sont éparpillés, et ont poussé « à toute course, jusqu'au lieu du prétendu « débarquement des Anglois où ils n'ont même « pas vu la moindre piste ! »

L'alerte était fausse cette fois. M. de Langis, « qui étoit resté au Portage, avec 5 ou 6 Sauvages, « n'avoit du reste rien vu, ni entendu. » Mais la peur avait fait entendre aux Sauvages des bruits qui n'existaient que dans leur imagination. Pourtant le lendemain un article « de la *Gazette*

« *de la Nouvelle-Angleterre*, trouvée par hasard,
« disoit que l'armée du lac Saint-Sacrement devoit
« partir le 19, pour attaquer Carillon. »

Ce n'était donc que partie remise. En effet, le 22, l'armée anglaise débarquait au Portage, dès la pointe du jour.

Nos éclaireurs prévinrent immédiatement Bourlamaque. « A 8 heures, allarme générale. Les
« grenadiers, un détachement de volontaires,
« cent Canadiens et les ouvriers du génie bordent
« les retranchemens. Un piquet du 2ᵉ bataillon
« de *Berry* et les volontaires de Wolf partent
« pour la rivière à la Barbue. »

A 10 heures, les détachements qui étaient aux retranchements sortirent dans le même ordre que le 16. Mais les Sauvages refusèrent de marcher. « A 11 heures, M. de Bourlamaque est sorti pour
« les engager à aller tâter l'ennemy ; n'ayant pu
« y réussir, il y a envoyé les volontaires de
« Bernard et les Canadiens. »

Les Canadiens et les volontaires de Bernard s'élancèrent sur les hauteurs abandonnées par les Sauvages et virent en face d'eux, sur la Chute, un corps de 4,500 hommes qui traversait la rivière sur un pont qu'on n'avait pas eu le temps de couper. « Sur ce pont à peine pouvoit-il passer
« deux hommes de front : en un clin d'œil les
« Rogers furent passés ; et les troupes réglées,
« de la meilleure grâce du monde et avec grande
« vivacité, les suivirent et se mirent en bataille

« en face de nos soldats, » puis marchèrent à eux. On tiraillà longtemps de part et d'autre ; mais nos décharges n'arrêtèrent point les colonnes anglaises ; et les Canadiens et les volontaires, beaucoup moins nombreux, furent repoussés.

Du reste, le colonel de Bourlamaque avait recommandé à tous les officiers de ne point, en s'engageant trop à fond, compromettre ni eux-mêmes, ni leurs hommes ; mais seulement de tenir le plus longtemps possible, pour retarder la marche des colonnes ennemies. On les maintint en effet jusqu'à l'entrée de la nuit ; puis on revint en bon ordre derrière ses retranchements que l'on borda comme s'ils devaient être attaqués.

Dans l'après-midi de cette journée, Desandroüins, avec le 2ᵉ bataillon de *Berry* et la compagnie d'ouvriers, avait reçu l'ordre de s'embarquer immédiatement, et d'aller occuper l'embouchure de la Barbue. Il y arriva à 7 heures 1/2 du soir. A peine débarqué, la nuit survint ; on remit le travail au lendemain, et l'on bivouaqua par terre.

A minuit, l'armée elle-même s'embarqua tout entière, ne laissant à Carillon qu'une faible garnison de 180 soldats de terre, 85 soldats de marine, 120 Canadiens et ouvriers, et 13 canonniers. Une brume très épaisse couvrait le lac : quantité de bateaux s'égarèrent en chemin, et ce ne fut qu'au point du jour qu'ils retrouvèrent leur route. Cependant tous arrivèrent à l'embouchure de la Barbue, le 23, au matin.

Déjà Desandroüins, et ses hommes étaient au travail, « quoiqu'ils fussent bien fatigués de la « pluye abondante de la veille, du bivouac de la « nuit qui fut très humide, et d'un brouillard fort « épais et fort noir.... »

Aussitôt débarqué, Bourlamaque, accompagné du capitaine Desandroüins, visita l'emplacement du camp et les travaux commencés, et y apporta quelques modifications. Du reste les retranchements de la Barbue n'étaient que passagers. Quelques heures de repos furent laissées à l'armée.

Pendant toute cette journée du 23, « nous vîmes, « dit Desandroüins, une épaisse fumée du côté de « Carillon ; c'étaient les deux hôpitaux, les han- « gards de la Haute et de la Basse-Ville, et les « baraques du camp qu'on incendiait. La garnison « s'est occupée de détruire sur le champ tous les « bâtiments du fort, ou au moins d'en enlever « toutes les toitures..... »

« Cependant les Sauvages sembloient honteux « de n'avoir rien voulu faire la veille contre « l'Anglois. Ils étoient d'une surprise étonnante de « nous voir abandonner ces retranchemens si « célèbres par notre victoire de l'année précé- « dente, et par nos travaux pour les perfectionner. « Ils n'en vouloient rien croire, lorsqu'on le leur « annonça pour qu'ils pourvussent eux-mêmes à « leur retraite, et disoient : — Quoy, le François « abandonneroit la maison, la cabane où il a tant « travaillé ? Non, cela ne peut être. — Et le

« François répondoit : — On voit que vous avez
« peur de l'Anglois, que vous n'osez vous montrer
« devant luy pas plus que des femmes, et que vous
« comptez pour rien la volonté de votre Père. ».

Ils furent sensibles à ces reproches et voulant réparer leur honneur, ils demandèrent tous à retourner à Carillon. Il en partit effectivement plusieurs canots à l'entrée de la nuit.

L'ennemi, à Carillon, ne s'était aperçu du départ de l'armée qu'à 8 heures du matin. Il avait aussitôt occupé les retranchements hors du fort, et essayé d'ouvrir la tranchée. Alors on lui envoya des boulets et des bombes « qui firent un
« merveilleux effet, et divertirent bien les Sau-
« vages, qui avoient eu soin de boire un coup
« d'eau-de-vie, en arrivant à Carillon. »

Le 24, Desandroüins fut envoyé, par son général, à Saint-Frédéric pour y étudier la position d'un camp plus commode que celui de la Barbue, et prendre à l'avance les moyens de faire sauter le fort. A 5 heures du soir, il était de retour....

A la même heure, revenaient les Sauvages de Carillon.

Craignant d'y être renfermés, ils étaient vite remontés dans leurs canots, et avaient rejoint l'armée de Bourlamaque.

Alors les Iroquois, les plus nombreux, tinrent, la nuit même de leur retour, un grand conseil qui se prolongea jusqu'à 9 heures du matin.

« Les Sauvages d'En Haut y ont été appelés.

« Mais, comme ils sont moins grands *verbiageurs*
« que nos *domiciliés*, ils se sont ennuyés, et les
« ont quittés pour aller dormir. Vers 10 heures,
« les Iroquois ont parlé à leur Père, et lui ont dit :

« — Mon Père, tu nous a envoyés à Carillon
« par le lac; nous ne pouvons rien faire. Tu aurois
« pourtant besoin d'une *parole vivante*, et, nous
« voudrions te la rapporter.... M. de Montcalm
« avait coutume de lier toutes les Nations par un
« *collier*, mais toi, tu ne nous en a pas encore
« donné : comment veux tu que nous n'ayons qu'un
« même esprit, et que nous nous souvenions de tes
« paroles qui disparaissent aussitôt, et qui s'ou-
« blient presqu'aussi vite ? Ne nous gronde pas,
« Mon Père, si nous ne faisons pas ta volonté et
« si nous l'oublions. Nous avons tenu conseil toute
« la nuit, Mon Père, et nous avons beaucoup
« parlé ; nous avons le gosier sec et la langue
« épaisse ; tu devrois presser tes mamelles, et
« nous donner une goutte de ton lait.

« M. de Bourlamaque leur a répondu :

« — Mes Enfants, je vous aime beaucoup, et je
« vous laisse libre d'aller en guerre, ou de rester.
« Je n'ay pas besoin de parole vivante ; vous
« pouvez remarquer que je cherche à vous
« conserver, puisque je vous ay averti de ne plus
« aller à Carillon par eau, dans la crainte des
« berges que les Anglois pourroient avoir trans-
« portées dans le lac. Je ne vous demande même
« pas d'y aller d'aucune manière : j'enverroy des

« François lorsque je voudroy savoir des nouvelles.
« Je suis très surpris que Mes Enfants demandent
« un *collier* pour les lier les uns aux autres,
« puisqu'ils ont refusé de le recevoir à Carillon,
« lorsqu'il étoit nécessaire que toutes les Nations
« eussent un même esprit. Mais aujourd'hui je
« veux laisser chacun libre d'aller à l'ennemy, ou
« de rester icy : je le garderay bien et il ne lui
« arrivera aucun accident. Je ne vous demande
« qu'une petite découverte, sur la rivière la
« Barbue, de 5 ou 6 hommes ; et encore ne vous la
« demanderois-je pas si les François connaissoient
« les pistes dans les bois. Mais vous n'y trouverez
« pas l'armée Angloise ; elle est devant Carillon.
« C'est une découverte pour reconnaître notre
« position ; je donneray des François pour sou-
« tenir vos découvreurs. Vous continuerez d'avoir
« un coup d'eau-de-vie tous les matins pour vous
« réveiller, et un coup un peu plus fort en reve-
« nant de la découverte. Je ne puis être accusé
« de vous avoir desséché le gosier : ce n'est pas
« moy qui vous ay dit de tenir conseil : si vous
« êtes venus me parler, je ne vous ay point
« appelés, et vous n'aurez point d'eau-de-vie
« aujourd'huy — . »

« Les Sauvages sont partis sentans combien peu
« on paraissoit faire cas de leur valeur et de leur
« bonne volonté dans ce discours. Ils ont fourni
« une quinzaine d'hommes à M. de Langis pour sa
« découverte, et n'ont fait paraître aucun empres-

« sement pour aller harceler l'ennemy sur ses
« derrières. Le seule brave Outchick, Nipissing,
« est resté dans le fort avec M. d'Hébecourt.

« Les Sauvages d'En Haut iroient assez, disent
« les officiers à eux attachés, si les *domiciliés*,
« vouloient leur montrer le chemin, comme
« cela est juste puisque c'est icy chez eux. Mais
« ceux-cy passent leur temps en beaux discours
« et en conseils, et craignent pour leur vie. »

Du reste tous « avaient leur cœur malade et
« l'esprit préoccupé, » comme leur reprochait le
colonel de Bourlamaque quelques jours après la
scène que nous venons de raconter. Peut-être
même les Iroquois avaient-ils déjà chargé un des
leurs d'aller de leur part porter les paroles de
paix aux Anglais.

Mais revenons à Carillon dont le siège est raconté
avec détail par Desandroüins : car il partait tous
les jours de la Barbue un officier en canot armé
de Français pour en rapporter des nouvelles.

Des redoutes, des retranchements qu'ils occu-
paient, les Anglais avaient poussé leurs tranchées,
à travers le plateau, vers le fort.

« M. d'Hébecourt est très content de son
« artillerie et des bombes. M. de Louvion, com-
« mandant de l'artillerie, travaille continuellement,
« et court d'un lieu à l'autre pour faire exécuter
« ses ordres avec plus de diligence et de succès.

« Notre artillerie continue à faire merveille, on
« a tué un ingénieur qui piquetoit la tranchée. »

Mais des berges ennemies commençaient à paraître sur le Champlain : rien n'empêchait plus les Anglais d'en faire le *portage*. Si on laissait occuper le lac, la petite garnison de Carillon, enfermée par eau et par terre, serait bientôt forcée de se rendre. Le commandant d'Hébecourt prévint ce moment fatal ; et suivant l'ordre qu'il en avait reçu, il abandonna à son tour le fort.

Le 27, à 10 heures du soir, la garnison avec ses armes, ses bagages, ses canons, était prête à partir. Mais il y eut confusion et désordre au moment de l'embarquement : « tous les soldats « étaient yvres ! » Plusieurs poussèrent au large avant que tout le monde ne fut embarqué ; et sans un bateau, qu'on trouva par hasard au parc de l'artillerie, plus de 40 hommes restaient sur la grève. Il en déserta cinq ou six. Une vingtaine craignant de ne pas trouver de places sur les bateaux, rejoignirent le lendemain, par terre, le camp de la Barbue. Le commandant du fort, d'Hébecourt, et le commandant de l'artillerie, de Louvion, ne quittèrent Carillon que les derniers.

Il était minuit ou une heure du matin. A peine leur embarcation avait-elle pris le large, qu'une épouvantable détonation retentit. Le sol en trembla : les flots du lac furent secoués. Un épais nuage de poussière, mélangé d'une grêle de pierres, de bois et de débris de toutes sortes, tourbillonna un instant dans les airs, au-dessus du fort, rendant plus sombres et plus lugubres les ténèbres de la nuit, puis s'abattit sur tous les environs.

Quand il fut dissipé, on vit, à la place où avait été Carillon, des amoncellements de ruines.

Ainsi finit ce fort, naguère témoin de tant de vaillance et de tant de souffrance. De Carillon, qui eut il y a cent ans, son heure de célébrité, il ne reste plus de traces : il en reste à peine le nom !

La garnison en retraite arriva à Saint-Frédéric où on lui avait donné rendez-vous, le 28, vers 6 heures du matin. Les Anglais apprirent le départ de la garnison, par la destruction du fort.

Dans la matinée du même jour, Desandroüins reçut l'ordre de partir, avec les ouvriers, pour aller miner Saint-Frédéric et un poste voisin appelé le Moulin-à-Vent.

Le lendemain l'armée décampa de la Barbue, et vint à St-Frédéric. On ne devait point y séjourner, et on ne débarqua ni artillerie, ni matériel. Desandroüins fit charger les fourneaux de mines.

Le 31 au matin, tous les bateaux, berges, et barques, étant réunis au port, l'armée se rangea en bataille sur le rivage. A 7 heures, on commença à s'embarquer dans l'ordre suivant : la colonie, c'est-à-dire toutes les femmes, les enfants, les ouvriers civils, les commerçants qui s'attachent toujours aux armées, fut placée à l'avant-garde où il n'existait aucun danger ; puis vinrent les bateaux chargés de vivres; puis les ambulances avec les blessés et les malades; puis les bateaux chargés de poudre ; puis les ouvriers de la fortification ; puis les deux bataillons de *Berry*, celui de la *Reine*, les volontaires et les Canadiens ; puis enfin les trois compagnies de grenadiers qui fermaient la marche, avec M. de Bourlamaque.

M. de Louvion, en sa qualité d'officier d'artillerie, mit le feu aux mines. Après quoi, il sauta dans une pirogue et s'éloigna à toutes rames.

Le Moulin sauta, une heure après le départ de l'armée ; mais, vers 10 heures, voyant que le fort restait toujours debout, un brave canonnier s'y fit ramener, et trouva que la secousse du moulin, quoiqu'éloigné de 150 toises, avait fait tomber la dernière *lance* à feu qui restait à prendre. Le canonnier la replaça et y mit le feu assez imprudemment ; car il était à peine éloigné d'une cinquantaine de pas, que le fort Saint-Frédéric sautait dans les airs, et retombait en lambeaux, l'enveloppant de fumée, de poussière, de décombres et d'éclats de toutes sortes, dont pas un heureusement ne l'atteignit.

C'en était fait ! Nous n'avions plus un pouce de terre sur les bords du haut Champlain.

Toute l'armée était restée en panne, à une lieue ou deux de la pointe Saint-Frédéric, pour être témoin de l'explosion. On recueillit le canonnier, et l'on partit tristement ; car on savait que les épreuves n'étaient pas finies, et que la victoire n'en serait pas le couronnement.

On arriva le 2 août en vue de l'Ile-aux-Noix

que Desandroüins avait reconnue quatre mois auparavant. Il fut immédiatement envoyé à terre, avec les ouvriers de la fortification ; et, pendant que l'armée restait à bord, il alla préparer le campement dans l'île dont il trouva la tête déjà fort bien fortifiée. L'armée y descendit à son tour, le lendemain matin, par une pluie battante. Là, elle devait s'arrêter, faire face à l'ennemi, et mourir s'il le fallait.

Le 4, les travaux commencèrent. Les bataillons en masse furent employés à la besogne.

Pendant ce temps là, les Anglais qui nous suivaient pas à pas, avaient occupé St-Frédéric après Carillon. Maîtres du haut Champlain, ils avaient alors lancé sur le lac leurs berges armées en guerre pour y faire la course. Mais nous avions aussi, à Saint-Jean, quelques bateaux portant des canons : on essaya la petite guerre maritime.

Pourtant, ils n'osèrent cette année attaquer Bourlamaque acculé comme un sanglier dans son île. La résistance pouvait être longue ; deux mois à peine séparaient de l'hiver, et bientôt les glaces rendraient le lac impraticable. Pour ces raisons le général Hammerst, avec 15.000 hommes sous ses ordres, abandonna la poursuite des 2.500 Français que commandait l'intrépide Bourlamaque !

Quoiqu'il en soit, nous avions perdu le lac Champlain ; et l'Ile-aux-Noix restait la seule barrière qui, de ce côté, empêchât les Anglais de marcher sur Montréal.

CHAPITRE XV.

Desandroüins aux Rapides. — Siège de Québec par les Anglais. — Première bataille des Plaines d'Abraham. — Prise de Québec. — 1759.

C'est aux *Rapides* du haut du Saint-Laurent que nous retrouvons le capitaine Desandroüins, douze jours après son arrivée à l'Isle-aux-Noix.

Le chevalier de Lévis, dont en ces circonstances l'activité égala le courage, était revenu à Montréal dans les premiers jours d'août, et avait demandé au colonel Bourlamaque de lui envoyer son ingénieur pour mettre en défense le Saint-Laurent, entre le lac Ontario et la capitale du Canada.

Desandroüins, qui avait étudié le terrain dans un *Mémoire* duquel nous avons parlé, reçut ordre d'aller immédiatement rejoindre M. de Lévis. Il arriva à Montréal le 15 août, à 6 heures du matin. Mais, depuis la veille, M. de Lévis était retourné aux *Rapides* et de là aux *Galots* (1).

(1) Les *Galots* sont de petites îles un peu au-dessus des *Rapides*.

Les *Rapides*, dont il est ici question, sont ceux du *Plat* et des *Citrons*.

Desandroüins l'y suivit. Il partit le 16, à 5 heures du matin, et arriva le 21, aux Galots. Le chevalier n'y était plus : une heure auparavant, il avait quitté les Galots pour aller reconnaître le haut Saint-Laurent. Le capitaine attendit son retour avant de rien entreprendre.

Dans l'intervalle, arriva un détachement de 300 Français et Canadiens avec des vivres, des munitions de guerre, des canons et des outils, ce qui porta à près de 500 le nombre des soldats défendant les *Rapides.*

Le chevalier de Lévis revint trois jours après. Pendant quarante huit heures, on fut assez indécis sur les travaux à faire. Enfin, on se mit à construire quelques batteries à la pointe de la grande île des Galots. Puis on acheta aux Sauvages une petite île toute proche, et on commença en hâte à y construire un fort qu'on nomma Lévis.

Ce fut pendant ce séjour aux Galots, que le chevalier de Lévis eut, auprès de Mesdames les Sauvagesses de la Présentation, un succès qui dût infiniment flatter son amour propre. Elles lui décernèrent, par délibération d'un grand conseil de femmes, le titre pompeux de *Soleil suspendu*, ou, en leur langue, d'*Oracoüenton !*

Oracoüenton était du reste le nom de la petite île où on avait décidé la construction d'un fort. Desandroüins, chargé d'en tracer le plan, en poussa vivement les travaux.

M. de Langis, le hardi coureur, était aussi venu

dans ces parages, pour se mettre à la tête des Sauvages de bonne volonté.

« Le 6 septembre, arrivée d'un canot dépéché
« par les Sauvages du parti de M. de Langis,
« annonçant qu'un canot envoyé par les Cinq-
« Nations était arrivé pour avertir leurs frères de
« la Présentation, de la part de Johnson, qu'une
« armée Angloise très forte allait se mettre en
« marche pour attaquer la partie du Canada où
« nous sommes, et qu'ils ne se mélassent point
« parmi les François, parcequ'ils seroient traités
« comme ennemis.

« M. le chevalier de la Corne, M. de Beauclair
« et un missionnaire allèrent sur le champ à la
« Présentation, où ils trouvèrent tous les Sau-
« vages de M. de Langis dans la plus grande
« terreur de la venue de l'ennemy, et dans de
« fort mauvaises dispositions pour les François.

« Un grand Conseil fut tenu avec les Sauvages,
« dans lequel ils ont promis de bien faire pour
« nous, en envoyant leurs femmes et leurs enfants
« dans la profondeur des bois. »

Il fallait tenir compte de cet avertissement et de la terreur des Sauvages. On expédia les malades à Montréal, et on en fit revenir des vivres. Cependant la ration de pain, pour chaque soldat, fut réduite à cinq quarts par jour. Mais on compensa cette réduction en donnant tous les matins, à chaque travailleur, une petite mesure d'eau-de-vie.

Ordre fut aussi donné, à tous les postes détachés le long du fleuve et à nos grands-gardes, de se tenir constamment en éveil et de se replier à la première vue de l'ennemi.

Cependant, nos barques ne restaient pas inactives, et donnaient la chasse aux berges Anglaises sur le lac Ontario, à 60 et 80 lieues des *Rapides*, car les Anglais avaient abandonné Frontenac.

« Un canot et des berges, dit Desandroüins,
« allèrent croiser en vue de Chouaguen et de
« Niagara. Les ennemis sont au moins 4.000 au
« premier de ces postes. Comme la petite flotille
« étoit mouillée auprès des isles des Galots (1),
« elle envoya à terre un canot et 4 Sauvages pour
« aller chercher des herbes. A l'instant qu'il
« voulut aborder, une décharge très violente de
« terre le força à se rendre. Le calme empêcha
« nos barques de manœuvrer ; mais leur canon fit
« retirer l'ennemy qui étoit au nombre de 18
« berges. M\ de Langis arriva peu après. Nos
« berges sont revenues à la source du fleuve, où
« elles attendent l'ennemy. »

Elles l'attendirent jusqu'au printemps !

Ici, les Anglais n'avaient osé, avec 4.000 hommes, en attaquer 500.

Ainsi, de leurs trois invasions, l'une, celle du haut Saint-Laurent, avait complètement échoué ; et la seconde, celle du lac Champlain, s'était

(1) Les *Galots* sont des ilots sur la côte Est du lac Ontario, près de la baie de Niouré.

arrêtée à moitié chemin, devant la ténacité de Bourlamaque défendant l'Ile-aux-Noix.

Mais, hélas ! la troisième, la plus importante, celle de Québec, avait malheureusement réussi !

Revenons pour quelques instants à ce siège mémorable, puis qu'aussi bien Desandroüins notait chaque nouvelle, bonne ou mauvaise, qui lui en arrivait, à Carillon et aux *Rapides*.

Le 29 juin, était arrivé à Carillon un courrier de Québec. Il rapportait que les travaux de fortifications y étaient achevés ; que les Anglais n'étaient que 15.000 hommes de débarquement sur leur flotte ; que les défenseurs de Québec étaient au nombre de 12.000 ; que les batteries sont bien garnies ; que tout le monde était dans la plus grande ardeur du combat ; que les Sauvages abondaient de toutes parts, etc.

Bonnes nouvelles : on s'en réjouit.

On se réjouit du naufrage, vrai ou faux, d'un vaisseau de ligne de 90 canons, de deux frégates et de six transports qui auraient péri, corps et biens, dans le Saint-Laurent.

Malgré cela les Anglais montent toujours. Ils se trouvaient hier à l'Ile-aux-Coudres. Aujourd'hui ils se sont emparés de l'île d'Orléans, qui est à trois ou quatre lieues au-dessous de Québec.

« On raconte qu'ils ont renvoyé poliment toutes
« les femmes qu'ils ont trouvées dans les habita-
« tions. Il y en avoit de fort jolies. Ils disent

« qu'ils ne sont que 10.000 hommes ; on ignore la
« politique de ce discours.

« Ils ont renvoyé, à M. Bigot, quelques paniers
« de vin, pris sur les vaisseaux François, à son
« adresse. Mercier a été chargé d'une réponse
« par M. de Vaudreuil. Il a été fort bien reçu. On
« lui a demandé si Carillon et Saint-Frédéric
« étoient pris par le général Hammerst ? On a
« affecté d'en être persuadé ; on a ajouté qu'il
« seroit bientôt sur les derrières de Québec. A ces
« fanfaronnades, Mercier a répondu par des
« fanfaronnades pareilles. » Ces fanfaronnades,
hélas! n'étaient plus, de notre part, qu'une vaine
satisfaction d'amour propre.

En effet quelques jours après, les Anglais s'emparaient de la Pointe de Lévis, sur la droite du Saint-Laurent, presqu'en face de Québec, s'y retranchaient fortement, et delà se préparaient à bombarder la Ville-Basse.

Mais pour atténuer sans doute l'effet de cette mauvaise nouvelle, on répand le bruit à Carillon qu'une escadre française assiège Louisbourg et Halifax ! Cette fameuse escadre qui n'existait que dans nos rêves, et qui n'était pas même une escadre *fantôme ?*

Enfin, le 18 juillet, on apprend que « les Anglois
« ont débarqué le 9 du même mois, au nombre
« de 6.000 hommes, *au delà du Sault du Montmo-*
« *rency,* » sur la gauche cette fois du Saint-Laurent,

à moins de trois lieues de la place assiégée (1).

« Un détachement de 300 Outaouais et de
« quelques Canadiens est tombé sur les 600
« premiers débarqués, et a perdu 23 Sauvages et
« 3 Canadiens après en avoir tué, dit-on, aux
« ennemis plus de 150 ; » mais n'a pû empêcher
le débarquement.

Ainsi, les Anglais étaient maîtres du fleuve
jusqu'à Québec ; maîtres de la rive droite par la
possession de la Pointe de Lévis ; maîtres de la
rive gauche, par celle de Sault du Montmorency.

Sur la rive droite du Montmorency, entre cette
rivière et la ville de Québec, s'étend une large
plaine appelée Beauport du nom d'un village qui
y était bâti et d'un petit ruisseau qui la traversait.
Cette plaine est limitée, du côté de Québec, par
la rivière Saint-Charles, sur laquelle était construit
un pont de bateaux qui la reliait à la ville. Ce
pont de bateaux était défendu par des retranchements considérables. C'est pourquoi Desandroüins,
ajoute, avec la conviction d'un homme qui a
toujours besoin d'espérer :

« Les Anglois n'ont pas tout fait : ils ont encore
« nos retranchemens à forcer, et la ville à
« prendre ; sans préjudice d'une bataille qui leur

(1) Le *Montmorency*, rivière au-dessous de Québec, sur
la gauche du Saint-Laurent dans lequel elle tombe d'une
hauteur de plus de cent pieds.

C'est cette chûte qu'on appelle le *Sault du Montmorency*.

« sera livrée avec réflexion, le plus tôt possible. »

Puis avec une pointe de malicieuse bonhommie :
« On tient de fréquens conseils, dit-il, chez nos
« généraux. Le partage des opinions ne hâte pas
« les résolutions, mais empêchera sûrement de
« faire des étourderies et donnera lieu de briller
« aux éloquens du siècle. »

Pourtant le sentiment de la triste réalité reprend le dessus au milieu de ces folles et patriotiques espérances, et il ajoute : « Dieu veuille nous
« conduire par la main cette année comme la
« précédente ! »

Il semble en effet que le succès revient à nos armes.

Un courrier annonce, le 7 septembre, aux soldats de Bourlamaque, à l'Ile-aux-Noix, qu'un avantage a été remporté, à Québec, sur les Anglais qui avaient essayé de faire une descente à Beauport « à la faveur de deux frégates qu'ils
« avoient échouées. Ils ont été contraints de se
« rembarquer avec une perte d'une centaine
« d'hommes et des deux frégates. Cette affaire
« s'est passée le 31 juillet. »

Mais cette affaire est plus considérable qu'on ne l'avait dit tout d'abord : C'est « 400 grenadiers
« que les Anglois ont perdu le 31 juillet. Ils
« construisent des casernes à l'Isle-aux-Coudres ;
« ils ont fait passer plus de 60 berges au-dessus
« de Québec, dont on ignore les desseins. Le
« général Wolf, qui les commande, refuse, dit-on,

« le cartel, et veut garder nos prisonniers et nos
« prisonnières pour user de représailles à cause
« du traitement que les Sauvages font aux leurs.
« Menaces de la part de ce général de ne donner
« aucun quartier aux Canadiens qu'on trouvera
« les armes à la main, passé le 10 août. »

Bougainville aussi a repoussé quelques jours après une autre descente des Anglais.

Vive Dieu ! Il protège encore la France ! Les Anglais, maîtres de la pointe Lévis, maîtres du Saul de Montmorency, ne peuvent aller plus loin !

Ils ont bien le fleuve à eux, que leurs nombreux vaisseaux remontent et descendent à la marée haute ; mais les vaisseaux n'osent approcher de Québec.

Montcalm n'est-il pas là !

Et c'était sous l'impression de ces heureuses nouvelles que, « le 13 septembre, à 9 heures
« du matin, » Desandroüins écrivait, la dernière ligne de son *Journal* : « Il paroît que, désespérant
« de prendre Québec, les Anglois se bornent à
« détruire notre subsistance et nos habitations ! »

Or, par une étrange coïncidence, une bataille sanglante se livrait ce jour-là, à cette heure même, sous les murs de Québec, et Québec tombait aux mains des Anglais !

Voyant son débarquement impossible au-dessous de la ville, Wolf était parvenu à faire passer devant Québec quatorze vaisseaux, qui avaient jeté l'ancre au cap Rouge, à 4 lieues au-dessus.

Dans la nuit du 12 au 13 septembre, la flotte se rabattit brusquement et vint débarquer 9.000 hommes à l'anse du Foulon, à un quart de lieue au-dessus de la ville. Puis, au milieu des ténèbres, dans un profond silence, étouffant jusqu'au bruit de leurs pas et de leurs armes, Wolf et ses soldats gravirent, pendant deux heures, des falaises inaccessibles qui mènent, par le plus court chemin, au plateau sur lequel est assis Québec; surprirent un poste français qui se gardait mal; et arrivèrent à l'improviste aux pieds des remparts dégarnis de défenseurs.

L'alarme est vite donnée au camp de Beauport.

Montcalm, privé de ses deux lieutenants, de Bougainville qui attendait au cap Rouge un débarquement qui ne s'effectuait pas, de Lévis qui était aux *Rapides*, et des quelques milliers de soldats qui se trouvaient avec eux. Montcalm réunit à la hâte les 4.000 hommes, Français, Canadiens ou Sauvages qu'il a sous la main; franchit la vallée du Saint-Charles; gravit à son tour la pente opposée du plateau, et se trouve en face de l'armée anglaise qui l'y attendait, la gauche insolemment appuyée aux murs de la place. Il était, 8 heures du matin.

On se fusille quelques instants à portée de pistolet. Puis Montcalm voyant l'ennemi grossir à chaque minute, donne le signal d'une charge générale qu'il conduit lui-même l'épée à la main.

Ce fut une lutte héroïque.

Le général Wolf, à la tête de ses grenadiers, tombe dans la mêlée ; mais ses soldats résistent.

Montcalm à son tour est blessé à mort. Les Français veulent le venger. Mais, abandonnés par les miliciens, accablés par le nombre, les cinq bataillons de France, décimés, sont contraints de reculer, et se dispersent. Le plus grand nombre va où est la vengeance : vers Bougainville (1).

Montcalm et Wolf, le général Français et le général Anglais, deux grands capitaines, deux âmes de héros, avaient payé, chacun de leur vie, le premier sa glorieuse défaite, le second sa victoire (2).

Bougainville volait, mais trop tard au secours de son général. Il rallia les restes mutilés de l'armée : et tous ensemble, remontant le Saint-Laurent, ils se retirent au fort Jacques-Cartier, à 8 ou 10 lieues de Québec, sans que les Anglais, occupés à panser leurs blessures, songeassent à les poursuivre.

Le chevalier de Lévis, parti le 4 des *Rapides*, avait appris à Montréal la défaite et la mort de

(1) Cette bataille est appelée de *Sainte-Foye* ; ou encore, des *Plaines d'Abraham*, du nom d'un propriétaire des champs à jamais célèbres où elle se donna.

(2) Une obélisque de granit a été élevée à la mémoire de ces deux héros dans la ville de Québec. Les noms de Wolf et de Montcalm y sont gravés avec cette inscription :
« *Mortem virtus, communem famam victoria, monumentum*
« *posteritus dedit.* — Le courage leur a donné même mort,
« l'histoire même renommée, la postérité même monument. »

Montcalm. Sautant dans le premier bateau venu, il était accouru prendre, comme le plus élevé en grade, la lourde charge de commander à des débris. Nul n'était plus digne de remplacer le héros que notre armée pleurait.

Le 17, il touchait au fort Jacques-Cartier. Là, pris comme d'un accès de rage, qu'il lui est commun du reste avec ses soldats, il retourne immédiatement vers Québec, espérant forcer les Anglais à accepter une bataille qui sera dangereuse pour eux, car ils auront à dos la garnison renforcée, et en face des troupes furieuses.

Mais à 4 lieues de la ville, au cap Rouge, il apprend que le lâche gouverneur avait capitulé le même jour ! (1)

On ne pouvait songer à faire un siège. L'armée de Lévis rebroussa chemin, triste et désespérée ; et alla prendre ses quartiers à Montréal, car l'hiver approchait.

(1) Le Gouverneur de Québec s'appelait Ramesay.
La capitulation fut signée le 18 septembre 1759.

CHAPITRE XVI.

Desandroüins commandant le fort Lévis aux Rapides : 1759. — Seconde bataille des Plaines d'Abraham ou de Sainte-Foye. — Siège de Québec par les Français. — 1760.

Pendant que le grand évènement, que nous venons de raconter, s'accomplissait sous les murs de Québec, Desandroüins était au fort Lévis, dont le chevalier de Lévis, désormais général en chef de l'armée française au Canada, lui avait confié le commandement. Il ne pouvait le remettre en meilleures mains. On lui laissa 250 hommes de garnison, Français, Canadiens et Sauvages !

C'était le poste le plus avancé et le plus important que la France conservât de ce côté. Il était destiné à recevoir, au printemps prochain, l'attaque des forces Anglaises réunies sur les rives de l'Ontario, soit à Chouaguen, soit à Niagara.

Niagara venait en effet d'être pris. Le siège en avait commencé le 5 juillet. Il avait été attaqué par 5.000 Anglais et 900 Sauvages, la plupart Iroquois des Cinq Nations, autrefois nos alliés ; et il n'était défendu que par 350 Français et

Canadiens, que commandait le capitaine de *Béarn*, Pouchot, énergique officier.

Voici un fait raconté par Desandroüins qui montre comment il traitait les Sauvages :

« Quatre grands chefs des Cinq Nations sont
« venus pendant le siège voir les François.
« M. Pouchot, sachant qu'ils avoient servi de
« guides à l'armée Angloise, les a fait mettre aux
« fers. Des députés sont venus les réclamer,
« offrant de livrer leurs femmes et leurs enfants
« pour servir d'otages. M. Pouchot les a refusé, et
« leur a montré les poteaux aux quels ils
« devoient être pendus, si quelques-uns des Cinq
« Nations faisoient rien de contraire à nos
« intérêts.

« Ces Iroquois, en arrivant, ont reproché à
« leurs frères, d'avoir vu l'Anglois s'avancer sur
« les François, sans avoir cherché à leur faire plus
« de mal que des femmes. »

Mais, malgré la résistance désespérée du commandant, le fort de Niagara avait été forcé le 25 juillet, après 19 jours de siège. En perdant Niagara, nous avions perdu complètement le lac Ontario ; comme la perte du fort Duquesne avait amené celle de la vallée de l'Ohio. De sorte que le fort Lévis devenait, sur le haut Saint-Laurent, la seule barrière du Canada.

Desandroüins, commandant de ce fort, en poussa les travaux avec activité, et put y faire, de sa propre autorité, les améliorations que lui indiquaient et son expérience et sa science d'officier du génie. Aussi, quand vint le mauvais temps ; quand les neiges et la gelée obligèrent à suspendre le travail, le fort Lévis était presqu'en état de bien recevoir les Anglais.

Or, pendant cet hiver, le chevalier de Lévis, à Montréal, avait conçu un projet : projet insensé, si jamais le patriotisme peut devenir insensé ! C'était celui de reprendre Québec aux Anglais, à l'ouverture de la campagne prochaine.

Le général français songea d'abord à reformer, réorganiser et renforcer les débris de l'armée vaincue. Il put réunir environ 3.000 Français et 2.000 Canadiens. Presque tous les Sauvages avaient déserté.

Vers les commencements de mars 1760, Desandroüins, relevé de son commandement, fut rappelé à Montréal et choisi par M. de Lévis pour aide-de-camp. En sa qualité d'officier du génie, il fut mis par ce général, dans la confidence de son audacieux dessein, et s'occupa tout aussitôt d'étudier la question du siège de Québec.

Là-dessus il rédigea deux *Mémoires* que nous n'analysons pas malgré l'intérêt qu'ils peuvent avoir pour les hommes du métier (1).

Le 1er a pour objet : 1o de faire la description de la Place et des propriétés de ses fortifications ;

(1) Papiers du général Desandroüins. — Dix-sept pages in-8o fort bien transcrites postérieurement à la mort du général.

2º de déterminer le choix d'un point d'attaque.

Il termine par ces très sages paroles : « L'on « regrettera peut-être que selon ce système d'at-« taque, il ne soit rien négligé de la méthode « pratiquée contre les bonnes places. Mais, ne « voit-on pas que si Québec n'en impose pas par la « multiplicité de ses dehors, il est au-dessus du « médiocre par le dispositif de sa fortification, « par la nature du terrain sur lequel on doit « cheminer, par le nombre de ses défenseurs enfin « comparé à celui des agresseurs.

« Profiter de tous les moyens qu'on peut mettre « en œuvre, pour acquérir la supériorité sur « l'ennemy, et s'étayer de manière à faire tou-« jours des progrès certains, n'est pas retarder sa « marche ; c'est aller droit au but, sans crainte « d'être forcé de reculer. Qu'on prenne garde, dit « M. de Vauban, de donner lieu, par son impru-« dence, à une mauvaise place de se défendre « comme une bonne.

Le 2ᵉ *Mémoire*, indique quels travaux sont néces- saires, de l'ouverture de la tranchée à la descente du fossé, en supposant la Place dans le même état qu'à la fin de l'année dernière ; puis il considère quels pourraient être les ouvrages ajoutés par les Anglais, et ce qu'ils exigeraient de la part des assiégeants.

Les dernières lignes de ce *Mémoire* sont une nouvelle preuve du désintéressement et de l'absence de toute prétention qui animaient le savant et modeste capitaine :

« Si dans le cours des *Mémoires* concernant
« l'expédition de Québec, dit-il, nous avons pu
« donner notre opinion avec une sorte de con-
« fiance, il s'en faut bien qu'elle soit absolue ; et
« ce seroit une grande imprudence de notre part
« de ne pas dès à présent nous reconnaître
« infiniment moins en état de porter un jugement
« positif que si le terrain étoit sous les yeux.
« Aussi, je me réserve expressément le droit d'y
« apporter tous les changemens qu'indiquera
« l'inspection du local.

« Tout ce que je puis espérer est d'avoir donné
« des détails assez étendus et assez exacts pour
« se faire une idée de la qualité de l'entreprise.
« Je n'ay aucune prétention de faire préférer ni
« opinion ni système à moi personnels. Réussis-
« sons : et peu importe qui en ait indiqué les
« moyens ! »

Ces *Mémoires* furent remis au chevalier Lévis qui les approuva. Du reste, il était pressé de partir et ses soldats partageaient son impatience. Si une expédition d'hiver avait été possible, il l'eut entreprise.

A peine donc le soleil d'avril avait rompu les glaces qui enchaînaient le Saint-Laurent ; et le fleuve, rendu à la liberté, les roulait encore dans ses flots, comme d'énormes pans de muraille, que le général français se mit en marche.

Mais il prit la route de terre. D'abord, il n'était pas possible de s'embarquer sur de légers bateaux qu'eut brisés la violence du courant. Et puis, par terre, on espérait surprendre les Anglais qui ne pouvaient s'attendre à être si tôt attaqués.

Deux frégates, reste de notre flotte, l'*Atalante* et la *Pomone*, qui avaient hyverné à Montréal, devaient suivre l'armée française à quelques jours de distance, et porter un petit matériel de siège !

La marche de nos troupes fut pénible. La neige était dégelée : on y enfonçait jusqu'aux genoux. On couchait presque dans l'eau, et on vivait d'un morceau de biscuit avec un peu de lard ou de bœuf salé. Dix jours avant, on mena cette vie et on fit 70 lieues ! Mais le courage soutenait l'âme du soldat contre toutes les défaillances : on n'entendait pas une plainte, pas un murmure.

Les frégates avaient rejoint et se tenaient à présent à la hauteur des soldats.

Rien ne semblait avoir indiqué aux Anglais la marche en avant de l'armée française.

Mais un hasard malheureux les avertit de notre approche. « Un canonnier de la flotille tomba à « l'eau, et parvint à se hisser sur un glaçon que « le courant emportait. Devant Québec, les Anglais « recueillirent ce soldat évanoui sur son radeau « de glace : entre leurs mains, il se ranima un « instant, trahit involontairement son secret et « expira (1) ! »

(1) *Montcalm et le Canada français*, par de Bonnechose.

Le général Murray, commandant de Québec, se porta rapidement en avant avec 6.000 hommes de troupes fraîches et vingt-deux pièces d'artillerie, et attendit les Français dans ces mêmes Plaines d'Abraham, où, huit mois auparavant, Montcalm avait trouvé la mort, et les Anglais la victoire.

Lévis rencontrait la bataille alors qu'il ne s'y attendait pas encore ; il l'accepta quoi qu'il n'eut avec lui que trois petites pièces de campagne, et immédiatement rangea son armée sous le feu meurtrier de l'artillerie ennemie.

Puis, quand ses colonnes furent formées, mettant son chapeau au bout de son épée, il donne le signal de la charge. Ce fut une charge désespérée, furieuse, folle ; et il n'y en eut qu'une. Les Français voulaient pour de vrai vaincre ou mourir.

Les ennemis soutinrent bravement ce choc formidable. Mais ces terribles Franco-Canadiens ressemblaient à des démons ! Après une heure de combat, les bataillons Anglais enfoncés se débandent et s'enfuient, laissant aux vainqueurs toute leur artillerie.

Cette artillerie remplaça celle qui nous manquait ; et, retournée, elle poursuivit les fuyards jusque sous les murs de Québec.

Peu s'en fallut que nous n'entrions pêle mêle avec eux dans la ville ; mais la fatigue clouait les pieds de nos soldats, sur le champ de victoire. Et puis les Anglais avaient des ouvrages avancés qu'il eut fallu d'abord emporter.

Douze cents Anglais couchés à terre, et un millier de Français, attestaient la fureur de l'attaque et l'énergie de la défense. Mais nos pertes à nous ne se pouvaient réparer ! Des deux côtés presque tous les officiers étaient touchés. Le vaillant Bourlamaque, qui s'était échappé de l'Ile-aux-Noix pour venir prendre part à la bataille, Bourlamaque était du nombre. Il ne pouvait paraître au feu, sans en rapporter une blessure !

L'aide-de-camp Desandroüins, qui pendant toute l'action n'avait cessé de porter à droite et à gauche les ordres du général, était sorti sain et sauf de cette fournaise.

Cette seconde bataille des Plaines d'Abraham, appelée aussi de Sainte-Foye, qui fut la dernière victoire des Français au Canada, fut livrée le 28 avril 1760 (1).

On n'avait pu entrer dans Québec en même temps que les Anglais ; on en fit le siège.

Québec, la plus ancienne ville du Canada (2), est située, aux bords du Saint-Laurent, sur une espèce de cap ou promontoire fort élevé, qui

(1) En 1862, les Franco-Canadiens, peuple de traditions et de souvenirs, ont élevé dans les Plaines d'Abraham, une colonne gigantesque destinée à perpétuer la mémoire des Français et des Canadiens tombés dans la journée du 28 avril, avec cette courte inscription : *Aux braves de* 1760.

(2) Québec fut fondé en 1608 par Samuel de Champlain. Le même qui donna son nom au lac Champlain.

Québec comptait 5.000 habitants il y a cent ans. Maintenant il y en a 90 mille, dont 50 mille Français.

domine au loin la vallée et commande le fleuve.

Ce cap forme l'extrêmité d'une montagne qui se détache, comme un rameau, de la chaîne fermant de ce côté la vallée du Saint-Laurent. Gigantesque bloc de granit, il est escarpé et inaccessible à sa pointe ; mais il se relie à la chaîne par un plateau qui va s'élargissant et s'abaissant à gauche et à droite, de manière à offrir par là un accès facile.

C'est sur ce plateau que Lévis venait de battre les Anglais et de venger Montcalm.

La Ville Haute de Québec, ou plutôt la citadelle, plantée sur cette pointe, n'a donc réellement besoin de fortifications que du côté du plateau. Aussi les Anglais les y avaient-ils accumulées depuis six mois.

La Ville Basse est située dans une plaine très étroite, resserrée entre la pointe du cap et le Saint-Laurent. Elle n'était point fortifiée : pourtant de grandes batteries, élevées au bord du fleuve, en défendaient le passage aux vaisseaux ennemis et pouvaient gêner un débarquement. Mais, nous n'avions pas de vaisseaux !

Les Français durent donc attaquer Québec par le plateau.

Mais pour vaincre, il fallait plus que du courage contre une place qui avait 200 pièces d'artillerie sur ses remparts ; il fallait du canon.

Nous avions reçu, par la *Pomone* et par l'*Atalante* qui nous avaient suivis, notre pauvre matériel de siège. Nous avions en outre les 24 pièces que nous avions prises aux Anglais. Mais nous devions ménager notre poudre : nous en avions peu, et encore avait-elle été mouillée plusieurs fois « car elle étoit très faible. »

Dès le lendemain de la bataille, les travaux du siège commencèrent.

Desandroüins était le second ingénieur de l'armée : le premier était probablement M. de Pont-le-Roy. L'exécution des travaux reposait par conséquent sur lui.

Impossible de redire les difficultés inouïes que l'on rencontra pour ouvrir la tranchée dans un terrain où, à quelques pouces de profondeur, on trouvait le roc dans le quel il fallait cheminer. Impossible de compter l'énorme quantité de fascines et de gabions que l'on dut faire et transporter, de toises de terres que l'on dut remuer et charrier, pour élever à la hâte des épaulements et des parapets qui pussent mettre nos travailleurs à couvert du feu de l'ennemi. En outre, nos soldats étaient obligés, faute d'attelages, de traîner leurs canons, sous les bombes, les boulets, jusqu'aux emplacements désignés par les officiers d'artillerie ou du génie. Ajoutez à cela les sorties furieuses de la garnison qui venaient parfois bouleverser la tranchée, et nous coûtaient toujours quelques hommes.

Les soldats travaillaient à tour de rôle, et ne quittaient les outils que pour reprendre les armes.

Ils étaient sur pied à peu près nuit et jour ; et il n'y eut ni murmure, ni désertion !

Pendant treize jours que dura le siège, Desandroüins fut « 10 fois de garde » à la tranchée. Il exécuta aussi, jusque sous les murs de la ville, « plusieurs reconnaissances » dans les quelles, pour se rendre compte des dispositions de l'ennemi, il ne craignait pas d'exposer sa vie.

Il ne nous a laissé aucune relation ni de la bataille du 28 avril, ni du siège de Québec qui la suivit. Il n'en parle qu'incidemment dans une *Conversation* qu'il eut, après la levée du siège, avec un ingénieur Anglais, et qu'il a transcrite (1) :

« J'aborday le Sʳ Vanbrane pour lui demander
« des nouvelles de l'ingénieur Anglois que j'avois
« connu au fort Georges. Il m'adressa audit
« Sʳ Holland, me le faisant connoître pour l'ingé-
« nieur qui avoit conduit la défense de Québec, le
« printemps dernier. Il me dit, après la première
« question, que le Sʳ Marlaïr, ingénieur en chef
« de la place, ayant reçu un coup de fusil au
« travers du corps, dans l'affaire du 28, il l'avoit
« remplacé dans ses fonctions.

« — Nous avons été fort inquiets, ajouta-t-il, la
« première nuit qui suivit cette sanglante journée.

(1) « Conversation que j'ay eue avec le Sʳ Holland capitaine au 2ᵉ bataillon de Royal Américain, faisant fonction d'ingénieur en chef, pendant le siège de Québec, le 13 septembre 1760, en présence du Sʳ Vambrane, ancien otage Anglais. » — Deux ou trois pages mal écrites.

« Nous craignions fort que vous ne placiez une
« batterie à une redoute où on peut mettre cent
« hommes, que nous avions faite l'année dernière,
« à 80 toises de la porte Saint-Jean, et qui restoit
« encore tracée (1). Vous auriez pu y établir une
« batterie, et votre petite artillerie, avec votre
« méchante poudre auroit pû faire quelque effet
« à aussi petite portée.

« — Nous avions remarqué comme vous,
« luy répondis-je, l'avantage de cette position.
« Mais comment avez-vous pû croire que vis-à-vis
« d'une garnison qui avoit eu l'audace de sortir à
« trois quarts de lieue de la place pour livrer
« bataille à toute une armée; qui avoit si long-
« temps disputé la victoire; qui nous avoit mis
« cent officiers et mille hommes au moins hors de
« combat; comment, dis-je, avez-vous pû croire
« qu'il eut pû nous venir dans l'idée de pousser là
« une tête d'attaque à demi portée de fusil...?
« Mais, la moindre sortie eut détruit tout notre
« travail. Vous eussiez ou encloué nos canons,
« ou entraîné facilement toute notre artillerie.
« Et Dieu scait combien un jour on nous eut
« accusé de présomption, et d'ignorance dans l'art
« d'attaquer les places.

« Cette position, ajoutay-je, étoit favorable pour
« vous l'année dernière, contre une garnison de

(1) « Nous avons vu depuis ladite Redoute; l'emplace-
« ment en est pitoyable : elle n'avoit que 5 toises de face,
« intérieurement. »

« 150 hommes qui n'avoit pas même été capable
« de mettre un canon sur le front menacé. Les
« ouvrages faibles étaient sans dangers pour vous :
« ceux même faits à la hâte vous étoient utiles
« contre un retour offensif de M. de Lévis. Il
« fallait donner un prétexte à la faible garnison
« de se rendre.

« — M. Murray, me répondit-il, avoit trop
« bonne opinion de M. de Lévis, pour faire une
« sortie. D'ailleurs nous pensions que votre armée
« se renforçoit chaque jour. Nos parapets étoient
« en neige : elle avoit fondu Je fis travailler avec
« activité à les remplacer par toutes sortes de
« matériaux. Nous avions heureusement une
« grande provision de fascines...

« — Nous n'avions garde, répondis-je, de soup-
« çonner pareille retenue chez M. Murray. Notre
« armée faiblissoit continuellement. Plus de 300
« Canadiens désertèrent le 28 avril. Vous pouviez
« travailler sur vos remparts à votre aise...

« — ... Votre tranchée, me dit-il, étoit ina-
« bordable ; vos batteries surtout très bien faites
« et placées aussi avantageusement que le terrain
« pouvoit le permettre, et bien soutenues. Nous
« avons admiré votre travail... Vous attendiez
« sans doute des secours de France ? Mais en
« attendant je prenois mes précautions. Je faisois
« travailler, comme vous l'avez vu, à raveliner
« la porte ; je faisois planter des palissades...

« — Ah ! *Un seul vaisseau de ligne*, m'écriay-
« je, *et la place étoit à nous* :

« — Vous avez bien raison, me dit-il.

« — Nous eussions commencé, continuay-je,
« par mettre 12 pièces de 24 sur la rive gauche
« de la rivière Saint-Charles. De là, nous eussions
« battu, à ricochet, tout le long de votre fortifi-
« cation, depuis le bastion de l'Intendance jusqu'au
« bastion du cap au Diamant : nous vous eussions
« empêchés de border aucun de vos parapets :
« nous vous eussions battus sur le terre-plein de
« vos remparts : vous eussiez été contraints de
« lever toutes vos tentes qui étoient le long du
« talus et dans l'intérieur de la place : nous vous
« eussions vus à revers, d'enfilade, et en plongeant
« partout ; ils vous eut été impossible de servir
« aucune pièce d'artillerie, ni de tirer même un
« coup de fusil contre nous, sans être exposés à
« ce feu d'artillerie continuelle.

« — Nous avions, répondit-il, beaucoup de
« barriques vuides dont nous aurions fait usage,
« comme de gabions, pour faire des traverses...
« Nous avions su, par un prisonnier ou un déser-
« teur, que vous aviez trouvé cinq ou six petites
« pièces d'artillerie, près de la rive du Saint-
« Charles ; et nous vous avions vus y commencer
« quelque travail. J'avois trouvé un emplacement
« à mettre quatre pièces de 12, et quatre pièces
« de 8, pour y répondre. Si vous eussiez bien
« cherché et bien parcouru toute la côte, vous

« auriez pu trouver encore un plus grand nombre
« de pièces que nous avons prises et fait déclouer.
« Sans doute, que vous n'en avez pas eu connais-
« sance. »

« — Nous ne nous fussions guère embarassé,
« répliquay-je, de vos quatre pièces de 12 et de
« vos quatre pièces de 8. Il vous eut fallu une
« prodigieuse quantité de traverses et les élever
« bien haut. Jamais nous ne vous eussions donné
« le temps d'en élever une seule. Le petit couvert
« que vous eussiez trouvé dans vos bastions n'étoit
« pas capable de contenir la dixième partie de
« votre garnison, vos malades, vos blessés. D'ail-
« leurs nos bombes eussent été dirigées, sans
« perdre un seul homme ; nous vous eussions forcé
« à vous rendre en bien peu de temps. —

« Le Sr Holland convint de tout. Il avoua que
« cette seule batterie étoit suffisante pour faire
« rendre la place. Mais que notre faible artillerie,
« avec notre méchante poudre, n'y eut rien fait.
« Il me dit avoir fait éprouver de celle qui avoit
« été trouvée sur la *Pomone*, et qu'il falloit
« qu'elle eut été mouillée plusieurs fois pour être
« aussi faible.

« Il s'étendit ensuite sur les dangers qu'il avoit
« couru en venant tous les matins reconnoître
« notre travail à la petite portée de fusil. Il me
« parla de l'importance et de la bonne disposition
« de ses *blackouses*, les seuls dehors de la place
« qui nous eussent empêché de les poursuivre

« jusque sous les murailles le 28 avril, et d'entrer
« pèle mèle avec eux. Puis, il confessa que la
« conduite de M. de Lévis avoit été très sage en
« occupant la butte à *Neveu* qui domine tout le
« terrein des environs, et qui leur interdisoit toute
« sortie et tous moyens de se retrancher
« au dehors, comme ils n'eussent pas manqué de
« le faire en gardant leurs communications avec
« la place, sous la protection de leurs *bla-*
« *ckouses*. (1) »

*Un seul vaisseau de ligne venant de France :
et Québec était à nous !*

Ce cri d'appel à la France, qui s'échappait du
cœur et des lèvres de Desandroüins ; ce cri que
lui arrachaient la colère, le désespoir, le patriotisme aux abois, avait été, tout le temps du siège,
celui de l'armée tout entière.

Mais, les vaillantes escadres des Duquesne, des
Jean-Bart, des Duguai-Trouin, depuis 60 ans ne
sont plus ! Et il faut encore attendre 20 ans celles
de Guichen, de Suffren, ou d'Estaing.

Il n'y a plus aujourd'hui un seul vaisseau de
haut bord français dans les mers d'Amérique ! Il
n'y en avait même plus un seul dans les mers
d'Europe ! Nos flottes venaient d'être détruites, il

(1) Ces *blackouses* étaient de petites redoutes carrées,
faites en charpente, de pièces sur pièces, à deux étages,
surmontées d'un machicoulis, et garnies à chaque étage
d'un créneau horizontal.

On avait placé une pièce de canon dans chacune. Il y en
avait 9 sur le plateau, en avant de Québec.

y avait huit mois à peine, par les Anglais, les unes sur les rivages Espagnols, les autres sur les côtes de France.

Et pourtant, on les attendait toujours, ces vaisseaux sauveurs ! Et cette attente seule soutenait nos soldats et nos travailleurs.

Enfin, le 15 mai, des voiles apparurent au loin sur le Saint-Laurent ! Du rocher où était assis le camp français, tous les yeux se portèrent vers l'horizon ; tous les cœurs battirent d'espoir. Quel était le pavillon qui flottait au haut des mats ? Etaient-ce les couleurs de France….. ? Etaient-ce celles de l'Angleterre….. ?

Quelques heures après, nos soldats désabusés n'espéraient plus ! Les vaisseaux en vue, étaient des vaisseaux Anglais !

L'ennemi recevait des renforts ; et l'armée française, déjà si faible, allait encore chaque jour s'affaiblissant.

Le chevalier de Lévis, la mort dans l'âme, leva le siège de Québec, le 18 mai, et ramena ses bataillons décimés à Trois-Rivières, sans que les Anglais songeassent à le poursuivre.

CHAPITRE XVII.

Prise de Montréal par les Anglais. — Perte du Canada. — 1760.

De tout le Canada, grand comme la France, il ne restait en notre pouvoir que le pays compris entre l'extrêmité du lac Champlain, le fort Lévis sur les Rapides du haut Saint-Laurent, et la ville de Trois-Rivières à moitié chemin de Québec à Montréal, c'est-à-dire à peu près la dixième partie de ce que nous possédions naguère.

Les trois armées Anglaises, qui l'an dernier avaient opéré cette conquête, et qui ne s'étaient arrêtées que grâce à la résistance de nos soldats et aux approches de l'hiver, allaient reprendre leur marche offensive sur Montréal.

L'héroïque tentative de Lévis sur Québec n'avait été qu'un accident qui les avait retardées de quelques semaines.

Montréal restait donc leur objectif. C'était là qu'elles s'étaient donné rendez-vous : là qu'elles devaient achever de dévorer ensemble la belle proie que le Gouvernement Français livrait à leur avidité.

Les opérations militaires recommencèrent à la fin de Juillet.

Le général Murray, qui devait diriger la principale attaque, remonta le Saint-Laurent, avec 11.000 soldats, embarqués sur une flotte de 52 vaisseaux. Il avait ordre de piller et de brûler, autant qu'il le pourrait, tous les villages qui se trouvaient sur les deux rives du fleuve.

Lévis, ne pouvant l'arrêter sur le fleuve, résolut de le suivre pas à pas, sur ces deux rives. Il partagea sa petite armée; resta de sa personne sur la rive gauche, et envoya Bourlamaque, avec trois bataillons et quelques centaines de Canadiens sur la rive droite. Puis ils cheminèrent l'un et l'autre à la hauteur de la flotte Anglaise, réglant leur marche sur la sienne, et s'opposant à tout débarquement.

Sur la rive gauche, où se trouvait Lévis, on espérait tout d'abord arrêter les Anglais à Trois-Rivières que l'on avait fortifiée à la hâte. On croyait qu'ils ne voudraient pas laisser cette ville derrière eux. Les Anglais passèrent outre sans attaquer.

Plus haut que les Trois-Rivières, le Saint-Laurent s'élargit considérablement et forme un espèce de lac appelé le lac Saint-Pierre. dans lequel sont plusieurs petites îles. En face de ces îles, mais à la rive droite du fleuve, se jette le Richelieu à l'embouchure duquel on trouve une position du nom de Sorel qui commande le fleuve jusqu'aux îles.

Desandroüins avait été envoyé à Sorel pour y construire quelques retranchements. Bourlamaque l'y rejoignit et s'y embusqua.

En effet, le passage à travers ces îles était jugé impraticable. Les Anglais devaient donc se rapprocher du rivage, soit d'un côté, soit de l'autre, afin de pouvoir continuer leur chemin vers Montréal.

Or, s'ils se rapprochaient de la rive gauche, il y avait là le chevalier de Lévis sous les canons et même sous les fusils duquel il fallait passer. Si au contraire, ils appuyaient sur la rive droite, ils trouvaient Bourlamaque les guettant du haut des retranchements de Sorel dont ils ne pouvaient éviter les feux.

Et pourtant il fallait passer. Murray fit mine d'attaquer Bourlamaque et de vouloir le déloger. « Pendant trois heures, » une partie de ses vaisseaux, embossés aux îles, canonna les retranchements français, sans chercher toutes fois à forcer le passage. Mais en même temps, il faisait sonder le milieu du fleuve et chercher un chemin au travers des ilots qui l'obstruaient.

Malheureusement ce chemin existait. Après de nombreux essais, après des efforts inouïs, la flotte Anglaise parvint à traverser ces espèces de défilés au risque de se briser vingt fois sur les récifs.

Murray abandonna aussitôt Sorel et disparut aux regards étonnés de Bourlamaque furieux.

« Desandroüins avait servi comme aide-de-camp

« au général Bourlamaque pendant l'action (1). »

La flotte Anglaise continua donc à remonter le Saint-Laurent ; et nos deux tronçons d'armée continuèrent à la poursuivre.

Vraiment, elle est admirable la persistance de cette poignée de héros perdus sur les deux rives du grand fleuve, s'épuisant en marches forcées pour suivre ces vaisseaux qui filent à toutes voiles, et qui les entraînent comme le taureau entraîne les guêpes bourdonnant autour de sa croupe ; qu'ils ne peuvent atteindre, et qu'ils savent cependant porter dans leurs flancs la ruine de la puissance française au Canada !

Or, pendant que ces vaisseaux voguaient vers Montréal, le général Hammerst, avec 11.000 hommes, avait attaqué et emporté, en douze jours, le fort Lévis, construit par Desandroüins, et défendu par 500 soldats français. Après quoi il descendit le Saint-Laurent moitié par eau moitié par terre, portant partout le ravage sur ses rives, comme l'avait fait Murray en le remontant.

D'un autre côté le poste de l'Ile-aux-Noix, œuvre aussi de Desandroüins, succombait écrasé par l'artillerie des Anglais ; et leur troisième armée se dirigeait à son tour sur la capitale du Canada, en descendant le Richelieu dont Bourlamaque venait d'être forcé d'abandonner l'embouchure pour suivre la flotte ennemie.

(1) *Papiers* du général Desandroüins. — *Etat de services du sieur Desandroüins, ingénieur ordinaire du Roy.*

Ainsi, du 6 au 8 septembre, trois armées Anglaises se rejoignaient devant Montréal, faisant ensemble au moins 35.000 hommes dont le général Hammerst prit le commandement.

Montréal, situé dans une île du Saint-Laurent, n'était point fortifié. Il ne fallait qu'une nuit aux Anglais pour l'incendier.

L'armée française, démesurément inférieure en nombre, était haletante et épuisée de fatigues !

Montréal capitula le 8 septembre 1760 (1).

Des huit bataillons français et des troupes de la marine il ne restait, malades et blessés compris que 2.200 hommes qui, aux termes de la capitulation, devaient être reconduits en France par les vaisseaux Anglais.

Le nom de ces huit bataillons doit être conservé par l'histoire. Ils s'appelaient *Béarn*, *Guyenne*, la *Reine*, *Royal-Roussillon*, la *Sarre*, *Languedoc* et deux de *Berry*.

Ainsi finit le Canada Français. Et cette fin n'est pas sans gloire.

Il y a dans ce fait de quelques centaines de vaillants soldats qui, pendant quatre ans, luttent contre un ennemi supérieur en nombre, sur un immense champ de bataille, lui infligent des défaites chaque fois qu'ils le rencontrent, et ne succombent qu'écrasés sous des masses, il y a, dis-je, dans ce fait quelque chose de grand, de prodigieux, de

(1) Montréal avait alors 10.000 habitants. Aujourd'hui elle en compte 200.000 !

Romain, puisqu'on est convenu d'appeler de ce nom tout ce qui est marqué au coin de la force et de la grandeur.

On peut être fier quand on a un ancêtre ou un compatriote parmi de tels héros !

Mais aussi quels regrets et quelle douleur inspire à un cœur français la perte d'une si belle colonie ! Quels reproches amers l'histoire ne doit-elle pas adresser au triste gouvernement qui l'abandonna si lâchement !

Ce jour-là, l'Angleterre conquit un royaume qu'elle possède encore (1).

(1) Il y a aujourd'hui, au Canada, d'après les derniers recensements, 1.700.000 habitants d'origine française. En 1760, ils étaient à 75.000. Dans cent ans, ils seront 10 millions.

Et ces Français d'origine parlent notre langue, et aiment la France !

A ces Français pur sang, ajoutez les *Métis* ou *Bois-Brûlés*, fils des Français et de Sauvagesses, qui sont encore à peu près 90.000, et qui ont les mêmes sentiments à l'égard de la France. Le fameux Louis Riel, condamné l'an dernier à mort par l'autorité Anglaise, était un métis.

Quant à la population Sauvage, elle n'a guère augmenté. On compte 30 à 40 mille Sauvages répandus sur la surface du Canada... si toutefois on peut leur donner ce nom de *Sauvages*.

On rencontre, dans leurs villages les plus reculés, de jeunes Hurones touchant du piano, et des Iroquoises qui portent les modes françaises !

CHAPITRE XVIII.

Retour de Desandroüins en France : 1760. — Il va à Malte : 1761. — Il est nommé colonel du génie : 1779. — Il passe en Amérique avec Rochambeau : 1780. — Marche de l'armée française sur York-Town et prise de cette place : 1781.

Les survivants de cette guerre de géants, dont la France peut-être ne garde pas assez le souvenir, furent accueillis dans leur patrie comme des héros et comme des victimes.

Desandroüins revint à Verdun. Il passa, dans sa famille, l'hiver de 1760 à 1761, y goûtant un repos bien gagné par cinq années de combats et de souffrances.

Mais le repos ne convenait point ni à son tempérament, ni à son caractère. A peine remis de ses fatigues, il obtint du Roi, le 31 mai 1761, l'autorisation de quitter la France, et passa à Malte, où, en qualité d'ingénieur, « il servit la Religion contre ses ennemis. »

Nous ne savons pas quels services il rendit à l'Ordre mourant de Malte. Probablement qu'il fut chargé d'améliorer et de compléter, d'après les nouveaux systèmes, les fortifications démodées du fort Lavalette.

Nous eussions même toujours ignoré son séjour dans l'île des Chevaliers, s'il n'était indiqué à la fin d'un *Etat de services* qui lui fut délivré en 1762, lors de son retour, par M. de Pont-le-Roy, et certifié par le chevalier de Lévis, deux héros de la guerre du Canada.

Déjà, à cette époque, il comptait : 22 années de services tant dans l'infanterie que dans le génie : 23 tranchées : 6 campagnes dans le génie, et 3 dans l'infanterie.

M. de Lévis ajoutait :

« Je certifie le présent Etat de services du sieur
« Desandroüins conforme à l'exacte vérité ; que
« cet officier a servi au Canada, tant sous les
« ordres de M. le marquis de Montcalm que sous
« les miens, avec le plus grand zèle et le plus
« grand courage ; que ce général, ainsi que moi,
« avons fait usage très utilement de ses talents
« dans plusieurs occasions ; et que par la distinc-
« tion de ses services, il est très susceptible des
« grâces du Roy qu'il plaira à M. le duc de
« Choiseul de vouloir bien lui procurer. — Signé :
« le marquis de Lévis. »

Desandroüins était revenu à Verdun lorsque lui fut délivré ce témoignage flatteur du marquis, autrefois chevalier de Lévis.

Mais son séjour à Verdun ne fut pas long. Le

28 avril 1762, le duc de Choiseul lui écrivait « qu'il « était nommé pour être employé à Strasbourg, « pendant l'année présente, comme ingénieur « ordinaire. »

Il resta à Strasbourg jusqu'à l'hiver 1763, époque à laquelle il dût solliciter un nouveau congé de six mois qu'il vint encore passer à Verdun.

A l'expiration de ce congé, avril 1764, il fut envoyé au Neuf-Brisack : du Neuf-Brisack, à Thionville ; et de Thionville, à Saint-Omer où il se rendit au mois d'avril 1767.

Mais à peine y était-il arrivé, que le duc de Choiseul lui écrivit que « le Roy l'avait nommé « pour être employé aux travaux qui seront faits « cette année pour la continuation du canal de « jonction de la Lys à l'Aa. » Ces travaux durèrent deux ans, après quoi il alla à Bapaume en remplacement de l'ingénieur parti pour les Indes : mars 1769.

En 1773, il fut nommé *Ingénieur en chef*, et envoyé en cette qualité à Nancy. Cet avancement lui valait le grade de lieutenant-colonel. Cependant ce ne fut que l'année suivante, au mois de septembre, « à la suite d'un travail concernant le « corps du génie, » qu'il obtint du Roi la *commission* de ce grade (1).

A Nancy, ville ouverte et position de début,

(1) Le Roi était alors Louis XVI. Le triste Louis XV était mort en avril 1774.

Desandroüins n'avait aucun ingénieur sous ses ordres, ni aucune place forte dans son ressort, si ce n'est Saint-Dizier dont les fortifications devaient être bientôt démantelées. Aussi, dès son arrivée, fut-il chargé de l'agrandissement de l'hôpital militaire de Bourbonne-les-Bains que l'on mit à même de recevoir 600 malades. Pendant ce travail, le *Directeur de la Province des Trois-Evêchés et de la Lorraine* « détacha à Nancy « un Ingénieur en état de le remplacer. »

De Nancy, il fut envoyé, le 13 mars 1776, à Sarrelouis où il avait deux ingénieurs sous ses ordres. Là, il fut chargé de la construction d'un pont, à propos duquel le prince de Montbarey, ministre de Louis XVI, lui écrivit le 28 octobre de l'année suivante :

« Je suis informé, Monsieur, que le pont de
« Sarrelouis est au moment d'être fini, ce qui
« prouve que le travail a été poussé avec la plus
« grande vivacité pendant l'été. Et comme vous y
« avés contribué le plus, je suis bien aise de vous
« marquer que le Roy est très satisfait de tous
« les soins que vous vous êtes donnés pour un
« ouvrage qui en exigeait beaucoup de votre
« part. »

Les longs et bons services de Desandroüins dans les divers postes qu'il avait occupés méritaient de l'avancement. Le Roi le nomma, au mois de mars 1779, « sous brigadier de la brigade de Lille, et lui accorda la commission de colonel. »

Ce fut avec ce nouveau grade qu'il passa en Amérique.

L'Angleterre, autant par la politique que par les armes, s'était créé, dans l'Amérique du Nord, depuis un siècle, un empire grand comme la moitié de l'Europe. Un peuple nouveau, à l'origine bizarre mélange de colons anglais, d'aventuriers de diverses nations et de naturels du pays, avait grandi à son aise sur ce vaste sol américain. Il conservait la religion, les mœurs, le caractère de la mère-patrie ; mais le souvenir des liens qui l'unissaient à elle s'était affaibli.

Quant au Canada, conquis depuis quinze ans à peine, il restait Français : malgré cela l'Angleterre le ménageait. Ce fut peut-être la raison pour laquelle il ne suivit point le reste de l'Amérique dans sa rébellion. Pourtant, il en fut la cause indirecte.

Cette guerre du Canada, autant que la guerre de Sept-Ans, avait épuisé l'Angleterre. Elle voulut en faire supporter une partie des frais à ses colonies américaines. L'Amérique protesta : l'Angleterre ne tint compte de cette protestation. Et, le 6 juillet 1776, les treize Provinces ou Etats, qui formaient la Colonie anglaise dans l'Amérique du Nord, se déclarèrent indépendants sous le nom d'ETATS-UNIS.

Les Américains avaient été façonnés à la guerre contre les Français au Canada. Leur premier général fut Washington qui y avait servi comme colonel. Cependant, peut-être eussent-ils succombé sans le secours de la France. D'abord on les aida clandestinement de vaisseaux, d'hommes et d'argent. Le gouvernement de Louis XVI laissait faire ce qu'il ne pouvait empêcher. Mais, dans les premiers mois de l'année 1778, un traité d'alliance fut conclu entre la France et les Etats-Unis, et la rupture avec l'Angleterre fut officielle.

Cette rupture, suivant de près la proclamation de l'Indépendance Américaine, fit tressaillir de joie une certaine portion de la Société Française. Soit haine contre l'*ennemi héréditaire*, soit plutôt sympathie pour la jeune Amérique, on salua, dans l'Acte du 6 Juillet 1776, l'aurore de la liberté politique et de l'égalité civile. On y vit la réalisation des idées et des désirs répandus dans les œuvres des philosophes du XVIIIe siècle ; on crut que des jours nouveaux allaient se lever sur le monde !

Le colonel Desandroüins fut-il entraîné par cet élan vers la Liberté et l'Egalité qui fit alors battre tant de nobles cœurs ? Fut-il repris, malgré son âge, par cet esprit d'aventures et ce besoin de courir le monde qui déjà l'avaient mené au Canada et à Malte ? Où bien, dans sa haine des Anglais, voulut-il aller les combattre de rechef en Amérique, sur le théâtre de leurs victoires passées ? Nul ne le sait.

Toujours est-il qu'il partit de France, à la fin de mai 1780, comme colonel du génie dans la petite armée que le comte de Rochambeau conduisait au secours des Américains ; mais qu'il devait mettre sous les ordres supérieurs de Washington ayant du Roi de France brevet de lieutenant-général.

Cette armée, forte de 5.000 hommes, faisait deux brigades d'infanterie qui portaient le nom des deux premiers régiments de chaque brigade, *Bourbonnais* et *Soissonnais.* La brigade de *Bourbonnais* était formée du régiment de ce nom, d'*Angoumois* et de *Saintonge* ; celle de *Soissonnais*, de *Soissonnais*, de *Deux-Ponts* et de la Légion de Lauzun. Un détachement considérable d'*Auxonne*-artillerie l'accompagnait ; ainsi qu'un certain nombre d'ouvriers mineurs du génie aux ordres de Desandroüins.

La traversée fut heureuse. Nous avions à présent des vaisseaux de ligne et des chefs d'escadre qui faisaient respecter notre pavillon, même aux Anglais.

Le 14 juillet, nos soldats débarquèrent à New-Port, dans l'île de Rhode-Island qui donne son nom à l'un des Treize Etats de l'Amérique. Longue avait été l'attente ; enthousiaste fut l'accueil.

Le premier ouvrage de Desandroüins, en arrivant, fut de fortifier New-Port du côté de terre et de mer. Au mois de septembre, l'amiral Rodney vint avec 22 vaisseaux, croiser en vue de la ville qu'il jugea inattaquable.

L'hiver et le printemps de 1781 se passèrent dans une inaction relative. Enfin, le 12 juin, notre armée quitta New-Port, et mit le cap sur Providence, ville de terre ferme de l'Etat de Rhode-Island. Elle devait de là marcher en Virginie.

De Providence, on alla par étapes ; « à Watterman « petit hameau ; » à Plainfield, autre hameau ; à « Wendham, petite ville ; à Bolton, petite bour- « gade ; » à Hartefort « grande ville fort com- « merçante, sur la rivière de Connutieut ; » à Farmington « grand et beau bourg ; » à Baron's-tavern ou Salington, beau village ; à Break-Neck mauvais hameau ; à Newton, « ville éparse et « très étendue ; » à Riche-Bury ; à Norcotte, « grand village de l'Etat de New-York ; » et à Philipps-Burg où on arriva le 6 juillet (1).

Ce fut dans les environs de Philipps-Burg que s'opéra la jonction de l'armée de Rochambeau, avec l'armée américaine de Washington.

Qu'allaient faire les deux armées réunies ? Ou s'arrêter dans l'Etat de New-York et assiéger cette ville : ou marcher immédiatement en Virginie au secours de la Fayette, qui luttait contre Cornwallis, nouvellement renforcé de 3.000 hommes.

Rochambeau voulait prendre ce dernier parti : Washington tenait pour le premier.

Desandroüins parle avec détails de cette contestation entre les deux généraux.

(1) *Papiers* du général Desandroüins. — *Légende relative à la marche de l'armée dans le continent de l'Amérique.* Cinq pages in-8°, presqu'illisibles.

Ces localités, qui étaient des villages du temps de Desandroüins, sont sans doute aujourd'hui de grandes villes.

« Quelques jours avant la jonction des deux
« armées à Philipps-Burg, dit-il, le comte de
« Rochambeau commença à être vivement inquiété
« dans son projet d'opérer contre Cornewallis (en
« Virginie), plutôt que contre Clinton (en New-
« York).

« Washington lui manda, dans la nuit, qu'il
« alloit attaquer le fort Washington ; qu'il étoit
« presqu'assuré de le surprendre ; qu'il se faisoit
« précéder par le général Lincoln avec 2.000
« hommes, et qu'il le requerroit de l'appuyer dans
« son mouvement.

« M. de Rochambeau se mit en marche au
« milieu de la nuit, mais il annonça au général
« américain qu'il s'y casseroit le nez ; qu'il avoit
« eu avis que Clinton avoit retiré le camp qu'il
« avoit dans Long-Island pour se porter derrière
« le fort Washington, et qu'il ne surprendroit rien
« du tout.

« Tout cela se vérifia. Mais le général
« Washington avoit la tête si remplie de la
« réduction de New-York qu'il ne voulut jamais
« consentir à faire faire aucun mouvement à son
« armée ni à celle de M. de Rochambeau...

« Bien plus, lorsque M. de Rochambeau reçut,
« par la *Concorde*, l'avis que l'amiral Grasse
« alloit à la baie de Chesapeak, Washington désolé
« voulut envoyer à cet amiral, M. du Portail pour
« l'engager à revenir contre New-York. Mais le
« général françois lui représenta que les Anglois,

« venant de recevoir 3.000 hommes de renfort,
« étoient inattaquables dans cette place ; que les
« armées Françoises et Américaines ne dépassoient
« pas 8.000 hommes ; que M. de Saint-Simon
« n'en amenoit que 3.000, ce qui nous porteroit
« seulement au même nombre que l'ennemi, lequel
« étoit retranché et environné de rivières ou de
« criques ; et qu'enfin ce seroit une imprudence
« impardonnable de tenter une expédition aussi
« contraire au bon sens.

« Washington répondoit que Cornewallis ne
« nous attendroit pas et s'échapperoit.

« M. de Rochambeau lui répliqua que ce seroit
« toujours ne pas avoir perdu son temps que de
« délivrer la Virginie. A la fin, il fut obligé de
« lui signifier qu'il étoit à la vérité sous ses ordres ;
« mais que M. de Grasse n'y étoit pas, et que lui
« ne pouvoit abandonner son amiral venu sur sa
« propre demande, ni l'obliger à changer de
« dessein ; et que par cette raison il ne pouvoit
« se dispenser de se mettre en marche incontinent
« avec le corps françois. Mais qu'il ne crut point
« pourtant que ce fut pour se soustraire à ses
« ordres ; au contraire, qu'il l'invitoit même à se
« mettre à notre tête, et à se faire suivre de telle
« partie de son armée qu'il jugeroit pouvoir tirer
« de devant New-York.

« Washington allégua que ses troupes avoient
« une si grande répugnance à aller au Sud vers

« la Virginie, qu'elles se révolteroient peut-être
« plutôt que d'y aller.

« M. de Rochambeau répondit que tout au
« moins les soldats de Rhode-Island, le régiment
« de Canadiens commandé par le colonel Tigen,
« et la plus part des troupes du Congrès suivroient
« les François ; et il ajouta que s'il falloit partager
« l'argent de notre armée pour mettre la sienne
« en mouvement, il étoit prêt à le faire.

« En effet il lui prêta 50 mille écus.

« Enfin, Washington se laissa aller. Mais rien
« ne le toucha d'avantage que la proposition que
« lui fit notre général de se mettre à ses ordres...

« On voit par là que l'opération la plus décisive
« de toute la guerre est due à l'obstination et à la
« bonne judiciaire de M. de Rochambeau.

« Je tiens toutes ces circonstances de lui-même ;
« et je les écris le moment d'après que je les ai
« entendues de sa bouche (1). »

Ainsi, c'est le général français, c'est Rochambeau qui a conçu le projet de marcher sur la Virginie, et l'a exécuté, malgré la résistance de Washington. C'est lui qui a combiné avec l'amiral Grasse le blocus de la baie de Chesapeake, blocus qui a amené la chute d'York-Town dont nous reparlerons, la conquête de la Virginie et celle des provinces du Sud.

Jusqu'alors, tous les historiens avaient reporté

(1) *Papiers* du général Desandroüins. — Sans titre : Nous en reparlerons.

sur le héros américain la gloire de cette entreprise.

Toutefois le désaccord entre les deux généraux dura peu. L'esprit si juste de Washington se rendit à la fin aux raisons du général français.

Cependant l'armée n'en resta pas moins trois semaines en vue de New-York. Desandroüins traça ses campements à trois lieues de la ville, la droite appuyée sur la rivière du Nord et la gauche sur celle de la Brunck ; et l'on perdit son temps à faire des reconnaissances sur les positions ennemies : dans l'une d'elles, on employa jusqu'à 5.000 hommes.

Enfin, la frégade la *Concorde* ayant mandé à Rochambeau que les vaisseaux de l'amiral Grasse étaient arrivés à la baie de Chesapeake, le général français déclara qu'il partait l'y rejoindre.

Washington le suivit.

L'armée combinée se met en marche le 19 août ; passe par Newcastle, Crampon, Verplam ; entre, le 25, dans l'Etat de New-Jersey, et arrive le 1ᵉʳ septembre à Trenton, ville considérable sur la Delaware. Le 2, elle franchit cette rivière, et va à Philadelphie, siège du Congrès, grande ville industrielle et commerçante de Pensylvanie : puis à Chester ; à Wilmington dans l'Etat de Delaware ; et à Headof-Elk, petite ville en Maryland, où l'on est le 8.

A Headof-Elk passe une rivière, l'Elk, qui a son embouchure dans le fond de la grande baie de Chesapeake. Les grenadiers et les chasseurs , formant l'avant-garde aux ordres du comte de Custine, l'une des futures victimes de la Révolution française, s'y embarquent, le 11, sur des bateaux du pays. Le reste de l'armée, continuant sa route par terre jusqu'à Baltimore, y arriva le 18, et s'y embarqua à son tour, sur des frégates et des transports de l'amiral Grasse.

La baie de Chseapeake était libre. La flotte française en gardait l'entrée.

Grasse avait en effet exécuté le mouvement projeté avec Rochambeau, et ayant pour but d'attaquer ensemble lord Cornwallis dans York-Town.

Parti le 5 août de Saint-Domingue, avec un corps de débarquement de 3.300 hommes commandés par le marquis de Saint-Simon, il était allé mouiller, le 30, à l'entrée de la baie de Chesapeake, sans avoir rencontré la flotte ennemie.

Le *Glorieux*, l'*Aigrette* et la *Diligente*, qui chassaient en avant de notre escadre, trouvèrent, dans la baie, la frégate la *Guadeloupe* et la corvette le *Loyaliste*, qu'ils poursuivèrent jusque dans la rivière d'York dont ils bloquèrent l'embouchure, y enfermant les vaisseaux anglais.

Le lendemain, d'autres navires français allèrent aussi s'emparer de la rivière James qui se jette également dans la baie de Chesapeake, à 4 lieues plus au Sud que celle d'York.

Le 3, les canots et les chaloupes de l'escadre remontèrent la rivière James, et mirent à terre les

3.300 hommes du marquis de Saint-Simon qui rejoignirent à Williamsburg la petite armée de la Fayette.

Or, notre flotte attendait, au mouillage de Linhenven, le retour de ses chaloupes et de ses canots, quand le 5 septembre, à 8 heures du matin, la frégate de découverte signala 27 vaisseaux à l'Est, se dirigeant vers la baie de Chesapeake. On crut d'abord que c'était l'escadre attendue du comte de Barras qui arrivait. Mais l'erreur ne fut pas longue : on reconnut bientôt les Anglais ; ils forçaient de voiles.

Immédiatement, le branle-bas de combat est commandé à bord des navires français. Cependant, les vents contraires empêchèrent des deux côtés toute la ligne de s'engager. Les avant-gardes seules se purent prendre corps à corps. L'Anglaise était commandée par le commodore Hood, et la Française par Bougainville un des héros de la guerre du Canada, devenu un habile marin après avoir été un brave capitaine de dragons. Bougainville força Hood à quitter le combat, et à brûler un de ses propres vaisseaux, le *Terrible* de 74 canons, qui désamparé ne pouvait plus tenir la mer.

Après cet échec, les Anglais, aux ordres de l'amiral Graves, ayant encore manœuvré pendant quelques jours en vue de notre flotte, sans toutefois lui donner l'occasion d'une bataille, disparut dans la nuit du 9 au 10.

L'amiral français revint alors à l'entrée de la

baie de Chesapeake, où il trouva le comte de Barras qui y était arrivé la veille, à la tête d'une seconde escadre, amenant de New-Port, à l'armée Franco-Américaine, le matériel de siège dont elle manquait.

Nous avons laissé cette armée voguant, dans la baie de Chesapeake, vers la Virginie. Pendant plusieurs jours, elle en longea les côtes, passa devant l'embouchure de la rivière d'York que gardaient les frégates françaises, et vint à son tour débarquer, le 26 septembre, sur les bords de la rivière James, non loin de Willliamsburg.

Le 28, les Franco-Américains, aux ordres de Rochambeau, de la Fayette et de Washington, quittant Williamsburg, marchèrent sur York-Town où se trouvait lord Cornwallis.

Cornwallis défendait, non-seulement York-Town qui est sur la rive droite de l'York, par conséquent du côté d'où venait l'ennemi, mais encore le poste moins important de Glocester qui est sur la rive gauche en face d'York-Town. Il avait 6.000 hommes de troupes réglées Anglaises et Hessoises, et 1.500 matelots, avec 168 pièces de canon.

L'armée assiégeant comptait près de 16.000 hommes.

Desandroüins, que nous avons presque perdu de vue quoiqu'il ait été continuellement notre guide pendant la marche que nous venons de décrire, fut chargé de diriger les travaux du siège.

Nous regrettons de nouveau que ses *Mémoires*

militaires, sur la guerre d'Amérique, aient été perdus dans la catastrophe de la *Bourgogne*. Nous ne trouvons, dans les fragments de *Notes* qu'il nous a laissés, que *trois lignes* relatives au siège d'York-Town, où cependant il a joué un rôle actif et important, comme commandant du génie de l'armée assiégeante.

York-Town fut investi le 29 septembre. Le 2 octobre, on fit passer la rivière à 2.000 Américains, à la Légion de Lauzun, et à 500 matelots prêtés par le comte de Grasse, et on bloqua Glocester.

Le même jour « la Légion Anglaise de Carleton, « qui se trouvoit dans Glocester, fit une sortie, et « fut repoussée avec perte par celle de Lauzun. »

« Le 6, ouverture de la tranchée devant York- « Town. » Les batteries de brèche furent établies, et foudroyèrent la ville et ses remparts. Au bout de huit jours, la brèche fut jugée praticable. La nuit du 14 au 15, deux colonnes, l'une, Américaine, commandée par la Fayette, et l'autre, composée des grenadiers et des chasseurs Français, aux ordres du baron de Viomesnil, emportèrent à la baïonnette deux redoutes qui couvraient la gauche des lignes ennemies.

Ces redoutes conquises, Desandroüins les fit réparer, et on tourna les canons contre la place.

Le 17, lord Cornwallis, voyant toute résistance impossible, et n'attendant aucun secours du dehors, demanda d'abord une suspension d'armes de 24 heures. Les généraux alliés ne lui accordèrent que 2 heures : alors il demanda à capituler. On employa la journée du 18 à discuter les articles de la capitulation, qui fut conclue et signée le 19 pour York-Town et pour Glocester.

La garnison, généraux, officiers et soldats, se constituait prisonnière de guerre. Tombèrent en notre pouvoir, le matériel de guerre et les vivres, 22 drapeaux, et toute la flotille qui se trouvait bloquée dans la rivière d'York. Cette flotille consistait en 58 bâtiments de toutes grandeurs. De ces 58 bâtiments, un vaisseau de 50 canons fut brûlé, et on coula bas 20 transports et une frégate de 24 canons, la *Guadeloupe*.

Cette victoire, la plus considérable de toute la guerre, eut un immense retentissement en Amérique, en France et en Angleterre. Après Dieu, ce fut à la France que tout un peuple rendit grâces (1).

Le 27, la flotte Anglaise de l'amiral Graves, renforcée par l'escadre de l'amiral Digby qui portait 5 ou 6.000 hommes de débarquement, se montra en vue de la baie de Chesapeake. Mais, apprenant la capitulation de lord Cornwallis et la chute d'York-Town, elle reprit le large et disparut.

Le 5 novembre, la flotte du comte de Grasse rembarqua les 3.500 hommes qu'elle avait amenés

(1) Les Etats-Unis ont choisi le 18 octobre, date de la prise d'York-Town, pour fêter le premier centenaire de leur Indépendance.

au secours des Américains, et retourna à la Martinique malgré les instances de la Fayette et de Washington.

L'Angleterre, après la perte d'York-Town, sentant que les Etats d'Amérique lui échappaient, songea à faire sa paix avec eux, en reconnaissant leur indépendance, pour n'avoir plus à lutter que contre la France sa vieille ennemie, et contre l'Espagne qu'elle tenait pour peu redoutable. Mais les Américains reconnaissants, chose rare chez les peuples aussi bien que chez les particuliers, déclarèrent *traitres à la patrie* ceux qui voudraient traiter sans la participation de la France ; et la guerre recommença.

Toutefois, elle recommença mollement. Les Anglais n'étaient plus maîtres que de Savannah en Géorgie, de Charles-Town dans les Carolines, qui devaient tomber bientôt, et de New-York.

Les armées victorieuses se séparèrent. L'une, celle de la Fayette alla guerroyer dans la Caroline du Sud et en Géorgie ; l'autre, celle de Rochambeau, avec les Américains de Washington, passa l'hiver et le printemps de 1782, à Williamsburg, York-Town et Hampton, faisant la petite guerre contre les Anglais qui finirent par abandonner le pays.

CHAPITRE XIX.

L'armée Française revient sur ses pas. — Notes de Desandroüins sur cette marche. — Elle se rembarque à Boston. — 1782.

Le 31 juin 1782, l'armée de Rochambeau, ayant accompli sa mission guerrière, quitta Williamsburg et revint sur ses pas, suivant à peu près la même route qu'elle avait déjà faite. Cependant de Williamsburg à Baltimore et à Headof-Elk, elle prit la voie de terre au lieu d'y retourner par mer. Elle arriva à Baltimore le 23 juillet ; y séjourna un mois ; en repartit le 24 août pour Headof-Elk ; repassa à Chester, et de là gagna Philadelphie le 31 (1).

De Philadelphie, elle alla en dix marches à Kings-Ferry sur la rivière Nord, non loin de New-York qu'elle tourna ; et le 17 septembre, « elle « campa à Pecks-Hille, à 4 milles sur la gauche « de l'armée du général Washington. »

(1) Il y a de Williamsburg à Philadelphie, 310 milles Anglais ; et de Philadelphie à Boston, 345 milles. L'armée Française fit donc une marche de 655 milles. Le *mille* Anglais est de près de 2 kilomètres. Les étapes de l'armée étaient de 10 à 15 milles. Mais il faut tenir compte de la difficulté des chemins.

Peut-être que Washington, qui n'avait pas abandonné ses projets sur New-York, espérait-il, en marchant avec l'armée française, s'en servir contre cette place. Toujours est-il qu'elle resta, jusqu'au 22 octobre, « au camp de Crampon, petit village » situé à 8 milles de Pecks-Hille.

Ici nous retrouvons quelques *Notes* de Desandroüins : c'est le reste d'une espèce de *Journal* rapportant ce qui lui est arrivé et ce qu'il a vu de plus intéressant, depuis Crampon en Amérique jusqu'à Brest en France (1).

Au camp de Crampon donc « on débite que « l'armée part après-demain. On assure qu'elle va « s'embarquer à Boston, et que la Légion de « Lanzun retourne à Baltimore. »

Enfin la brigade de *Bourbonnais* avec laquelle marchait Desandroüins, quitte Crampon, pour aller à Salem. Elle avait un jour d'avance sur la brigade de *Soissonnais* qui suivait la même route, et faisait les mêmes étapes. « A 4 milles de Salem, « dit le colonel, les voitures passent à gué la « rivière le Croton dont les bords sont difficiles. « Plusieurs s'y sont brisées ; une des miennes « entre autres. »

(1) Sûrement, Desandroüins avait commencé ce *Journal* qui est du reste sans titre, au début de la campagne d'Amérique. Les 33 premières pages manquent, et il n'y en a que 62 ; encore sont-elles détachées les unes des autres. Mais, telles quelles, ces pages détachées sont très intéressantes, et font regretter celles qui manquent. Elles contiennent surtout une relation précieuse du naufrage de la *Bourgogne*.

Le 23, on va à Dambury, petite ville qui avait été brûlée par les Anglais, parceque les Américains y avaient leurs magasins. Il y a à peu près 150 maisons de reconstruites. La plaine dans laquelle elle est bâtie est large et fertile ; mais les chemins pour y arriver sont difficiles. Desandroüins est logé « chez un habitant appelé John « Trobrige, assez bon homme mais pauvre. »

Le 24, à Newton. Desandroüins y revit son hôte de l'an dernier qui vint fort honnêtement lui offrir l'hospitalité. « J'aurois accepté son invitation, dit-
« il, si je n'avois craint que le maréchal-des-logis
« n'eut destiné sa maison à quelqu'un de plus
« grande conséquence. J'ai été lui rendre visite ;
« toute la famille, jusqu'aux petits enfants, m'ont
« accablé de caresses. Ils ont aussi fait toutes
« sortes d'amitiés à mes domestiques, et ont
« témoigné du regret de la mort des deux que j'ai
« perdus.

« Le vieux grenadier d'Auvergne, âgé de 86
« ans, qui habitoit Newton depuis 55 ans et que
« j'avois vu l'an dernier, est mort. »

Le 26, à Breack-Nek qui veut dire Casse-Cou. D'abord, Desandroüins vit, sur une petite rivière appelée Steat-Ford, un pont fait de piles de cailloux contenus dans des coffres de charpente ; puis une belle Eglise dans un village au milieu d'une vaste et fertile vallée. Mais, après la vallée on rencontre une montagne, d'un accès difficile, fort haute et fort pénible à gravir, qui a fait donner le nom de Breack-Nek, à la méchante bourgade située à son sommet où l'on trouve à peine à se loger.

Le lendemain, il faut redescendre la montagne. La pluie a détrempé le sol et rendu le chemin impraticable, ce qui fatigue les soldats. Cependant on arrive le soir à Bulten's-tavern, avec une douzaine de voitures brisées dont encore une de Desandroüins. « Cet accident lui cause bien de la « fatigue et de l'embarras. » En descendant cette montagne, le colonel ramasse de la graine de tulipier.

« La vallée de Bulten's-tavern est agréable et « paraît fertile. Le pays commence à être ouvert : « il est bien peuplé : les chemins sont très unis et « sablonneux. »

Le 28, on est à Famington où les habitants sont bons et honnêtes comme dans tout le Connecticut. Le 29, à Harfort et East-Harfort. Harfort, ville considérable sur la rive droite du Connecticut. « East-Harfort, longue ville à un mille et demi « plus à l'Est, c'est-à-dire sur la rive gauche de la « même rivière. » On devait faire séjour dans ces deux villes, et l'armée tout entière s'y trouva réunie le 30. Mais le séjour fut un peu plus long qu'on ne le pensait.

Le 30 même, Rochambeau reçut un courrier de M. de Vaudreuil, parent sans doute de l'ancien gouverneur du Canada, lui annonçant que l'escadre, qu'il commandait, ne serait point prête à embarquer ses troupes aussitôt qu'il le lui avait dit ; ce qui obligea le général de retarder de trois jours la marche de ses colonnes.

Dans cet intervalle, la nouvelle s'accrédite « que « toute l'armée s'embarquera à Boston pour les « Isles, suivant les mesures qu'on prépare et « qu'on a annoncées aux gens de l'administra-« tion (1).

« Le 3, novembre, l'artillerie est partie, précé-« dant l'infanterie d'un jour.

« Aujourd'hui soir, le comte de Rochambeau et « un grand nombre d'officiers, nous sommes allés « au temple entendre chanter en musique des « psaumes, par les filles, les jeunes gens et les « hommes faits. C'était un concert fort touchant « et majestueux, qui nous a représenté le concert « des Anges. »

Le 4, *Bourbonnais* quitte à son tour East-Harfort, et vient à Bolton, puis à Wendham ; mais de Bolton à Wendham, « les chemins sont monta-« gneux et rabotteux ; ils brisent un de mes « vagons qui est resté sur place jusqu'au milieu « de la nuit. » Décidément, le colonel n'était pas heureux avec ses voitures ! De Wendham on part le 7 pour Canterbury.

Ce fut dans la nuit du 7 au 8, à Canterbury,

(1) Une formidable expédition, de concert avec la flotte espagnole, était préparée en France contre les Antilles Anglaises, la Jamaïque et le Canada. La conclusion de la paix l'empêcha d'avoir lieu.

que le colonel, fut victime d'un vol considérable. Un de ses fourgons fut ouvert : « une malle, de « laquelle il avoit l'habitude de tirer chaque jour, « fort imprudemment, de l'argent en présence de « ses vagoniers, » fut enlevée, portée dans un pré voisin, forcée et fouillée. On lui prit 7.195 francs sur quoi il y avait 101 francs à son domestique Charles. Mais on lui laissa « ses papiers, livres, « porte-feuilles, lunettes, écritoire, rubans de « Saint-Louis, et même un petit sac contenant « une cinquantaine de louis d'or » que les voleurs sans doute n'avaient pas vu.

Malgré sa plainte, malgré même l'intervention du général, Desandroüins ne put parvenir à faire poursuivre par le Prévôt de l'armée, le vagonier Américain soupçonné avec raison d'avoir commis ce vol.

On quitte Canterbury le 8, le colonel fort ennuyé d'être ainsi dévalisé, et on va coucher à Waluntown; et le lendemain à Waterman's-tavern « où il est logé chez Joathan Knigt dans une maison « assez apparente mais pauvre; et comme il y « avoit deux ménages, dit-il, j'y ai été fort « resserré et fort mal quoique les gens fussent « honnêtes. » De Waterman's-tavern à Providence, les chemins sont mauvais, sauf aux approches de la ville. L'armée tout entière y est réunie le 10 et le 11. Desandroüins y retrouva son hôte de l'année dernière, M. John Clarke qui lui fit fête et l'invita à dîner. Ce logis était destiné à un officier général :

mais M. Clarke refusa absolument de recevoir une autre personne que son colonel.

Providence est une ville de ressources, où l'on devait faire un long séjour, Desandroüins en profita pour donner un dîner.

« J'ai eu, dit-il, un grand dîner auquel mon
« hôte et mon hôtesse m'ont fait l'honneur d'as-
« sister : ce sont les meilleurs gens du monde et
« les plus obligeans. Comme je faisois compliment
« à mon hôte sur ce que sa maison avoit aug-
« menté, depuis l'année dernière, du plus joli
« enfant du monde, quelqu'un demanda à mon
« hôtesse dans quel mois elle étoit accouchée ?
« Sur sa réponse, on crut faire une plaisanterie à
« la *françoise* sans conséquence de lui dire, en
« riant, qu'étant né à cette époque, il n'étoit pas
« impossible que son enfant fut François. On eut
« trouvé cette belle saillie sans doute très agréable
« à Paris : mais mon hôtesse baissa les yeux,
« rougit et montra par son trouble qu'on lui
« tenoit là un propos qui l'embarrassoit et cho-
« quoit sa modestie. Les mœurs de ce pays-ci ne
« permettent aucun équivoque ni discours licen-
« cieux. »

Quelques jours après ce dîner, le comte de Rochambeau donna à son tour un grand bal où furent invitées toutes les dames de New-Port et de Providence.

Mais au milieu de ces divertissements, il y eut, pour nos officiers, quelques chagrins. Le vaisseau la *Danaé*, armé pour l'Amérique, ayant eu sa destination changée, avait remis une multitude de lettres, pour l'armée française, à un vaisseau Américain excellent voilier. Mais malgré cette bonne qualité, ce vaisseau avait été pris par un croiseur Anglais, à 20 lieues des côtes de France, « ce qui nous prive, ajoute Desandroüins, de « notre consolation la plus désirée et prolonge « nos ennuis. »

Cependant, on a quelques nouvelles d'Europe, où il est question de Gibraltar.

Gibraltar appartenait aux Anglais depuis 1704. Depuis trois ans, les Espagnols bloquaient par terre ce roc formidable. En 1782, profitant de la supériorité de leur flotte réunie à celle de France, ils mirent le blocus du côté de la mer. Gibraltar serait tombé s'ils avaient eu la patience d'attendre : ils brusquèrent l'assaut.

« On annonce qu'au commencement de sep-
« tembre, il y avoit trois brèches faites à Gibraltar,
« qu'on se préparoit à donner l'assaut, et que
« l'évènement en seroit décidé vraysemblablement
« avant l'arrivée du secours conduit par l'amiral
« Howe qui ne peut guère y paraître qu'à la fin
« de septembre...

« Gibraltar a capitulé le 17 septembre : la
« nouvelle en a été apportée le 26 novembre par
« un bâtiment venant de Ténérife...

Mais le lendemain « une nouvelle arrivée de
« Boston annonce le contraire... On assure que

« le vent d'Ouest, ayant rejeté la flotte combinée
« dans la Méditérannée, avoit amené en même
« temps celle de Howe qui avoit ravitaillé la
« place sans obstacle, pris 5 ou 7 bâtimens ou
« batteries flottantes et quelques galiotes. »

Enfin, les deux brigades de l'armée française quittent Providence le 1er et le 2 décembre, et arrivent le 3 et le 4 à Boston où elles prennent place immédiatement sur les vaisseaux. Cependant elles ne doivent partir que le 22. En attendant, « vent violent qui souffle du Nord. Froid très
« âpre avec un temps couvert et menaçant la
« neige. Nos soldats souffrent beaucoup à bord
« en ce moment, d'autant plus qu'ils sont mal
« couverts. »

Le colonel Desandroüins fut logé fort convenablement chez M. Edouard Tukermann qui habitait une belle maison à l'entrée de la ville, et en possédait d'autres encore à l'intérieur. Aussi passait-il pour très riche. Il était boulanger de son état; et le pain et le biscuit avaient fait sa fortune. Au demeurant, « c'est un galant
« homme. »

Pour charmer ses loisirs et utiliser son séjour à Boston, Desandroüins se met en relation avec les principaux personnages et les sommités intellectuelles de la ville. Le décousu de son *Journal* n'est pas sans intérêt ni sans charme :

« J'ai vu, dit-il, le consul de France, M. de
« l'Etrombe, homme de bon sens, qui se comporte

« avec sagesse et grande circonspection dans un
« pays où il survient, à chaque instant, des
« discussions qui pourroient compromettre ses
« fonctions et les intérêts de sa nation. Il est chez
« lui très honnête et représente.

« J'ai vu aussi le fameux docteur Cooper qui a
« tant contribué à la Révolution, et qu'on
« prétend avoir été le souffleur du Président
« Hancok proscrit par les Anglois. C'est un
« homme caché qui paroit très fin dès le premier
« aspect, et dont le langage est toujours médité,
« ce qui fait qu'on s'en défie. Il a beaucoup d'es-
« prit, de scavoir et d'éloquence. Mais il a des
« jaloux et des ennemis, même parmi les partisans
« de la cause qu'il défend avec tant de chaleur...

« Boston est une très grande ville; et elle le
« dispute à Philadelphie par la population, le
« commerce et les richesses. Les habitants sont
« plus tumultueux, et parconséquent plus dange-
« reux que partout ailleurs. Ils firent querelle
« avec les matelots de M. d'Estaing dont un des
« officiers fut tué, quoiqu'il n'eut accouru que
« pour appaiser l'émeute, et contenir ses gens.
« Il y eut de même une grande rixe entre eux et
« les matelots de la frégate l'*Hermione* en 1780.
« D'après les informations faites juridiquement,
« dans l'une et l'autre occasion, les juges du
« pays déchargèrent les François de tout blâme;
« ce qui prouve combien il faut user de prudence
« avec ces gens-ci. Le Consul nous a encore

« rapporté plusieurs autres histoires qui viennent
« à l'appui de cette observation...

« Je me suis présenté avec mes camarades
« inutilement chez le gouverneur Hancok : il ne
« voit que des gens de son choix : c'est le per-
« sonnage invisible à tout autre...

« J'ai vu M. Baudouin, homme considérable
« dans l'Etat, président du Collège et de l'Aca-
« démie de Cambridge, qui avoit concouru avec
« Hancok pour être gouverneur lors de la première
« élection qui s'est faite en 1780. C'est un homme
« aimable et scavant...

« J'ai vu lancer à l'eau un bâtiment de 18
« canons avec ses mâts...

« J'ai été l'un des convives d'un dîner splendide
« qu'a donné le consul de France à M. de Vau-
« dreuil et à plusieurs officiers de la marine, à
« M. de Viomenil, à nos généraux, aux colonels,
« aux chefs des corps des états-majors, à l'in-
« tendant, au lieutenant gouverneur de l'Etat,
« au général Heath américain, à M. Adams un
« des proscrits, au docteur Cooper, autre proscrit...

« Le 11, les magistrats ont harangué le baron
« de Viomenil et tous les officiers supérieurs qui,
« étant à terre, lui faisoient cortège pour recevoir
« cette harangue, qui a été prononcée par
« M. Samuel Adams, dans la salle de la maison
« où est logé le Baron. Il y a répondu fort
« noblement, et a remis son discours, avec la
« traduction à mi-marche, aux députés qui doivent

« faire imprimer l'un et l'autre dans les papiers
« publics. Tout cela s'est passé d'une manière
« touchante et noble...

« Le Gouverneur et le Conseil ont donné un
« splendide dîner aux deux généraux de terre et
« de mer, à quelques officiers de marine, à notre
« intendant, au consul, à tous les officiers géné-
« raux et supérieurs de l'armée de terre. M. Hancok
« étoit à la tête de la table, M. de Vaudreuil à sa
« droite, et M. de Viomenil à sa gauche. C'étoit
« une grande question parmi Messieurs du Conseil
« de scavoir lequel des deux commandans on
« placeroit à la droite. Il fut décidé qu'on les
« laisseroit se faire des complimens entre eux ;
« et la persévérance du baron a obligé le mar-
« quis à se mettre à la place d'honneur. Les autres
« officiers se sont placés sans ordre. C'étoit un
« fort beau dîner à l'Américaine, où l'on n'a pas
« bu plus de tosts qu'il ne convient à des François,
« c'est-à-dire 5 ou 6. On y a servi du café à la fin
« du repas, pour se conformer à notre usage ; et
« on y a bu du très bon vin de Bordeaux. Cepen-
« dant beaucoup de gens se sont plaints de la
« dûreté ou du mauvais état des viandes. Pour
« moi, j'ai trouvé tout fort bon...

« Le 12, grand bal donné par une Société
« d'abonnés, auquel ont été invités tous les
« officiers supérieurs de l'armée et plusieurs autres
« avec les aides-de-camp. Il y avoit une centaine
« de femmes et demoiselles dont plusieurs fort

« belles, et toutes mises très proprement. On a
« dansé par numéros.

« Un vaisseau marchand, estimé 600 mille
« livres, brûle avec toute sa cargaison...

« Un autre se brise par la violence des vents...

« Il pleut, il neige, il gèle tour à tour. Le vent est
« impétueux, M. de Viomenil qui, le 13 au matin,
« étoit allé à l'escadre faire visite aux capitaines de
« vaisseaux, est revenu très difficilement à terre,
« ayant son manteau tout chargé de glaçons...

« Le 18 : on presse l'équipement de la flotte.
« Grand repas chez M. Hancok.

« Le 19 : beau temps. Le quartier général s'em-
« barque demain. Grand repas d'Américains et
« des colonels de l'armée, auquel le marquis de
« Vaudreuil assiste, chez le baron de Viomenil.

« Le 20 : Je m'embarque sur la *Bourgogne*
« Le feu a pris à bord de la *Couronne*, ce qui
« peut retarder le départ d'un jour ou de deux. Le
« marquis de Vaudreuil a quitté terre, et s'est
« embarqué définitivement.

« Le 21 : tout le monde a ordre de s'embarquer :
« pourtant M. de Viomenil est encore à terre (1).

« Le 22 : le plus beau temps possible, ni trop
« chaud ni trop froid, et bon vent modéré. Ordre
« d'appareiller demain à la marée, à moins de
« vent contraire...

(1) Le comte de Rochambeau avait quitté l'armée le 1ᵉʳ décembre avec son fils, pour aller à Philadelphie. Le baron de Viomesnil avait pris le commandement de l'armée.

« Le 23 : signal de lever les ancres le matin,
« et de se préparer à appareiller. Mais le vent
« étant devenu *trop près* pour que les vaisseaux
« mouillés près de la ville ne courussent pas risque
« d'être entraînés par les courans dans la passe,
« sur les rochers, on a annulé les signaux.

« La nuit, il est entré plusieurs bâtimens amé-
« ricains dans le dessein de se mettre à la suite
« de l'escadre....

« Le 24, à une heure de l'après-midi, toute
« l'escadre est sous voiles. »

Une foule immense s'était portée vers la rade, sur les quais, partout enfin d'où l'on pouvait apercevoir la flotte française.

Quand tonnèrent les salves d'adieu, la grande voix du peuple américain se mêla à la grande voix du canon, pour saluer de ses hurrahs frénétiques cette glorieuse petite armée de Rochambeau et de Viomesnil qui venait de l'aider à reconquérir sa liberté.

Il y a à peine un siècle que ces évènements sont passés ; il y a à peine un siècle que l'Amérique vit de sa vie propre ; et déjà sa puissance est telle, qu'elle deviendrait facilement une menace pour notre vieux monde.

Le peuple Américain n'a pas eu de jeunesse ; d'un bond, il est arrivé à l'âge d'homme fait : aura-t-il une vieillesse prématurée ?

C'est le secret de la Providence.

Je ne sais si pendant cette campagne de l'Amérique, le voisinage du Canada troubla le sommeil de nos généraux et de nos soldats. Mais je suis certain du moins que, si beaucoup oublièrent cette terre fumante encore du sang de Montcalm et de ses compagnons, Desandroüins, lui, ne put se retrouver sans regrets, sans douleur, sans colère, dans cette Amérique du Nord, auprès de ce Canada, où il avait naguère tant souffert et tant combattu pour la France !

Aussi, appelait-il de tous ses vœux l'expédition projetée, entre la France et l'Espagne, contre la *Nouvelle Bretagne,* expédition dont nous avons déjà parlé et que la conclusion de la paix avec l'Angleterre devait empêcher d'avoir lieu.

Ce fut au moment où il en était question, qu'il écrivit un *Mémoire* dans lequel il indique, en les évaluant, les approvisionnements de toutes sortes nécessaires à une armée de 20.000 hommes pour entreprendre le siège de Québec.

CHAPITRE XX.

Naufrage de la Bourgogne. — Desandroüins est nommé Brigadier. — Retour en France de l'armée de Rochambeau : — 1783.

La flotte, qui quittait triomphalement les rivages de l'Amérique sous les ordres du marquis de Vaudreuil, se composait de dix vaisseaux de lignes, de plusieurs frégates, goëlettes, cutters et transports. Elle devait se rendre à Porto-Cabello pour y rejoindre une flotte espagnole, et tenter ensemble une expédition contre la Jamaïque et autres îles des Antilles Anglaises (1).

Le vaisseau la *Bourgogne*, sur lequel le colonel Desandroüins était monté et qui seul nous occupera désormais, portait 74 canons, et avait 930 hommes à bord, y compris l'équipage, trois compagnies de *Bourbonnais*, avec des détachements d'autres régiments, les officiers et leurs domestiques.

Le 24, à une heure de l'après-midi, par un très

(1) Coro, Porto-Cabello et Caracas, villes de la République de Colombie, sur la côte de l'Amérique du Sud, non loin des Antilles. Porto-Cabello et toute la côte appartenaient alors aux Espagnols.

beau temps, la *Bourgogne* leva l'ancre. Elle fila bien les trois premiers jours. Le 27, un coup de vent déchire ses voiles qui sont vieilles, et bouleverse la mâture qu'il faut réparer. On craignait avec raison que le vent du Sud ne jetât le bâtiment à la côte. Le tangage et le roulis ont rendu malades la plupart des passagers et des marins. Durant les jours suivants, la *Bourgogne* éprouve encore diverses avaries dans ses agrés. La vétusté ou la mauvaise qualité des matériaux, autant que le mauvais temps, occasionnent ces dégâts.

Le 4 janvier 1783, on donne la chasse, sans pouvoir l'atteindre, à un trois-mâts Anglais qui file au plus vite.

Le 10, on passe sous le Tropique. Grossière cérémonie du *baptême* des Tropiques. On aperçoit une terre : c'est l'île de Porto-Rico une des Antilles, appartenant aux Espagnols. On reste en vue plusieurs jours, courant des bordées de ci de là. Les généraux Français descendent à terre et sont salués par le canon du fort.

On vogua assez rapidement jusqu'au 2 février, où l'on vint en vue d'une grande terre que l'on reconnut pour l'île de Curacao (1).

Elle apparut plusieurs fois sous des aspects différents, selon qu'on était porté par la mer sur

(1) *Curacao* d'où l'on tire la célèbre liqueur de ce nom. Ile presque à la pointe Nord de l'Amérique méridionale appartenant aux Hollandais.

un point ou sur un autre. Enfin on aperçut la ville qui sembla considérable, et son port dont l'entrée est fort étroite ; mais il s'étend de droite et de gauche dans l'intérieur de la ville elle-même, « de sorte que les vaisseaux y sont en sûreté « comme dans une bouteille. » Le goulet en est défendu par des batteries fort bien placées. Les quais semblent superbes. Sur différents *mornes* des bords de l'île, se trouvent des batteries qui la défendent contre un débarquement. Au haut de ces *mornes*, était arboré le pavillon Hollandais (1).

A l'Est de la ville, on voit un grand nombre de jardins plantés de grands arbres. Mais en général, le terrain, haché de *mornes*, est sec et aride.

Le 3, on perd de vue les vaisseaux de l'escadre, et la *Bourgogne* file jusqu'à 6 nœuds (2). Mais, le 4, « à une heure après minuit, dit le colonel « Desandroüins, le vaisseau toucha. Du premier « choc, le gouvernail fut emporté, et l'on n'eut « pas la faculté de virer *vent devant*, ni de faire « aucune manœuvre qui put soulager le vaisseau. « Même, il se plaça *vent en arrière*, et se trouva « sur un banc de gros cailloux et de sables, dans « lequel il s'arrêta, talonnant à coups précipités « et faisant eau en telle abondance que toutes « les pompes ne purent bientôt la surmonter.

(1) *Mornes* petits monticules très escarpés et incultes.

(2) Le *nœud* fait un peu moins de deux kilomètres. On file plus ou moins de *nœuds* à l'heure suivant la rapidité de la marche du vaisseau.

« On jeta à la mer toute la seconde batterie,
« les boulets, les gargousses et tout ce qui char-
« geoit le vaisseau. Les canots, et la chaloupe
« furent descendus à l'eau. Mais, malgré toutes
« les précautions qu'on prit pour les descendre, la
« quille de la chaloupe fut brisée le long du bord.
« On ne put pas jeter à la mer la première bat-
« terie, parcequ'il falloit en tenir les sabords
« fermés.

« On établit des feux en haut des mâts ; on
« tira des coups de canon et des fusées, de quart
« d'heure en quart d'heure. Le temps étoit obscur ;
« on n'apercevoit rien. L'équipage étoit consterné.
« Deux officiers vinrent sur la galerie du pont, et
« crièrent qu'on voyoit des feux au loin qui
« disparaissoient de temps à autre à la lame :
« et chacun de nous, après avoir fait semblant
« de regarder attentivement, cria aussi qu'il les
« voyoit !

« Le capitaine, venant de l'avant, cria qu'il
« avoit entendu deux coups de canon, qu'il en
« avoit même vu la lumière ! Intérieurement nous
« scavions qu'en penser ; et je dis moi-même,
« qu'il n'étoit pas possible qu'au jour, ou au plus
« tard dans la matinée, nous n'ayons pas en vue
« quelque vaisseau de l'escadre ; que du reste
« notre vaisseau étoit encore en état de résister
« deux jours, et peut-être 15, la mer n'étant pas
« très mauvaise, et la carcasse très forte.

« On monta, dès les premiers moments, des

« pièces d'eau, du vin, du tafia, du biscuit ; on
« coupa le mât d'artimon, et l'on mit des haches
« au pied des autres.

« A peine l'aube vint-elle à paraître, qu'on
« aperçut la terre à 1 lieue 1/2 de distance ; ce
« qui releva les courages en donnant l'espérance
« d'un prompt secours.

« Le capitaine me dit, en présence de la plu-
« part des officiers, de me préparer à entrer dans
« la première embarcation qu'il enverroit à terre
« avec M. de Pinsun, enseigne de vaisseau, pour
« demander du secours. — Je lui répondis, que
« ma vie n'étoit pas plus précieuse que celle d'un
« autre. — Mais, il insista disant que, par mon
« âge et par mon grade, j'aurois plus de crédit.
« — Personne ne réclama, et même le chevalier
« de Caupenne, capitaine de *Bourbonnois*, eut la
« générosité de m'y exhorter en des termes que
« je n'oublierai de ma vie.

« Le jour venu, on nous descendit dans le
« canot, par le beaupré, M. de Pinsun et moi, au
« moyen de cordages.

« En 50 minutes, nous abordâmes au fond d'un
« anse, sur un sable où la mer brisoit assez fort,
« après toute fois, avoir embarqué quelques lames
« en doublant une pointe...

« J'opinai de nous mettre en route aussitôt, et
« de faire des recherches à l'Est, afin que si nous
« découvrions quelques embarcations, elles fussent
« *au vent* du vaisseau. Mais nous envoyâmes en

« même temps le patron du canot et un matelot
« vers l'Ouest, tant pour chercher des secours de
« ce côté que des vivres pour les canotiers : je
« leur donnai de l'argent. Nous primes avec nous
« un matelot, nommé Bureau, qui parloit pro-
« vençal et un peu l'espagnol.

« Après une 1/2 heure de marche sur la plage,
« où on voyoit quelques traces de pieds nuds,
« nous trouvâmes un sentier qui entroit dans le
« bois ; nous le suivîmes, marchant à grand pas,
« autant que nos forces pouvoient le permettre ;
« et, une heure après, commençant à être fort
« inquiets de ne rien apercevoir qui nous indiquât
« la moindre habitation, un soldat espagnol se
« trouva devant nous, venant à l'encontre.

« Nous l'interrogeâmes et nous apprimes que
« nous étions à la pointe d'Ubéro, sur la côte de
« Coro, à 40 ou 50 lieues de Porto-Cabello, sans
« espérance de trouver d'ici là la moindre embar-
« cation propre à la mer, non plus qu'en arrière.
« Nous ne devions trouver d'autres habitations
« qu'une pauvre case à Nègres, à 6 lieues plus
« loin ; et, à 5 lieues au-delà, une habitation un
« peu moins mauvaise, où l'on pourroit nous
« donner deux mauvais chevaux.

« Nous engageâmes ce soldat à suspendre sa
« mission qui étoit de courir la côte, et à nous
« servir de guide. Il s'appeloit Juan Thomas Ostoz,
« et étoit métis, c'est-à-dire d'un sang mêlé d'Es-
« pagnol et d'Indienne.

« Nous arrivâmes, épuisés de fatigues et de
« faim, à la case à Nègres, où en effet on ne
« put nous donner à chacun qu'un épis de maïs
« grillé, avec de l'eau.

« Nous étions résolu de poursuivre plus loin,
« au hasard de tomber d'épuisement, lorsque
« j'aperçus deux méchantes bourriques avec leurs
« charges, et deux négrillons. A force d'argent,
« nous obtinmes les deux bourriques. Mais le
« matelot déclara qu'il n'étoit point en état de
« nous suivre, si on ne lui en donnoit une ; c'étoit
« un homme de 30 ans, fort et vigoureux, de
« 5 pieds 4 à 5 pouces ! M. de Pinsun s'offrit
« d'aller à pied, et fit en effet les trois quarts de
« la route de cette manière.

« A l'entrée de la nuit, nous arrivâmes à la
« seconde habitation, chez don Félis qui nous
« reçut de son mieux. Il fit cuire pour nous du
« pain de maïs que je dévorai, mais que M. Pinsun
« ni même le matelot ne pouvoient avaler. En
« revanche, ils mangèrent avidement de la viande
« boucanée dont mes vieilles dents ne pûrent venir
« à bout.

« Lorsque nous fûmes parvenus à ratrapper les
« deux chevaux, nous prîmes un guide Indien,
« après avoir bien payé le premier. Don Félis,
« lui, ne vouloit rien : nous ne pûmes lui faire
« accepter quelque chose qu'en lui représentant
« que si plusieurs des François naufragés suivoient
« la même route que nous, il seroit bientôt ruiné

« si personne ne le payoit ; en conséquence ceux
« qui étoient en état devoient payer pour les
« autres. Nous lui demandâmes une lettre pour le
« commandant de Tocuyo, le village le plus
« proche à 10 lieues de distance. Le matelot ne
« pouvant nous suivre, nous lui recommandâmes
« de prendre du maïs sur les bourriques, et de
« retourner vers les matelots du canot. Nous
« vîmes avec peine que ce drôle ne songeoit
« qu'à lui.

« Nous partîmes ensuite, et nous passâmes la
« nuit à faire deux ou trois lieues, dans des che-
« mins détestables, à travers des bois dont les
« branches nous égratignoient le visage ; et,
« malgré une lumière de bougie de goudron que
« portoit notre guide et qu'il entretenoit avec
« peine, je me heurtois souvent la tête et le corps
« à me renverser sur la croupe du cheval,
« parceque, tombant de sommeil et d'épuisement,
« je fermois les yeux malgré moi.

« Au jour, nous entrâmes dans une savanne de
« 7 à 8 lieues, dont le chemin est bon par parties
« assez longues ; mais aussi il s'y trouve des
« fondrières et des flaques d'eau où nos chevaux
« s'abattirent plusieurs fois et dont ils eurent bien
« de la peine à se tirer. Nous avions porté de
« l'eau avec nous, car on n'en trouve point qui
« ne soit salée.

« A 3 heures après-midi, nous arrivâmes chez
« don Alvarès, commandant de Tocuyo. Il fallut

« courir par tout pour avoir du maïs ; et même
« don Alvarès doutoit que nous en trouvassions,
« disant que les misérables habitants ne se nour-
« rissoient que de fruits sauvages, même inconnus
« au hasard de s'empoisonner, et qu'ils prenoient
« seulement la précaution de les passer au feu
« pour en corriger le venin...

« J'écrivis à ceux de nos gens qui seroient
« débarqués, pour les instruire de ce que nous
« avions reconnu, les exhorter à ne point se mettre
« en route sans guide, et les informer qu'on nous
« avoit appris ici qu'un vaisseau de ligne et une
« frégate Françoise étoient arrivés à Porto-Cabello
« où nous comptions nous rendre, M. de Pinsun
« et moi, le lendemain de bonne heure ; don
« Alvarès se chargea de faire passer ma lettre.

« Nous gardâmes notre guide et nous en prîmes
« un second, avec chacun un cheval qu'on nous
« fit payer très cher et d'avance. Don Alvarès
« indigné vouloit agir d'autorité pour empêcher
« qu'on ne nous rançonnât ; mais nous nous y
« opposâmes.

« Nous prîmes deux guides, parceque j'étois
« si épuisé que selon toutes les apparences
« je ne devois pas pouvoir soutenir encore une
« course de 20 lieues sans m'arrêter : en ce cas,
« M. Pinsun m'auroit laissé seul, avec un guide.

« Nous eûmes d'abord assez beau chemin. Mais
« à l'entrée de la nuit, nous trouvâmes des che-
« mins de boue gluante, à travers des bois épais.

« Nos guides allumèrent une mèche de goudron
« qui s'éteignoit souvent, ce qui nous faisoit
« perdre beaucoup de temps pour la rallumer.
« Nos chevaux s'embourboient jusqu'à mi-jambes ;
« et le pis est que, le sommeil m'accablant de
« nouveau, j'étois heurté, déchiré, renversé par
« les branches, au point que M. Pinsun vouloit
« absolument que je restasse à prendre quelque
« repos avec mon guide. Mais, je m'obstinai, et
« lui demandai si sérieusement de ne plus m'im-
« portuner là-dessus, qu'à la fin il ne m'en parla
« plus.

« Vers minuit ou une heure, nous trouvâmes
« une rivière, ou *naville,* d'eau très saumâtre,
« que nous ne pûmes passer qu'en établissant un
« grand feu pour nous éclairer. Le fond en étoit
« si vaseux, que nos chevaux ne pûrent traverser
« qu'à vuide. Nous fûmes transportés par nos
« guides, qui eurent de l'eau jusqu'au dessous
« des épaules, enfonçant dans la vase jusqu'aux
« genoux. Cet obstacle nous retint près de 3/4
« d'heure.

« Enfin, nous arrivâmes à la rivière de Yracuy,
« qui est à 8 lieues de Porto-Cabello, à 11 heures
« du matin. Nous passâmes cette rivière en canots
« d'écorce, conduit par des Nègres entretenus
« par le Roy. Il y a une garde espagnole qui ne
« put nous fournir aucun secours ; le capitaine
« qui la commandoit étant allé à la ville. Nous
« jugeâmes qu'il falloit lui laisser un billet pour

« lui recommander les naufragés François qui se
« présenteroient à son poste ; puis nous poursui-
« vîmes notre chemin.

« Nous cotoyâmes une plage assez solide, tant
« qu'on peut courir sur le terrein que couvre ou
« laisse la mer, suivant les marées. Mais quand
« la rive est trop escarpée, on prend les bois, et
« alors ce sont des sentiers d'un sable sec et
« mobile où les chevaux enfoncent et fatiguént.

« A deux lieues de la ville, nous trouvâmes un
« quartier-maître du *Pluton*, l'un des deux vais-
« seaux François arrivés à Porto-Cabello, appelé
« Antoine Bonnet, que j'ai vu souvent depuis, et
« que j'ai recommandé à son capitaine, M. d'Al-
« bert. Il reconnut M. de Pinsun, et lui offrit un
« verre de vin ainsi qu'à moi. J'étois si impatient
« d'arriver à la ville que nous avions en vue, que
« je criai à mon compagnon : — Non : allons,
« allons, Pinsun, sans nous arrêter : voilà la
« ville : voilà la ville ! — Et nous piquâmes de
« de plus bel. Ce ne fut pas sans quelque regret
« du verre de vin, quand je sus que nous étions
« encore à 2 lieues. Je m'en consolai, en broutant
« un peu de maïs que j'avois dans ma poche.

« Enfin, à 5 ou 6 heures du soir, le 6, nous
« arrivâmes à bord du *Pluton* où étoit le comte
« de Vaudreuil frère de l'amiral. Nous lui fîmes
« le récit de notre malheur et de ses circons-
« tances, ainsi qu'à M. d'Albert et à M. de
« Viomenil.

« Aussitôt on ordonna à la frégate la *Néréïde*,
« à une goëlette et à un cutter de mettre à la
« voile pour aller secourir les naufragés. M. de
« Pinsun s'embarqua sur la frégate... qui partit
« à l'entrée de la nuit.

« J'avois le nez en sang, des égratignures au
« visage, des meurtrissures à tous les membres,
« des morsures et des boutons de maringouins en
« quantité, une lassitude extrême et des roideurs
« de nerfs. M. d'Albert me fit apporter à boire et
« à manger, et m'offrit la table pour la suite, ce
« que j'acceptai.

« Je trouvai mes camarades d'Opterre, Turpin
« et Planchet qui s'empressèrent de me coucher,
« de me donner du linge et de me procurer tous
« les secours dont je pouvois avoir besoin... »

Les navires sauveteurs n'atteignirent la *Bourgogne* que le 7. Il ne restait plus à bord que 254 hommes sans un seul officier !

Comme l'eau flottait sur la dunette, et que le vaisseau était sur le côté, ces malheureux se tenaient sur les porte-haubans, et s'accrochaient aux parties les plus saillantes. Lorsqu'ils aperçurent les vaisseaux qui venaient à leur secours, ils firent quelques faibles signaux, et tirèrent un coup de pierrier qu'ils avaient trouvé moyen de conserver. On leur répondit par un coup de canon, et l'on arbora le drapeau blanc.

Il était temps. Depuis trois jours, on manquait d'eau sur la *Bourgogne*, et les hommes avaient été réduits à sucer tour-à-tour le sang de quelques moutons. Ils étaient aussi à bout de vivres. De sorte que mourant de faim, torturés par la soif, désespérant de tout secours, chacun d'eux avait cherché un bout de planche, afin de se jeter à la mer, plutôt pour terminer d'horribles souffrances par une mort prompte et certaine, que dans l'espoir de se sauver, quand la *Néréide* parut !

Le cutter, qui l'accompagnait, aborda le vaisseau naufragé avec des précautions infinies, et y prit tous les hommes qui furent répartis sur les trois bâtiments. Le premier soin fut d'apaiser leur soif : on les fit boire avec des chalumeaux, dans des barriques d'eau qu'on avait préparées sur le pont pour les recevoir.

Peut-être une heure plus tard, tous ces braves gens étaient noyés !

Après que les sauveteurs eurent abandonné le navire perdu, arrachant 254 malheureux à une mort affreuse, d'autres vaisseaux vinrent à leur tour en glaner les épaves. Ils pûrent encore sauver cinq ou six naufragés flottant au gré du flot, cramponnés à des planches brisées. « Sur d'autres « radeaux, il ne restoit personne que des paquets « qu'ils ramassèrent. »

Les jours suivants, arrivèrent à Porto-Cabello des troupes de matelots et de soldats conduits le plus souvent par des officiers.

Le premier fut M. de Tugnot, officier de *Bourbonnais*. Peu d'heures après que Desandroüins, eut quitté la *Bourgogne*, deux quartiers-maîtres, sous prétexte de manœuvres à exécuter, passèrent dans le grand canot et engagèrent les matelots, qui s'y trouvaient déjà, à *larguer l'amarre*. On leur tira des coups de fusil pour les faire revenir à bord, mais ils n'en tinrent nul compte et poussèrent au large.

Alors, M. de Tugnot s'offrit de descendre dans la yole, et d'aller le pistolet au poing, les forcer à revenir. Il y descendit en effet avec M. de Montbadon, enseigne, et deux matelots, au péril de leur vie. Mais ils ne purent joindre le canot, et touchèrent terre à peu près à l'endroit où Desandroüins avait abordé.

Le hasard voulut qu'ils prissent la même route que lui. Profitant alors des renseignements qu'il avait laissés dans les divers postes par où il avait passé, ils avaient gagné Porto-Cabello avec moins de peine, 24 heures plus tard.

Après M. de Tugnot, ce furent MM. d'Arlande, de Mesmé et de Menc. Ils avaient quitté la *Bourgogne*, le 5, sur l'ordre du capitaine, pour aller avec quelques hommes chercher du secours à terre. Comme Desandroüins et de Tugnot, ils avaient abordé à la pointe d'Ubéro et avaient suivi à peu près le même chemin, sans le savoir, à tout hasard, mais avec plus d'embarras ou de lenteur. En route, ils rencontrèrent une cinquantaine de matelots qui se joignirent à eux; et, tous ensemble, ils arrivèrent, le 12, à Porto-Cabello, dans le plus misérable état, sans souliers, les pieds écorchés et les jambes enflées.

Après M. d'Arlande, ce fut, le 13, M. de Bressolles, lieutenant-colonel de *Bourbonnais*, quatre officiers et environ 60 à 70, soldats et matelots, tous exténués de fatigues. Bressolles et les officiers de son bataillon avaient reçu par *deux fois*, l'ordre de s'embarquer sur des radeaux de sauvetage, et d'emporter leur drapeau. D'abord Bressolles refusa. Mais, le capitaine du navire le lui ayant commandé au *nom du Roi* de manière à ne pas souffrir de réplique, il dut obéir.

Pourtant quoique ce départ, ne fut survenu que sur l'ordre du capitaine, il avait péniblement impressionné les soldats de *Bourbonnais*, d'autant plus qu'il avait été accompagné d'un sans pitié cruel, de la part de quelques officiers, à leur égard. Hélas ! ces actes d'inhumanité s'expliquent très facilement en des circonstances où chacun combat pour sa vie. D'abord, plusieurs de ces officiers étaient ivres : ils avaient bu outre mesure, sans doute afin de se donner le courage d'oublier leurs soldats ! Puis, quand les radeaux furent lancés à l'eau par les maîtres d'équipage et les charpentiers qui fuyaient avec eux, des soldats, voyant encore de la place pour 40 ou 50 hommes au moins, demandèrent à y être admis. On le leur refusa ! Ceux qui voulurent entrer, furent repoussés à coups de pistolets, de sabres et d'épées. Un chasseur blessé, s'accrochant au radeau, tira sur un capitaine qu'il manqua. Beaucoup du reste périrent sur ces radeaux (1).

D'autres officiers arrivèrent encore à Porto-Cabello, du 15 au 20, avec des détachements plus ou moins nombreux, et dans un état non moins pitoyable. De l'un de ces détachements faisait partie Adrien Tesson, le cuisinier de Desandroüins. Il s'était mis, lui huitième sur un radeau. Ils ont erré 23 heures sur les flots, et ont été recueillis par un bâtiment espagnol ; mais quatre de leurs compagnons étaient morts.

« Enfin, le 20, sont arrivés M. de Champmartin,
« capitaine de la *Bourgogne*, M. de Farouille,
« garde de marine, et M. de Tachereau, officier
« d'*Angoumois* en garnison sur ce navire. Le reste
« des naufragés, qui étoient trop malades ou trop
« éclopés pour faire la route à pied, a été embarqué
« sur de petits bâtimens à Tocuyo ; ils viendront
« ensuite. »

M. de Champmartin avait été fort éprouvé par l'épouvantable catastrophe dont la *Bourgogne*

---

(1) Quand après le naufrage, le régiment de *Bourbonnais* fut réuni presqu'en entier à Porto-Cabello, les soldats se mutinèrent, et déclarèrent qu'ils n'appartenaient plus à ce régiment, puisque leurs officiers les avaient abandonnés dans le danger ; que désormais ils ne voulaient avoir pour commandants que M. de Pinsun et le capitaine de la *Néréïde* qui les avaient sauvés. Quelques officiers furent même insultés.

M. de Viomesnil calma avec peine ces hommes irrités par le malheur, et fit faire une enquête.

venait d'être la victime. La peau brûlée en plusieurs endroits par le soleil, perclu des deux bras, la santé faible et délabrée, il avait pourtant montré dès l'abord une certaine énergie. Mais, cèda-t-il bientôt à des supplications, ou prit-il peur? On ne sait. Toujours est-il qu'il ne devait abandonner son vaisseau que quand le dernier de ses hommes eut été sauvé ; ou bien rester avec eux, et y mourir !

M. de Tachereau s'était distingué par son sang froid au milieu de la confusion générale qui régnait à bord. Bien loin de vouloir sortir des premiers, il avait résisté aux instances du capitaine qui le pressait de s'échapper, disant « qu'il
« étoit avec son détachement *en garnison* sur le
« vaisseau, et non pas en *passagers* comme ceux
« de *Bourbonnois*, et que parconséquent il ne
« quitteroit le vaisseau qu'avec le capitaine, étant
« son capitaine des gardes, et répondant de sa
« personne. »

Mais le plus bel exemple de courage, dans ces tristes circonstances, fut donné par un sous-officier de *Bourbonnais* qui fit, lui, ce qu'aurait dû faire le commandant de la *Bourgogne*. Jusqu'à la fin, il refusa de quitter le vaisseau, répondant à ses camarades que, puisque tous les officiers étaient partis, il devenait, et par son grade et par son ancienneté, le chef des soldats qui restaient ; et qu'ainsi il devait demeurer à son poste tout le temps qu'il y aurait un homme de *Bourbonnais* sur le vaisseau ! Il y resta, en effet. Et quand la *Néréide* vint les sauver, il fit d'abord descendre dans la chaloupe les malades, puis successivement tous les autres avec ordre, et y descendit enfin le dernier.

Il est regrettable que le colonel Desandroüins, qui cite avec éloge le fait de ce brave et généreux sous-officiers, ne nous ait pas conservé son nom.

Pauvre héros inconnu, tu es mort ne te doutant pas sans doute que tu avais fait tout simplement une action sublime !

Le premier domestique de Desandroüins, nommé Joseph Oswald, fit preuve aussi d'une grande énergie. Il était au mieux avec le maître d'hôtel de M. de Champmartin, qui lui avait donné une bouteille de vin et une bouteille de bière, ce qui le soutint plus longtemps que les autres. Il voulut se sauver dans le radeau de M. de Bressolles, mais on le repoussa. Comme il vit ensuite plusieurs hommes se noyer en voulant lancer des radeaux à l'eau, ou en cherchant à s'y accrocher, il jugea prudent de ne point se hasarder, et préféra rester sur le vaisseau au risque d'y périr.

Quand le dernier radeau fut jeté à la mer ; quand il n'y eut plus sur le navire désemparé que des bouts de planches et des restes de madriers impossibles à relier ensemble ; enfin, quand tout espoir humain de salut fut perdu, Oswald seul avait conservé l'espérance. Il disait à ses compagnons de malheur : « — Mon Maître est un homme

« âgé, c'est vrai ; mais vous ne le connaissez pas.
« Sûrement il nous procurera des secours ; il ne
« nous abandonnera pas ; il fera tous les efforts
« imaginables, j'en suis certain : il nous sauvera. »
Cette parole, jointe à la confiance qu'on avait en
M. de Pinsun, dont l'équipage connaissait la force
de corps et la résolution, ramena un peu de
confiance dans les esprits.

Quelques navires de l'escadre avaient vu ou
entendu les signaux de détresse de la *Bourgogne*.
Mais, par une inconcevable fatalité, ou on leur
avait donné une autre signification, ou l'on avait
été dans l'impossibilité de porter secours.

Le *Triomphant*, sur lequel était le marquis de
Vaudreuil, commandant l'escadre, avait vu quatre
fusées, vers une heure du matin, la nuit du 3 au
4. Il avait cru que c'était un vaisseau qui signalait
à la flotte un danger qu'elle devait éviter, et non
point un danger qu'il courait lui-même ; et il avait
fait virer de bord, sans s'inquiéter d'avantage de
cet incident. Le cutter le *Mutin*, qui nageait dans
ses eaux, avait aussi vu les fusées, et avait cru
devoir faire comme lui. La conduite du marquis
de Vaudreuil, en cette circonstance, fut d'une
incroyable légèreté !

Le *duc de Bourgogne*, capitaine de Charitte,
avait entendu des coups de canon, pendant la
nuit du 3 au 4. Mais, comme le ciel était couvert
de gros nuages à l'horizon, tout le monde à bord,
et le capitaine lui-même, prit ces coups de

canon pour des coups de tonnerre lointain.

Enfin, le comte de Glandèves, commandant le *Souverain*, et son équipage entendirent pareillement, au milieu de cette nuit fatale, des coups de canon dont ils pouvaient même distinguer la lumière, et aperçurent des fusées sillonnant l'air. Ne doutant pas que ce fussent des signaux de détresse, le *Souverain* avait voulu aller au secours de celui qui les faisait. Mais sa voilure était en si mauvaise état que, malgré tous ses efforts, il n'avait pu *gagner au vent*.

« Il semble, dit Desandroüins, que tout ait
« conspiré pour empêcher la *Bourgogne* d'être
« secourue. »

Les causes de sa perte « furent des fautes de
« manœuvres précipitées et pernicieuses » qui amenèrent la confusion dans le commandement, le trouble et le désordre dans l'obéissance. « Quel-
« ques officiers de marine manquèrent de sang
« froid, et le capitaine perdit complètement la
« tête. La contenance du chef, selon qu'elle est
« assurée ou incertaine, donne confiance, ou
« répand l'allarme. » Celle de M. Champmartin ne fut rien moins qu'assurée : aussi tout fut perdu.

Parfois encore on s'inquiéta du malheureux vaisseau. Ainsi la *Néréide*, dans un voyage qu'elle fit à Curacao, rapporta qu'elle avait couru une bordée jusqu'à 3 lieues environ de l'endroit où il était échoué, et qu'elle l'avait vu distinctement à peu près dans la même situation où il se trouvait quand elle était allée le secourir (1).

« On n'a rien sauvé des effets qui étoient sur
« la *Bourgogne*, » dit Desandroüins.

Relativement à ses pertes, voici ce qu'il écrivait de Porto-Cabello, quelques jours après la catastrophe, à son cousin M. Hallot, lieutenant-colonel de Monsieur-Infanterie :

« Nous avons tout perdu ! Je n'ai que les
« méchans vêtemens qui me couvroient à mon
« départ. Je regrette beaucoup mes papiers. »

Une autre lettre au même, datée aussi de Porto-Cabello, le 8 mars, donnait plus de détails : « Si
« je voulois remplacer, disait-il, ce que j'ai perdu,
« et remonter mon ménage tel qu'il étoit, dix
« mille écus n'y suffiroient pas. Je passerai le
« temps comme je pourrai. On m'avance sur mes
« appointemens, et je ne manquerai pas du néces-
« saire absolu. Mais lorsque je serai en France,
« il faut s'attendre à me voir épuiser toutes les
« ressources et tout le crédit que j'ai dans mon
« pays, sans cependant toucher au fonds que le
« moins possible...

« Ce que je regrette surtout, ce sont mes papiers
« que je suis hors d'état de remplacer. *J'avois*

---

(1) M. de Pinsun, en récompense de sa belle conduite fut nommé lieutenant de vaisseau avant son tour.

M. de Tachereau reçut une pension de 600 fr.

L'aumônier du vaisseau, dix officiers presque tous de *Bourbonnais*, et 54 hommes périrent dans les flots.

« *une collection fort ample de toutes sortes de*
« *Mémoires les plus intimes sur notre métier.*
« *J'avois écrit tout ce que j'avois remarqué*
« *depuis trente ans.*

« Au reste, vous savez que je suis modéré dans
« mes fantaisies, et habitué à régler mes dépenses
« selon mes moyens. J'espère bien que le Roy ne
« me laissera pas manquer du nécessaire phy-
« sique dans ma vieillesse. Je prends mon parti
« sans m'en embarrasser autrement...

« Ménagez, je vous prie, mon cher Cousin, les
« tristes détails, que je viens de vous faire, à ma
« tante, à ma sœur et à mes nièces qui auroient
« trop à souffrir d'entendre tout. »

La flotte française hyverna, partie à Porto-Cabello, partie à Curacao.

On y attendait avec impatience des nouvelles d'Europe, et particulièrement celle de la conclusion de la paix avec l'Angleterre. On savait que plusieurs fois des négociations avaient été nouées, puis rompues, puis reprises.

Enfin, le 24 Mars, l'*Andromaque* arriva avec la nouvelle officielle de la paix, « ce qui a fait,
« dit Desandroüins, une sensation incroyable dans
« toute l'escadre. »

Les préliminaires en avaient été signés à Paris, le 10 Janvier 1783.

Le même vaisseau, qui apportait cette nouvelle tant désirée, en apportait une autre, non moins agréable au colonel Desandroüins : il était nommé par le Roi, Brigadier de ses armées.

« Le baron de Viomenil s'est donné la peine,
« dit-il, de venir lui-même m'annoncer que j'étois
« nommé Brigadier depuis le 3 Décembre 1781.
« Je ne scavois pas même encore qu'il fut arrivé
« une frégate. J'ai été tellement étourdi d'une
« annonce aussi inattendue, que je l'ai laissé
« sortir sans lui demander s'il étoit fait lieute-
« nant-général, et m'épuisant en remerciemens
« sur mes grandes obligations envers luy. »

Le colonel Desandroüins était resté modeste. Tout autre, sans doute, eut trouvé que ce grade de Brigadier était chose due à ses services. Lui ne songe qu'à remercier d'une faveur qu'il croit à peine avoir méritée !

Ce nouveau titre ne changeait rien aux fonctions de Desandroüins ; seulement il avait un grade de plus : il devenait *Brigadier directeur* du génie, au lieu d'être *Colonel directeur.*

Un témoignage d'un autre genre, mais qui toucha profondément aussi l'âme sensible de Desandroüins, fut celui qu'il reçut d'un détachement des soldats du régiment de *Deux-Ponts* :
« ces soldats, dit-il, vinrent me féliciter sur ce
« que j'étois sauvé du naufrage de la *Bourgogne*,
« avec une cordialité si franche que l'un d'eux, en
« me prenant la main, m'a demandé la permission
« de m'embrasser : j'ai été touché plus qu'on ne
« sauroit dire. »

A la même époque, c'est-à-dire vers la fin de Mars, Desandroüins cite un fait qui n'est pas à l'honneur de Nelson, le futur vainqueur d'Aboukir (Août 1798) et de Trafalgar où il trouva la mort (Octobre 1805).

Les préliminaires étaient signés avec l'Angleterre, on le savait : cela n'empêcha pas Nelson de faire la course sur les côtes de Caracas. « Une
« frégate Angloise, dit Desandroüins, a infesté la
« côte, et pris quelques petits bâtimens de la
« compagnie de Caracas qui font le cabotage.
« M. le marquis de Vaudreuil a envoyé en dili-
« gence un officier de la *Néréïde* avertir le comte
« son frère de cette piraterie, avec ordre de partir
« sur le champ avec un des vaisseaux les meilleurs
« voiliers pour lui donner la chasse. La frégate
« Angloise se nomme l'*Abbermale*, commandée
« par M. Nelson, capitaine de la marine royale.
« Il a fait prisonniers quelques officiers françois
« qui se promenoient en mer. Il a fort honnête-
« ment traité ces Messieurs à son bord, et n'a pas
« permis qu'on leur prit la moindre chose. Mais
« il ne leur en avoit pas moins tiré deux coups
« de canon à boulet, et un à mitraille, et deux
« ou trois coups de fusil. »

Enfin, le 2 Avril, Desandroüins quitte cette malheureuse côte de Caracas : « Je me suis
« embarqué dans l'après-midi, sur le *Pluton* de
« 74 canons, commandé par M. d'Albert. » Le 3, l'on partit. Rendez-vous fut donné au Cap, à tous les vaisseaux de l'escadre.

On salue en passant les îles St-Dominique, Zachée, etc. Le 9, alarme sur le *Pluton* : le feu prend aux cuisines, mais il est promptement éteint. Le 11, on arrive au Cap. Il y a en rade des vaisseaux de ligne et des navires marchands de toutes les nations d'Europe, l'Angleterre excepté. Le 15, toute l'escadre y est réunie (1).

Le 17, arrive un bâtiment de France. Il apporte des ordres de la Cour. Toutes les troupes de terre et de mer sont rapatriées : les unes iront débarquer à Toulon, les autres à Brest. Joie immense de l'armée. Cependant, on demande 100 hommes de bonne volonté dans chacun des régiments de l'armée, et on les trouve, qui s'engagent, pour 8 ans, dans les deux régiments du *Cap* et de *Port-au-Prince*.

Le 19, Samedi-Saint : grande salve d'artillerie de toute l'escadre espagnole. Le lendemain, jour de Pâques, mêmes salves.

« Le 25, M. de Viomenil visite l'hôpital tenu
« par R. P. de la Charité. Il a été fort content.
« Les malades sont seuls dans chaque lit, dans
« de grandes salles bien aérées. Ils coûtent au
« Roy 3 francs de France ; il y en avoit environ
« 800. Les officiers coûtent environ 10 francs : ils
« sont parfaitement bien.

« Le 28, grand bal public à la salle de la

(1) Le Cap était la capitale de la partie française de l'île d'Haïti, ou St-Domingue. Port-au-Prince est une des villes principales.

« Comédie. Les dames de St-Domingue dansent
« avec une précision, une légéreté et des grâces
« naturelles milles fois supérieures à tout ce que
« nous avons vu d'un bout de l'Amérique à l'autre.

« Le 29, ordre à tous les officiers et passagers
« de l'escadre de s'embarquer dans la journée. »

Le 5 Mai, les matelots du *Pluton* reçoivent leur part d'un don de 12,000 piastres qu'un Espagnol de la Havane, lequel a voulu rester inconnu, a fait à la flotte française. On ne connaît pas le motif d'une telle générosité. Chaque matelot a reçu une piastre, c'est-à-dire 3 francs.

Vers le 14, le temps se refroidit tout-à-coup d'une étonnante manière. Quoi qu'on fut en plein mois de Mai, on voyait des soldats et des matelots venir se promener sur le pont, enveloppés dans leurs grosses couvertures de laine, comme si l'on eut été en hiver.

La journée du 27 Mai fut extraordinaire : on ne fit pas une lieue de chemin, tant le vent était tombé et la mer calme. Mais, le jour suivant par contre, mer mauvaise et vent si violent que les voiles du vaisseau en sont déchirées. Heureusement le 30, la mer est bonne, les vents favorables ; le *Pluton* regagne le temps perdu et devance même l'escadre.

Le 4 Juin, un canonnier de la marine, dont le cerveau était dérangé à la suite d'un combat, et qui avait paru assez bien dans les derniers temps pour être délivré de toute surveillance, s'est jeté à la mer dans un accès de folie. On a détaché sur le champ le canot, on a fait plusieurs fois le tour du vaisseau, mais inutilement. On n'a point revu ce malheureux.

Le 7, bon vent, belle mer : le *Pluton* fait 52 lieues en 24 heures. « Vers 5 heures du matin, « on a vu un arbre entier avec ses branches et « ses racines, à 25 brasses du bord. Il pouvoit « avoir 18 à 28 pieds de haut et 4 à 5 pieds de « tour au tronc, sans feuille ni écorce. Il n'y avoit « point de mousse non plus attachée au tronc. » C'était signe que la terre était proche.

En effet, le 16 Juin, on cria : terre ! sur le pont du *Pluton*. Et le lendemain, on débarqua à Brest.

On avait fêté les héros du Canada, à leur retour en France. Mais alors, aux ovations faites à ces glorieux débris, se mêlait une sourde colère contre le Gouvernement qui les avait abandonnés.

A l'arrivée des soldats de Rochambeau, l'enthousiasme fut au contraire sans arrière pensée. La cour de Louis XVI prit part elle-même à l'entrainement général. De tout cœur, on acclama cette glorieuse petite armée qui avait aidé à ravir un monde à l'Angleterre, pour le rendre à lui-même, à la liberté !

La liberté ! Ce mot nouveau était alors sur toutes les lèvres, et sonnait si agréablement aux oreilles françaises !

CHAPITRE XXI.

Desandroüins reçoit une pension de 1.500 fr. ; et peu après la décoration de l'Ordre de Cincinnatus : 1783. — Il est nommé Maréchal de camp : 1788. — Directeur à Brest, en 1790. — Sa mise à la retraite : 1791. — Sa mort : 11 Décembre 1792.

A peine débarqué en France, Desandroüins obtint un congé. Il avait hâte de prendre un repos que rendaient nécessaire les fatigues de la campagne, et surtout les souffrances qu'il avait endurées lors du naufrage de la *Bourgogne*. Jamais du reste sa santé délabrée ne se remit complètement de cette rude secousse.

Comme après la guerre du Canada, il revint à Verdun et y vécut plusieurs mois entouré des soins affectueux de sa famille, et de l'estime de ses concitoyens.

Le récit de sa belle conduite et de son dévouement l'y avait précédé. Nous avons dit, que deux fois, il écrivit de Porto-Cabello, au colonel Hallot, son cousin, des lettres où il racontait les terribles épreuves par lesquelles il avait passé, et que celui-ci fit publier dans les *Affiches des Évêchés et de Lorraine*, à la date du 13 Mai 1783.

Le gouvernement français ne marchanda pas sa reconnaissance au noble et généreux officier « dont « le zèle inépuisable en ressources et l'activité « incroyable avoient sauvé la plus grande partie « du vaisseau naufragé, » écrivait le comte de Rochambeau.

Il lui fut offert, sur mémoire présenté par lui, ou une somme fixe qui, une fois payée, devait l'indemniser de toutes ses pertes ; ou une pension annuelle de 1.500 francs, « comme titre de « distinction. »

Desandroüins choisit la pension. Nous verrons plus tard qu'il aurait beaucoup mieux fait de prendre la somme.

Ce fut aussi à Verdun qu'il reçut la nouvelle de sa promotion dans l'Ordre américain de Cincinnatus. Cette distinction, méritée mais non attendue, le flatta extrêmement.

L'Ordre de Cincinnatus était composé des hommes qui s'étaient le plus distingués pendant la guerre de l'Indépendance. Il était héréditaire ; mais cette hérédité parut, aux Etats-Unis, contraire à l'esprit républicain. Malgré le souvenir de Washington qui en était le fondateur, il dura peu. Les membres se proposaient d'imiter l'austérité et les vertus du fameux Romain qu'ils avaient pour ainsi dire choisi pour patron.

Au mois de Décembre 1783, Rochambeau écrivit

à Desandroüins afin de l'inviter à se trouver à Paris, où il devait se rencontrer avec les délégués de l'armée américaine, pour y prendre connaissance des Statuts de la Société.

Desandroüins, à cause de son état maladif, ne put se rendre à l'invitation de son général, qui lui écrivit, le 12 Janvier 1784, une seconde lettre pour l'informer qu'il avait été décidé, dans l'assemblée du mois de Décembre, qu'une cotisation serait ouverte, entre les membres français de l'Ordre, à l'effet de subvenir aux besoins des officiers américains dans l'indigence ; que cette cotisation serait proportionnelle au grade, et que les Brigadiers étaient fixés à 1.500 francs une fois payés.

« S'il vous convient, Monsieur, ajoutait Rocham-
« beau, de participer à cette délibération, j'ai
« l'honneur de vous mettre au fait de ce qu'elle
« contient. Cela ne m'empêchera pas de vous
« adresser les insignes de la Société, et de vous
« informer que nous les porterons à la bouton-
« nière, au-dessous de la croix de St-Louis. La
« Société générale exige des membres américains
« l'abandon d'un mois de leur paye : mais cet
« abandon est facultatif pour les membres fran-
« çois. »

Enfin, le 20, Desandroüins reçut une troisième lettre de Rochambeau.

« J'ai l'honneur, Monsieur, lui disait-il, de vous
« envoyer les insignes de la Société de Cincinnatus,

« au nom de la Société générale et du général
« Washington qui en est le Président. Je vous ai
« fait part, par mes lettres précédentes, de la
« permission que nous avons, de Sa Majesté, de
« répondre à cette honorable invitation. J'espère
« que nous n'avons pas besoin de ce nouveau lien
« pour resserrer les nœuds de notre union et de
« notre confraternité, tant entre nous qu'avec
« l'armée américaine.

« J'ai l'honneur, Monsieur, d'être votre très
« humble et très obéissant serviteur. — Le comte
« de Rochambeau. »

Peu après, fut envoyé à Desandroüins, le brevet de l'Ordre. Ce brevet est en anglais, sur parchemin, avec de belles gravures qui représentent l'Angleterre sous la figure d'une femme, accompagnée d'un lion, fuyant devant la jeune Amérique.

En voici la traduction :

« Savoir faisons que M. Desandroüins, briga-
« dier au corps royal du génie, est membre de
« la Société de Cincinnatus instituée par les
« officiers de l'armée américaine, au moment de
« sa dissolution, tant pour perpétuer le souvenir
« du grand évènement qui a amené l'*Indépen-*
« *dance* de l'*Amérique du Nord*, que dans le but
« louable d'inculquer la pratique des devoirs à
« remplir lorsqu'on a déposé les armes prises pour
« la défense du pays, et de maintenir et resserrer
« les liens de fraternité, d'affection et d'amitié

« entre les membres de la Société elle-même.

« En témoignage de quoi, moi, Président de
« la Société, ai signé ici de ma main, à Mont-
« Vernon, dans l'Etat de Virginie, le second jour
« d'Avril, de l'an de Notre Sauveur 1784, et la
« deuxième année de l'Indépendance des Etats-
« Unis d'Amérique.

« Par ordre :

« *Knox*, secrétaire,

« Washington, président. »

De 1784 à 1788, nous n'avons aucun détail sur ce que fit Desandroüins. Probablement qu'il resta à Verdun près d'une année encore. A l'expiration de son congé, il fut nommé Directeur de la Province de Brest comprenant partie des places de la Bretagne.

Nous ne connaissons pas non plus les travaux qu'il exécuta dans cette forte place maritime, le plus grand de nos ports militaires, sur les côtes de l'Océan, avant que Cherbourg n'existât.

L'importance de ces travaux, et les remarquables talents d'ingénieur dont il fit preuve, attirèrent de nouveau sur lui l'attention du ministre de la guerre qui le proposa, au Roi, pour Maréchal de Camp.

Le brevet, signé de Louis XVI, lui en fut délivré le 9 Mars 1788.

Cet avancement était pour Desandroüins, non seulement la récompense de ses rudes campagnes dans le Nouveau-Monde, et des grands travaux d'art exécutés dans diverses places du royaume ; mais encore un hommage public rendu à une vie entière de zèle et de fidélité dans le service, de rectitude et de ponctualité dans l'accomplissement de ses devoirs professionnels, de probité et de désintéressement en toutes circonstances, de dévouement le plus absolu à la France et au Roi qui en était la personnification, enfin de loyauté, de bravoure et d'honneur dont il était un type accompli.

Desandroüins ne dût rien à la faveur; tout au mérite. Il n'alla pas audevant des grades, ils vinrent le chercher !

En 1790, je trouve dans une lettre du comte de la Tour-du-Pin, ministre de la guerre, au comte de la Luzerne, ministre de la marine, qu'il avait été question d'envoyer le général Desandroüins à Cherbourg, afin d'y diriger les travaux naissants de ce port de guerre.

« J'ai reçu, Monsieur, la lettre que vous m'avez
« fait l'honneur de m'écrire, le 20 de ce mois,
« pour me faire part de la crainte où est M. le
« comte d'Hector que M. Desandroüins ne soit
« destiné à remplacer à Cherbourg le Directeur
« des fortifications qui y est employé, et du désir
« qu'il a de le conserver à Brest. Je ne pense pas
« qu'il ait été question de lui faire éprouver ce
« changement. En effet, cet officier général est
« chargé d'un travail trop important pour qu'il
« soit possible de songer à l'y faire suppléer par

« un autre officier supérieur du corps. J'ajoute
« même que si vous aviez quelque motif pour
« demander son remplacement, j'aurois insisté
« près de vous pour qu'il n'eut pas lieu.

« Ainsi, vous et moi, nous pensons également
« sur l'avantage qu'il y a, à tous égards, que
« M. Desandroüins ne soit point détourné de l'ou-
« vrage qu'il a commencé et qu'il fait à la satis-
« faction des deux départemens.

« 24 Mai 1790. »

1790! Que de grands évènements étaient survenus en France depuis une année! Que de plus grands et de plus terribles encore devaient s'y accomplir dans les dix années qui suivront : mais Desandroüins n'y sera plus!

Ceux de 1789-1790 durent remplir d'étonnement, de stupéfaction le général Desandroüins, dont l'âme honnête pouvait bien gémir sur les abus de l'ancien régime, et désirer leurs réformes comme l'avaient fait Vauban et Turgot. Mais il n'allait pas jusqu'à souhaiter la chute de la royauté à l'ombre de laquelle ces abus existaient, de cette royauté qu'il avait servie pendant 45 ans.

Esprit droit et sans préjugés, il était de l'école de Rochambeau et de presque tous les officiers qui, ayant fait la guerre d'Amérique, en avaient rapporté des idées d'indépendance et de liberté politiques que l'opinion en France était toute prête à accepter. Mais il n'eut point voulu aller aussi loin que l'ambitieux marquis de la Fayette.

Dans l'effondrement général qui agita la France à cette époque, il était bien difficile que quelques intérêts particuliers ne fussent compromis. Ceux de Desandroüins en souffrirent par les modifications apportées dans la constitution de l'arme du génie, et par la suppression de ses pensions.

Cette nouvelle organisation du génie, qui eut lieu au commencement de 1791 et qui fut loin d'être définitive, supprimait d'un trait de plume les officiers généraux qui faisaient partie de l'arme. Les Brigadiers, Maréchaux de Camp et Lieutenants Généraux, qui étaient *directeurs des fortifications*, furent mis d'office à la retraite. Cependant on leur laissa l'espérance d'être de nouveau employés plus tard à quelques fonctions militaires. Les colonels *directeurs* furent seuls maintenus.

Le général Desandroüins fut donc brutalement forcé de prendre sa retraite avant l'âge. S'il fut resté colonel, on l'eut gardé au service ; général, il n'était plus bon à rien. Il était « rejeté comme « un hors d'œuvre du corps dont il avait parcouru « tous les grades, » dira-t-il lui-même !

Sa pension de retraite fut donc bâsée uniquement sur la durée de ses services passés et proportionnellement à son traitement d'activité comme maréchal de camp : elle fut réglée à 4.800 francs, par décret du 28 septembre 1791.

Mais, avant de la régler ainsi, les Députés, membres du *Comité des pensions* chargés de reviser celles *obtenues sans titres*, lui avaient appliqué la loi du 22 août 1790, en supprimant les trois pensions dont il était déjà titulaire :

L'une de 200 francs pour sa belle conduite pendant la guerre du Canada : l'autre de 400 francs pour sa croix de St-Louis : et la troisième de 1.500 francs en reconnaissance des services qu'il avait rendus pendant la guerre d'Amérique, et en indemnité de la perte de tous ses bagages subie dans le fameux naufrage du vaisseau de ligne, la *Bourgogne*.

La suppression de cette dernière pension, qui était du reste une injustice, lui tint surtout à cœur.

Il adressa aux Députés *membres du Comité des pensions*, à la date du 8 Juillet, un *Mémoire* tendant à ce qu'il lui fut tenu compte de cette pension de 1.500 francs, « soit par une somme en « capital, soit par la même pension en rente « viagère (1). »

L'affaire traîna en longueur au sein du Comité.

Alors il écrivit à M. de Portail, ministre de la guerre, successeur de M. de la Tour-du-Pin, une lettre en date du 28 novembre 1791, dans laquelle il fait de nouveau valoir ses droits, non plus à la seule pension de 1.500 francs, mais encore à celles qu'il possédait autrefois, et comme récompense de faits de guerre au Canada, et comme chevalier de St-Louis.

(1) *Papiers* du général Desandroüins. — *Pièce concernant sa pension.*

« La pension de retraite que vous m'avez fait
« l'honneur de m'annoncer, dit-il, et dont je viens
« de recevoir le brevet, n'ayant été réglée que
« sur la durée de mes services passés, ne doit
« point sans doute infirmer les réclamations auto-
« risées par l'Art. XII du Titre III du décret sur
« les pensions qui porte :

« — Que ceux qui ayant fait quelque action
« d'éclat, ou ayant rendu des services distingués,
« n'en auroient été récompensés *que par une*
« *pension* qui se trouveroit supprimée sans espé-
« rance de rétablissement, seront récompensés sur
« le fond de 2 millions destiné aux gratifica-
« tions. » —

« Je crois, Monsieur, avoir droit à la récompense
« prononcée par cet article, aussi bien que par
« l'Art. VI du Titre Ier qui accorde — des grati-
« fications pour les pertes souffertes, — et par
« l'Art VIII du même Titre qui place — les
« indemnités parmi les dettes de l'Etat. J'en
« réclame l'application pour 2.077 fr. 10 sols de pen-
« sions obtenues dans les guerres les plus dures,
« à travers toutes sortes de hazards et d'évène-
« mens désastreux.

« Mes services sont connus. Messieurs les
« Scrutateurs des pensions, dans l'état imprimé
« qu'ils ont fait publier, les ont apostillés à mon
« article, page 45, tome IIe, édit. in-4°, en termes
« si honorables que je n'ose m'en prévaloir
« entièrement ; mais sans les prendre dans leur

« étendue, il en résulte au moins qu'aucune grâce
« ne m'a été accordée par abus.

« Cependant, par une fatalité inexplicable, je
« demeure victime d'avoir assez servi pour mériter
« une apostille aussi remarquable.

« En effet, si, dans mon métier, je n'avois
« rempli que l'ordre ordinaire du service, resté
« colonel comme mes contemporains, je serois
« encore Directeur avec 7,000 fr. d'appointemens,
« et j'aurois le moment de ma retraite à ma
« disposition.

« En nous destituant, il est vrai, on veut bien
« nous montrer une possibilité d'être rappelés
« quelques jours. Mais ne sait-on pas que les
« officiers les plus éprouvés sont les plus usés.
« Pourquoi s'être hâté de les paralyser par une
« loi ? La nature va s'en charger. Si l'on avoit
« encore eu des vues sur eux, l'auroit-on
« devancée ?.....

« Je place ma confiance, Monsieur, en votre
« équité. Vous considérerez d'ailleurs que c'est la
« vue de l'avenir qui excite à se surpasser ; et
« qu'égaliser les récompenses dernières, c'est
« abattre le zèle au niveau de la tiédeur. Vous
« ne permettrez pas que ce puissant ressort soit
« amorti par aucun exemple ?

« Vous profiterez au contraire de toute la lati-
« tude que laissent les décrets pour adoucir
« l'existence finale de celui dont la carrière a été
« parsemée de misères et de dangers, et qui s'est

« comporté partout avec la distinction dont les
« récompenses même qu'il avoit obtenues sont le
« témoignage.....

« Tempérez, Monsieur, je vous supplie, les
« rigueurs de la loi. C'est bien assez des injures
« du dernier âge que près de 45 années d'action
« continue et quelque fois outrée ont provoquées.
« Faites que des récompenses aussi légitimes
« soient comprises au nombre des dettes de l'Etat,
« ou qu'elles soient compensées sur le fonds de
« 2 millions destiné aux gratifications. Vous ren-
« drez plus supportable la triste obscurité où l'on
« me précipite ; et j'en conserveroi la plus vive
« reconnaissance. »

Mais, le Ministre de la guerre était tombé au moment où le général Desandroüins lui écrivait cette lettre si noble. Il fut remplacé par M. de Narbonne.

Le général adressa donc à M de Narbonne, le 8 Décembre, un double de sa lettre.

Les droits de Desandroüins étaient trop bien fondés et sa réclamation trop juste, pour que le nouveau Ministre de la guerre ne prit aussitôt en main ses intérêts.

Le 15 Février 1792, il adressa, au *Président du Comité de liquidation*, la lettre suivante que nous reproduisons, parcequ'elle est comme le dernier écho des éloges donnés par ses contemporains à notre héros.

« Je ne saurois mieux répondre, Monsieur, au

« désir de Mr Desandroüins, maréchal de camp,
« qu'en mettant sous vos yeux la copie de ses
« réclamations relatives au traitement qui lui a
« été attribué en pension lorsque, par suite de
« l'organisation du corps du génie, il a cessé d'en
« faire partie. Elles me paroissent de nature à
« mériter toute considération.

« Et, en effet, cet officier général, né sans
« fortune, s'est acquis en tout tems une réputation
« bien méritée, autant par la distinction de ses
« services, que par le fond d'honneur et de pro-
« bité dont il ne s'est jamais écarté. Il a perdu,
« dans la dernière guerre de l'Amérique Septen-
« trionale, par un naufrage désastreux, tout ce
« qu'il pouvoit posséder. Il commandoit le corps ;
« et à son retour on lui avoit accordé une pension
« de 1,500 fr., moins à la vérité pour compenser
« la perte qu'il avoit essuyée, que pour reconnoître
« les services utiles qu'il avoit rendus.

« Aujourd'hui, qu'il se trouve, par l'effet d'une
« loi générale, arrêté dans son avancement qu'il
« étoit au moment d'obtenir, une autre loi le prive
« de ses pensions ; et il ne lui reste que celle de
« 4,800 fr., somme qui fait l'objet unique de sa
« fortune, dans un âge si avancé, et après plus
« de 50 années de services.

« Cet officier général pourroit vous paroître
« avoir droit au bénéfice de l'Art. 12 du Titre 3
« de la loi du 22 Août 1790 concernant les
« pensions.

« Je désire que sa cause puisse vous inspirer un
« intérêt égal à celui que j'y prends, et lui pro-
« curer la justice dont il me paroit susceptible. »

Cette lettre de M. de Narbonne, si sympathique et si cordiale, resta sans effet. Du reste, la Monarchie, à la veille de sa chute, pas plus que la République du lendemain, n'avait pas de fonds pour récompenser un brave soldat de ses nombreuses campagnes, l'indemniser d'une ruine totale, et lui témoigner sa reconnaissance de l'inappréciable service rendu à l'Etat lors du naufrage de la *Bourgogne* ! Et puis, la vie de 354 hommes d'équipage, sauvés par Desandroüins, ne valait peut-être pas 1,500 francs !

Rome lui aurait décerné une couronne d'or ! Voici quelle fut la réponse du Comité :

« *Extrait du Logographe, n° 190* :

« Séance du samedi 7 Avril 1792.

« Rapport de M. Ramel, au nom du Comité de
« Liquidation. Art. XII.

« Sur la réclamation de M. Desandroüins,
« maréchal de camp, qui demande une gratifica-
« tion pour l'indemniser de 2,077 fr. 10 sols de
« pension qui se trouvent supprimés par la loi
« du 22 Août 1790, l'Assemblée nationale, consi-
« dérant que, par le décret du 28 Septembre 1791,
« il a été accordé au sieur Desandroüins une
« pension de retraite de 4,800 fr. décrète qu'il
« n'y a pas lieu de délibérer » !

Le général Desandroüins, depuis qu'il avait été

mis à la retraite, habitait, à Paris, un petit logement, rue Caumartin.

Sa société s'y trouvait fort restreinte. Son cousin Walter-Neurbourg, aussi maréchal de camp, avec lequel il n'avait cessé d'entretenir des relations de bonne amitié, et quelques vieux camarades, anciens officiers de l'armée, formaient seuls le cercle de ses relations; cercle d'autant plus intime qu'il était plus étroit.

Ces vieux soldats y parlaient beaucoup du temps passé. Desandroüins entre tous était intéressant, lorsqu'il racontait ses campagnes au Canada et la guerre d'Amérique.

Ils y parlaient aussi quelquefois, mais discrètement, car les murs pouvaient avoir des oreilles, du temps présent, des évènements qui se précipitaient, des hommes qui passaient. Pourtant l'on espérait toujours que les évènements finiraient par s'arrêter, parcequ'il viendrait un homme fort qui saurait et pourrait les dominer !

Mais tout espoir, pour la royauté, fut perdu lorsqu'on apprit, dans la solitude de la rue Caumartin, et la journée du 10 Août; et la suspension du pouvoir royal par l'Assemblée nationale; et l'entrée des Prussiens en France; et les atroces massacres de Septembre; et la prise de Verdun que Desandroüins eut peut-être mieux défendu; et Valmy; et la proclamation de la République; et la retraite honteuse des Prussiens; et la famille royale prisonnière au Temple ; et le procès de Louis XVI commencé !

Nous avons dit : tout espoir pour la royauté fut perdu. Mais on ne désespérait pas de la France autour de Desandroüins. Car ils étaient restés Français, ces braves vieux soldats, malgré les folies qui déshonoraient la France ! Et ils ne purent s'empêcher d'applaudir aux efforts que fit la Nation pour rejeter le dernier Prussien, comme l'estomac rejette une nourriture malsaine.

Aussi bien, je crois qu'il y avait dans leur cœur, comme dans celui de beaucoup d'honnêtes gens à cette époque, un douloureux combat entre ces deux sentiments : l'amour du Roi, et l'amour de la Patrie. Oui, ils aimaient le Roi : mais la France, mais la Patrie était en danger ! Et on quittait le Roi, pour servir la Patrie (1).

Desandroüins donc oubliait tout, ses ennuis, ses infirmités, ses douleurs et l'injustice dont il avait été victime de la part du Gouvernement, pour ne songer qu'aux malheurs de la Patrie. Sûrement qu'alors il regretta, et la lettre qu'après sa mort il recevra du ministre de la guerre en est la preuve, il regretta de n'être plus en activité, et de ne pouvoir mettre son épée au service, non pas du Gouvernement, mais de la France qui faisait alors un suprême appel à tous ses enfants. Toujours

(1) Bien entendu, nous ne parlons pas des *amis de la famille royale*. Ceux-là devaient la suivre partout, dans le malheur comme dans la prospérité.

est-il que le Ministre de la guerre savait qu'il pouvait compter sur lui.

Mais, hélas ! il ne s'était jamais remis tout-à-fait des fatigues excessives, des privations et des souffrances de toutes sortes qu'il avait endurées dans la terrible catastrophe qui avait marqué le naufrage du vaisseau la *Bourgogne*.

Malgré que son âge fut peu avancé, sa constitution, pourtant robuste, avait été tout-à-fait ébranlée, et sa santé complètement perdue. S'il n'avait pas comme d'autres rapporté, des campagnes du Canada et d'Amérique, de glorieuses blessures, son corps n'en était pas moins criblé de douleurs qui avaient une origine aussi honorable.

Ainsi donc, Desandroüins avait passé les sombres jours de 92. Etranger, mais non indifférent, aux tristes choses qu'il voyait autour de lui ; entouré de l'estime de tous et de l'amitié de quelques-uns ; fidèle, malgré tout, à ses devoirs religieux qu'il n'avait jamais du reste abandonnés, il menait la vie modeste et retirée d'un sage, d'un chrétien, et un peu d'un dégoûté ; mais il ne songeait nullement que son heure dernière fut si proche.

Elle était plus proche, en effet, que ne le pouvait faire supposer le nombre de ses années.

Il mourut le 11 Décembre 1792.

Nous n'avons pas de détails sur ses derniers moments. Il est probable qu'il fut enlevé après quelques heures d'une courte maladie. Mais, habitué à regarder, depuis 50 ans, la mort en face, il ne trembla pas lorsqu'il la vit inopinément s'approcher : il était prêt !

On peut écrire de lui ce qu'il disait autrefois d'un de ses camarades au Canada : « Sa mort fut « celle d'un vray héros chrétien ! »

Il n'était âgé que de 63 ans.

Le lendemain, il fut inhumé dans le cimetière de l'église Ste-Madeleine-la-Ville-l'Evêque, à Paris.

Sa maladie et sa mort furent si instantannées, qu'au ministère de la guerre on ne les connut que sept jours après !

On se souvient que la retraite, à laquelle le maréchal de camp Desandroüins avait été forcé, ne lui enlevait pas tout espoir d'être un jour rendu à l'activité, dans un poste ou dans un autre.

En effet, le Ministre de la guerre lui écrivit la lettre suivante datée de :

« Paris, le 16 Décembre 1792, l'an Ier de la
« République.

« Le Ministre de la guerre, au citoyen Desan-
« droüins, maréchal de camp, rue Caumartin.

« La loi du 10 Juillet 1791 ayant prescrit,
« Citoyen, qu'il sera annuellement établi à Paris
« un Comité des fortifications pour y être assemblé
« du premier du mois de Janvier au 1er Avril
« suivant, je vous préviens que le Conseil exécutif
« provisoire vous a désigné pour être un des
« Membres de ce Comité, et que son intention
« est, qu'aussitôt que ma lettre vous sera parvenue,

« vous ne perdiez pas de temps à vous rendre
« dans cette Capitale.

  Pache. »

Il était trop tard. La lettre s'adressait à un cadavre : le général Desandroüins n'était plus.

Cependant, cette réparation tardive des injustices forcées de la Révolution à son égard, lui montrant qu'il n'était pas complètement oublié, eut peut-être adouci les derniers moments de sa vie, s'il l'avait connue.

Je trouve dans un livre militaire de 1739 :

  « Le vray caractère d'un parfait
    homme de guerre
     doit être :
   La crainte de Dieu
   L'amour de la Patrie
   Le respect des Lois
 La préférence de l'honneur aux plaisirs,
    et à la vie même. »

Tel a été, pendant sa longue carrière militaire, Jean-Nicolas Desandrouins, maréchal de camp au corps du génie, né à Verdun en 1729, mort à Paris, en 1792.

Puissent ainsi réussir tous ses compatriotes qui le prendront pour modèle.

PARENTÉ DU GÉNÉRAL DESANDROUINS

DANS LE PAYS DE VERDUN.

Le général Desandroüins avait un frère : Charles-Louis-Nicolas ; et deux sœurs : Marguerite-Ursule, et Marie-Barbe-Françoise.

Son frère mourut sans enfants, nous l'avons dit.

De ces deux sœurs : l'une Marguerite-Ursule fut mariée à Laurent du Cherray, gouverneur des pages de Monsieur. Née le 1er décembre 1729, elle mourut encore jeune, en 1767, laissant un fils, Jacques du Cherray, député de la Moselle, sous la Restauration, en qui s'éteignit cette branche des du Cherray. — L'autre, Marie-Barbe-Françoise épousa aussi un du Cherray, Jacques-Dominique, écuyer, capitaine de cavalerie, qui vint habiter Dugny, près Verdun. Née en 1731, et morte seulement en 1801, elle n'eut que deux filles de ce mariage.

C'est de cette sœur et de ses deux filles dont parle le général dans sa lettre, écrite de Porto-Cabello, à son cousin, le colonel Hallot : « Ména-
« gez, je vous prie, ces tristes détails à ma sœur

« et à mes nièces qui auroient trop à souffrir de
« les entendre. »

L'aînée de ces deux filles, nièces de Desandroüins, épousa Jacques Tardif de Moidrey, écuyer, seigneur de Dezert, d'Epas et de Vauclair, d'une ancienne famille de Normandie. aïeul de M. Léon Tardif de Moidrey, d'Hannoncelles. C'est à l'obligeance de M. Léon Tardif de Moidrey, que je dois la communication des *papiers* du maréchal de camp Desandroüins, qui sont sa propriété.

La cadette épousa M. d'Yvory, M. d'Yvory eut une fille qui épousa M. le baron de Benoist, père de M. le baron Victor de Benoist, de Waly, ancien député, et de MM. Alexandre et Henry de Benoist.

M. le baron de Benoist, de Waly, a six fils dont trois sont officiers supérieurs de cavalerie. Ils semblent prendre leur grand oncle, le général Desandroüins, pour modèle, et vouloir marcher sur ses traces.

TABLE DES MATIÈRES

Chapitre I. — Naissance de Desandroüins. — Il entre au régiment de Beauce. — Il est nommé Ingénieur ordinaire du Roi. — Il demande à passer au Canada : 1729-1756 1

Chapitre II. — Desandroüins au Canada. — Il est envoyé au fort de Frontenac. — 1756 12

Chapitre III. — Siège et prise de Chouaguen. — 1756 36

Chapitre IV. — Hiver de 1757. — Histoire d'un Sauvage 66

Chapitre V. — Campagne de 1757. — Prise du fort William-Henry 76

Chapitre VI. — Massacre des Anglais du fort William-Henry, par les Sauvages 102

Chapitre VII. — Disette au Canada pendant l'hiver de 1757 à 1758. — Malhonnêteté de quelques fonctionnaires civils, et vols commis par eux au préjudice du gouvernement français 118

Chapitre VIII. — Campagne de 1758. — Victoire de Carillon 144

Chapitre IX. — Jalousie des Canadiens. — Tracasseries suscitées à Montcalm. — Desandroüins continue les travaux de Carillon. — Affaire du 4 août. — 1758 191

Chapitre X. — Les Sauvages nous abandonnent. — Bougainville chez les Anglais. — On craint une nouvelle attaque de leur part. — Perte de Louisbourg et de Frontenac. — Desandroüins continue les travaux du camp. — L'armée quitte Carillon. — 1758 209

CHAPITRE XI. — Séjour de Desandroüins à Montréal. — Intrigues des Anglais près des Sauvages. — Desandroüins rédige des rapports sur la défense du Canada. — 1759.................. 232

CHAPITRE XII. — Desandroüins retourne à Carillon. — En y allant, il visite les bords du lac Champlain. — Il aide à l'expédition de Louvion. — Il est nommé chevalier de St-Louis. — 1759... 256

CHAPITRE XIII. — Les Anglais menacent Québec. — Préparatifs de défense. — Vie à Carillon. — Encore les Sauvages. — 1759......... 270

CHAPITRE XIV. — On décide qu'on abandonnera Carillon. — Les travaux y continuent.— Approche des Anglais. — Bourlamaque quitte Carillon qu'on fait sauter. — L'armée se retire à l'Ile-aux-Noix. — 1759....................................... 282

CHAPITRE XV. — Desandroüins aux Rapides. — Siège de Québec par les Anglais. — Première bataille des Plaines d'Abraham. — Prise de Québec. — 1759................................. 301

CHAPITRE XVI. — Desandroüins commandant le fort Lévis, aux Rapides : 1759. — Seconde bataille des Plaines d'Abraham ou de Ste-Foy. — Siège de Québec par les Français. — 1760...... 313

CHAPITRE XVII. — Retour de Desandroüins en France : 1760. — Il va à Malte : 1761. — Il est nommé colonel du génie : 1779. — Il passe en Amérique avec Rochambeau : 1780. — Marche de l'armée Française sur York-Town et prise de cette place : 1781..................................... 336

CHAPITRE XIX. — L'armée française revient sur ses pas. — Notes de Desandroüins sur cette marche. — Elle se rembarque à Boston. — 1782......... 354

Chapitre XX. — Naufrage de la *Bourgogne*. — Desandroüins est nommé Brigadier. — Retour en France de l'armée de Rochambeau : — 1783...   369

Chapitre XXI. — Desandroüins reçoit une pension de 1.500 fr. ; et peu après la décoration de l'Ordre de Cincinnatus : 1783. — Il est nommé Maréchal de Camp et Directeur à Brest : 1788-1790. — Sa mise à la retraite : 1791. — Sa mort, 11 novembre 1792..........................   396

FIN DE LA TABLE DES MATIÈRES.

Verdun, Imprimerie RENVÉ-LALLEMANT, rue Saint-Paul, 15.

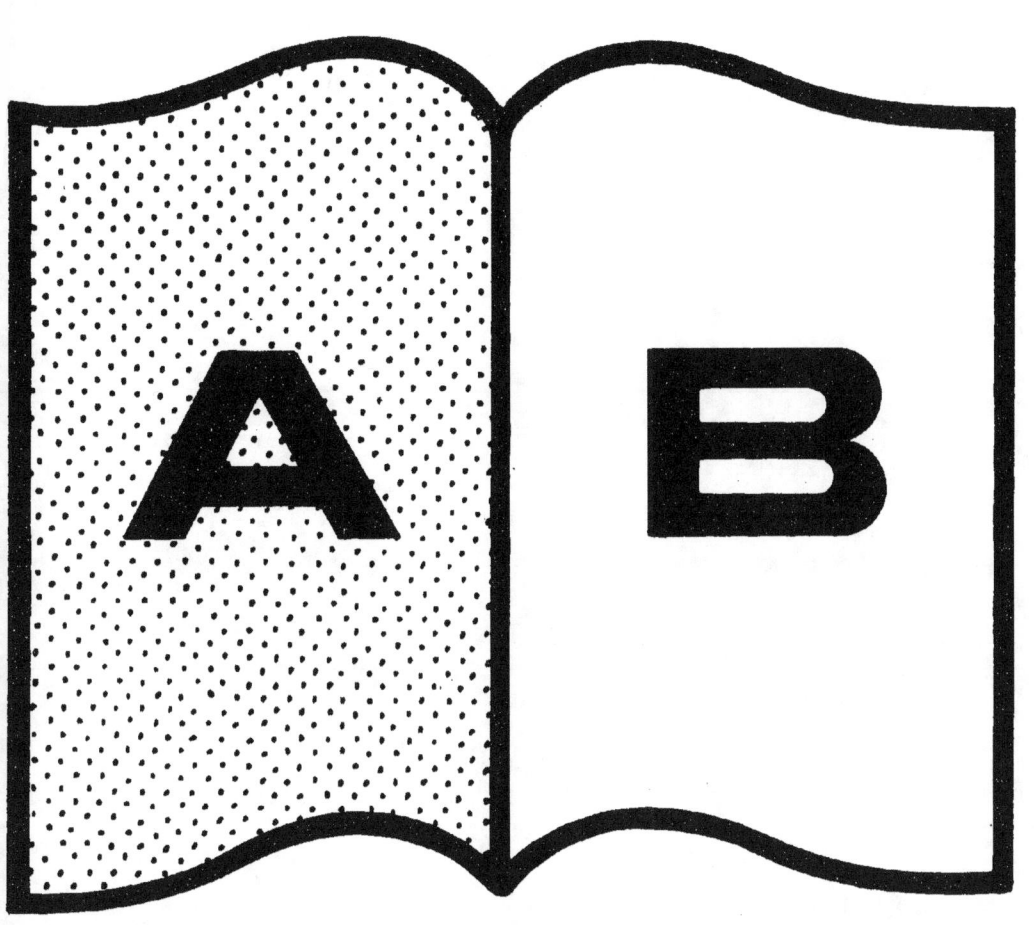

Contraste insuffisant

NF Z 43-120-14

www.ingramcontent.com/pod-product-compliance
Lightning Source LLC
Chambersburg PA
CBHW060543230426
43670CB00011B/1666